TURAS 1

Gaeilge na Sraithe Sóisearaí
An Chéad Bhliain

Risteard Mac Liam

educate.ie

FOILSITHE AG:
Educate.ie
Walsh Educational Books Ltd
Oileán Ciarraí
Co. Chiarraí
www.educate.ie

ARNA CHLÓ AGUS ARNA CHEANGAL AG:
Walsh Colour Print
Oileán Ciarraí
Co. Chiarraí

ISBN: 978-1-910936-83-2

Ba mhaith liom mo bhuíochas a ghabháil leis na daoine seo a leanas as an tacaíocht, an chomhairle agus an chabhair a thug siad dom ó thug mé faoin turas seo: Clare Mhic Liam, Reuben Ó Conluain, Éamonn Ó Dónaill, Séamas Ó Fearraigh, Síle Ní Chonaire, Éimhear Ní Dhuinn, Richard Barrett, Dolores Healy, Eithne Ní Ghallchobhair, Oliver Ó Meachair, Conor Wickham, Ian Wickham, Laoise Wickham, Chris Rance, Xiangyi Liu, Niall Tóibín agus Antoinette Walker. Gabhaim buíochas freisin le gach duine in Educate.ie, go háirithe le Eimear O'Driscoll, Kieran O'Donoghue agus Sinéad Keogh as an treoir leanúnach a thug siad dom.

Clár Ábhair

Réamhrá

Clár mionsonraithe

Gach rud faoi *Turas 1*

Eochair na n-íocón

Feicfidh tú na híocóin seo in *Turas 1*:

 Scríobh
Writing

 Obair ghrúpa
Group work

 Bí ag caint / Labhair
Speaking

 Punann
Portfolio

  Éisteacht agus CD
Listening and CD

 Féinmheasúnú
Self-assessment

 Meaitseáil
Matching

 Cur i láthair
Presentation

 Stór focal
Vocabulary

 Téigh chuig
Go to

 Le foghlaim
To be learned

 Tasc cultúir
Culture task

 Obair bheirte
Pair work

 Príomhscileanna
Key skills

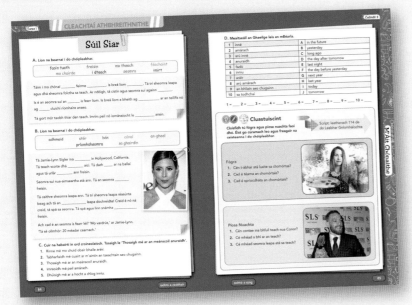

◀ Súil Siar

Gheobhaidh tú deis féachaint siar ar na pointí is tábhachtaí ag deireadh gach caibidle.

Gramadach bhreise ▶

Tá mioncheachtanna gramadaí ar fáil i ngach caibidil. Chomh maith leis seo, gheobhaidh tú go leor cleachtaí gramadaí breise sa Treoir Ghramadaí ar leathanaigh 226–245.

◀ Foclóir

Gheobhaidh tú na focail agus na nathanna is tábhachtaí ar leathanaigh 246–254.

Cad iad na príomhscileanna? An bhfuil siad tábhachtach?

Tá ocht bpríomhscil an-tábhachtach sa tsraith shóisearach. Nuair a bhíonn tú ag obair sa rang, bí ag smaoineamh ar na príomhscileanna seo. Cuir ceist ort féin: 'Cén phríomhscil atá in úsáid agam anois?'

A bheith liteartha / Being literate	Mé féin a bhainistiú / Managing myself
A bheith uimheartha / Being numerate	Fanacht folláin / Staying well
Cumarsáid / Communicating	Obair le daoine eile / Working with others
A bheith cruthaitheach / Being creative	Eolas agus smaointeoireacht a bhainistiú / Managing information and thinking

Míreanna cultúir

Tá seacht mír chultúir in *Turas 1*. Gheobhaidh tú iad ag deireadh Caibidlí 1–7. Sna míreanna seo, foghlaimeoidh tú faoi roinnt Gaeltachtaí agus pobal Gaeilge in Éirinn. Anuas air seo, foghlaimeoidh tú cuid de na scileanna a bheidh tábhachtach do na Measúnuithe Rangbhunaithe (classroom-based assessments) a dhéanfaidh tú sa tríú bliain.

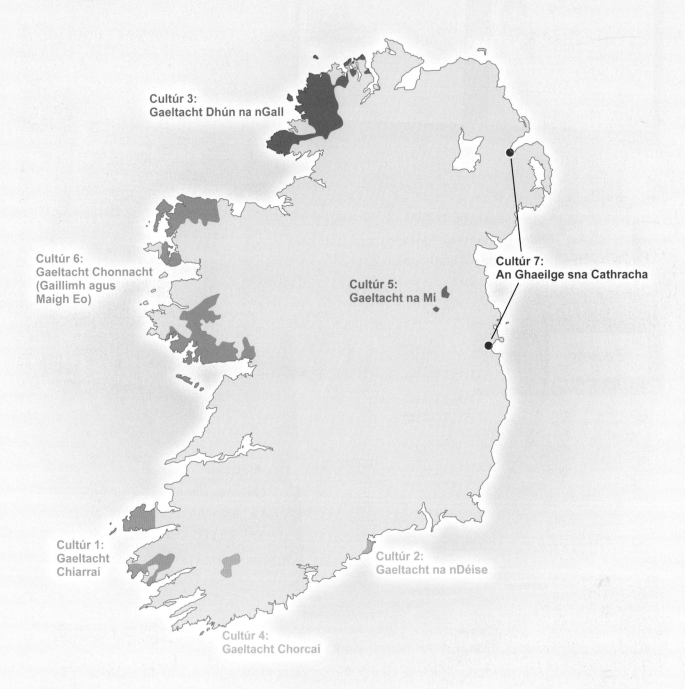

Cultúr 3:
Gaeltacht Dhún na nGall

Cultúr 6:
Gaeltacht Chonnacht
(Gaillimh agus
Maigh Eo)

Cultúr 5:
Gaeltacht na Mí

Cultúr 7:
An Ghaeilge sna Cathracha

Cultúr 1:
Gaeltacht
Chiarraí

Cultúr 2:
Gaeltacht na nDéise

Cultúr 4:
Gaeltacht Chorcaí

Céard eile atá san áireamh i bpacáiste *Turas 1*?

Mo Phunann

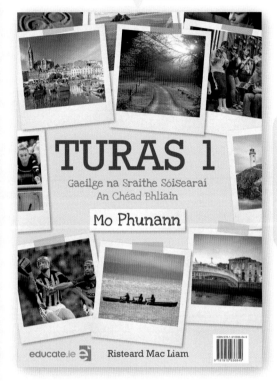

Mo Leabhar Gníomhaíochta

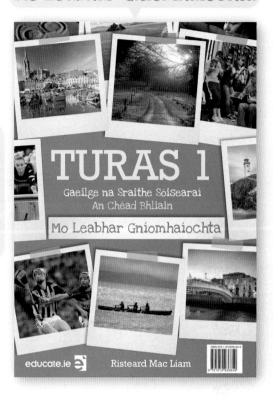

NÓTA:
Tá an Phunann agus an Leabhar Gníomhaíochta sa leabhar céanna.

Dlúthdhioscaí

Acmhainní Digiteacha

www.educateplus.ie/resources/turas

Mo Scoil Nua

✓ Faoi dheireadh na caibidle seo, beidh mé in ann:

- Cur síos a dhéanamh ar mo shaol ar scoil.
- Scéal Gaeilge a léamh agus a thuiscint.

Príomhscileanna

- Cumarsáid
- A bheith liteartha

Punann

- Punann 1.1 – Nathanna a Úsáidim go Rialta sa Rang
- Punann 1.2 – Mo Chlár Ama
- Punann 1.3 – M'Éide Scoile
- Punann 1.4 – Mo Shaol ar Scoil

Clár Ábhair

Mo Sheomra Ranga

Meaitseáil

Féach ar an bpictiúr seo de sheomra ranga. Meaitseáil na focail agus na pictiúir.

CD 1
Traic 2

Éist agus seiceáil.

cathaoir	F		príomhoide	M
ríomhaire	M		radaitheoir	M
clár bán idirghníomhach	M		deasc	F
póstaer	M		obair bhaile	F
cóipleabhar	M		bosca bruscair	N
múinteoir	M		leabhragán	M
balla	M		dallóg	F
fuinneog	F		scuab urláir	F

Script: leathanach 104 de do Leabhar Gníomhaíochta

 ## Scríobh

Fíor nó bréagach?   F   B

1. Tá na daltaí ina suí ar na deasca.   ☐   ☐

2. Tá na cóipleabhair ar na cathaoireacha.   ☐   ☐

3. Tá na póstaeir ar na ballaí.   ☐   ☐

4. Tá na radaitheoirí faoi na fuinneoga.   ☐   ☐

5. Tá dhá ríomhaire ar an leabhragán.   ☐   ☐

6. Tá a lán leabhar sa chúinne.   ☐   ☐

7. Tá an leabhragán idir an doras agus an fhuinneog.   ☐   ☐

8. Tá an príomhoide ar an taobh eile den doras.   ☐   ☐

9. Tá scuab urláir in aice leis an doras.   ☐   ☐

10. Tá bosca bruscair ar chúl an ranga.   ☐   ☐

 ## Stór focal

sa chúinne	in the corner	ar	on
ar chúl	at the back of	faoi	under
os comhair	in front of / opposite	in aice le	beside the
idir	between	ar an taobh eile de	on the other side of

Bí ag caint!

I mbeirteanna, déan cur síos ar do sheomra ranga féin.

 Táim in ann cur síos a dhéanamh ar mo sheomra ranga.

Mo Scoil Nua

An Ghaeilge sa Rang

Meaitseáil

Meaitseáil na nathanna agus na pictiúir.

An múinteoir

1   Lámha in airde. ☐

2   Freagair ceisteanna 1–7, a Sheáin. ☐

3   Cén fáth a bhfuil tú déanach? ☐

4   Bígí ag obair i mbeirteanna. ☐

Meaitseáil

Meaitseáil na nathanna agus na pictiúir.

An dalta

Ní thuigim an cheist sin.

Gabh mo leithscéal, conas a deir tú 'pineapple' as Gaeilge?

Níor chuala mé thú.
An féidir leat é sin a rá arís?

Conas a litríonn tú é sin?

Mo Scoil Nua

 Punann 1.1

Scríobh na nathanna nua faoin teideal 'Nathanna a Úsáidim go Rialta sa Rang' i do phunann ar leathanach 1.

Táim in ann nathanna cainte ón rang Gaeilge a rá.

Na hÁbhair Scoile

Meaitseáil

Meaitseáil na hábhair leis na pictiúir. An ndéanann tú staidéar ar aon ábhar eile?

SCOIL

Gaeilge Irish	Adhmadóireacht Woodwork	Spáinnis Spanish
Béarla English	Grafaic Theicniúil Technical Graphics	Staidéar Gnó Business Studies
Mata Maths	Eacnamaíocht Bhaile/Tíos Home Economics	Creideamh Religion
Stair History	Ealaín Art	Corpoideachas Physical Education
Tíreolaíocht Geography	Ceol Music	OSPS SPHE
Eolaíocht Science	Fraincis French	OSSP CSPE

OSPS

An scála sásaimh

Is aoibhinn liom   Is breá liom   Is maith liom

Ní miste liom

Ní maith liom   Is fuath liom   Is gráin liom

 ## Scríobh agus labhair

A. Freagair na ceisteanna seo i do chóipleabhar.

1. An maith leat Béarla?
2. An dtaitníonn Ealaín leat?
3. Cad iad na trí ábhar is fearr leat?
4. An bhfuil aon ábhar nach maith leat? Cad é?

> Cad iad na trí ábhar is fearr leat?

> Is fearr liom Spáinnis, Fraincis agus Gaeilge.

Cuimhnigh!

Taitníonn
An dtaitníonn Stair leat?
Taitníonn Stair liom.
An dtaitníonn Mata leat?
Ní thaitníonn Mata liom.

B. Cuir na ceisteanna thuas ar an duine atá in aice leat.

C. Aistrigh na habairtí seo a leanas go Béarla. Bain úsáid as d'fhoclóir.

1. Is breá liom Stair.
2. Is aoibhinn liom Tíreolaíocht.
3. Ní maith liom ábhair phraiticiúla.
4. Taitníonn teangacha go mór liom.
5. Is gráin liom Mata, Staidéar Gnó, Béarla, Spáinnis agus Adhmadóireacht.

Táim in ann ceisteanna a fhreagairt ar na hábhair scoile a dhéanaim.

Mo Scoil Nua

Tuairimí faoi Ábhair Scoile

 Stór focal

suimiúil/spéisiúil	interesting	éasca	easy
leadránach	boring	dúshlánach	challenging
corraitheach	exciting	praiticiúil	practical
deacair	difficult	mar tá sé	because it is
casta	complicated	mar tá siad	because they are
taitneamhach	enjoyable	mar níl sé	because it is not

 Scríobh

Aistrigh na habairtí seo a leanas go Gaeilge.

1. I like Business Studies because it is interesting.
2. I don't like CSPE because it is difficult.
3. I hate Music because it is boring.
4. I like Art and Geography because they are enjoyable.

 Le foghlaim: nathanna úsáideacha

Úsáid na nathanna seo nuair a bhíonn tú ag caint is ag comhrá.

i ndáiríre?	seriously?	ar ndóigh	of course
chun a bheith macánta	to be honest	creid é nó ná creid	believe it or not
chun an fhírinne a rá	to tell the truth	caithfidh mé a admháil	I have to admit

Bí ag caint!

Labhair leis an duine atá in aice leat faoi na hábhair a dhéanann tú. Úsáid na nathanna nua. Scríobh an comhrá i do chóipleabhar.

An maith leat Stair?

Ní maith liom Stair, chun an fhírinne a rá. Céard fútsa?

Bhuel, creid é nó ná creid, is aoibhinn liom Stair.

Na hÁbhair a Dhéanaim

  Léigh agus éist

Léigh agus éist leis an bpíosa seo.

Áine

Haigh, is mise Áine. Tá mé sa chéad bhliain ar scoil. Thosaigh mé ar an meánscoil Dé Luain an 25ú Lúnasa. Is breá liom an scoil seo.	in first year secondary school
Creid é nó ná creid, tá mé ag déanamh ceithre ábhar déag. Déanaim Gaeilge, Béarla, Mata, Stair, Tíreolaíocht, Eolaíocht, Ceol, Ealaín, Fraincis, Spáinnis, OSSP, OSPS, Creideamh agus Corpoideachas.	14 subjects
Is aoibhinn liom teangacha mar tá siad taitneamhach. Is aoibhinn liom Corpoideachas freisin. Táim an-aclaí, caithfidh mé a admháil.	very fit
Is breá liom Tíreolaíocht mar tá sé suimiúil. Taitníonn Mata liom ach le bheith macánta, ní maith liom Eolaíocht mar tá sé deacair. Chun an fhírinne a rá, ní maith liom Stair ach oiread. Tá sé an-leadránach.	either

 Meaitseáil

Meaitseáil na ceisteanna agus na freagraí.

1	Cén dáta ar thosaigh Áine ar an meánscoil?	A	Tá Áine an-aclaí.
2	An maith le hÁine an scoil seo?	B	Déanann Áine Ceol agus Ealaín.
3	An ndéanann Áine Ceol agus Ealaín?	C	Is aoibhinn le hÁine Corpoideachas.
4	An maith le hÁine Corpoideachas?	D	Thosaigh Áine ar an meánscoil an 25ú Lúnasa.
5	An bhfuil Áine aclaí?	E	Is breá léi an scoil seo.

1 = ____   2 = ____   3 = ____   4 = ____   5 = ____

 Scríobh

1. Cén bhliain ina bhfuil Áine? (alt 1)
2. Cé mhéad ábhar a dhéanann sí? (alt 2)
3. An maith léi teangacha? Cén fáth? (alt 3)
4. An maith léi Stair? Cén fáth? (alt 4)

 Táim in ann labhairt faoi na hábhair scoile a dhéanaim.

Mo Scoil Nua

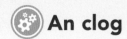
An Lá Scoile

⚙ An clog

  Éist agus scríobh

Cén t-am é? Cloisfidh tú 10 sampla. Scríobh 1–10 i do chóipleabhar.

Script: leathanach 104 de do Leabhar Gníomhaíochta

An clár ama

Laethanta na seachtaine

Dé Luain	on Monday	Dé hAoine	on Friday
Dé Máirt	on Tuesday	Dé Sathairn	on Saturday
Dé Céadaoin	on Wednesday	Dé Domhnaigh	on Sunday
Déardaoin	on Thursday		

 Punann 1.2

Féach ar an gclár ama samplach. Déan leagan Gaeilge den chlár ama atá agat. Bí cruthaitheach (*creative*)! Cuir an obair chríochnaithe i do phunann ar leathanach 4.

	Dé Luain	Dé Máirt	Dé Céadaoin	Déardaoin	Dé hAoine
08:55	Mata	Béarla	Gaeilge	Stair	Tíreolaíocht
09:30	Eolaíocht	Ealaín	Staidéar Gnó	Corpoideachas	Creideamh
10:05	Eolaíocht	Ealaín	Staidéar Gnó	Corpoideachas	Creideamh
10:45	Sos beag	Sos beag	Sos beag	Sos beag	Sos beag
11:00	...	...	...	...	...

Mo Lá Scoile

Léigh

Léigh na píosaí seo.

Laura

Haigh, is mise Laura. Is as Droichead Átha mé. Buaileann m'aláram gach maidin ag leathuair tar éis a seacht! Glacaim cith agus cuirim m'éide scoile orm. Ag ceathrú chun a hocht ithim mo bhricfeasta agus rithim go dtí stad an bhus.

Tosaíonn an chéad rang gach lá ag a cúig chun a naoi. Bíonn sos beag againn ag a deich chun a haon déag. Bíonn lón againn ag a haon a chlog. Críochnaíonn an lá scoile ag a cúig chun a ceathair. Ansin imrím spórt leis an bhfoireann peile go dtí a cúig a chlog.

shower; school uniform

the first class
little break
finishes

Barra

Haigh. Is mise Barra. Is as Port Láirge mé ach tá mé i mo chónaí i Washington anois. Éirím ar a sé a chlog gach maidin agus ithim mo bhricfeasta. Faighim an bus scoile ag a ceathrú chun a seacht. Sroichim an scoil ag a ceathrú tar éis a seacht.

Ag a fiche cúig tar éis a seacht, téimid go dtí ár 'homeroom' agus deirimid ár ngealltanas dílseachta.

Imrím peil Mheiriceánach le m'fhoireann tar éis scoile. Déanaim mo chuid obair bhaile sa halla staidéir.

pledge of allegiance

Mo Scoil Nua

Meaitseáil

Meaitseáil na ceisteanna agus na freagraí.

1	Cén t-am a bhuaileann aláram Laura?	A	Sroicheann bus Bharra an scoil ag 7:15.
2	Cén t-am a itheann Barra a bhricfeasta?	B	Buaileann aláram Laura ag 7:30.
3	Cén t-am a itheann Laura a bricfeasta?	C	Itheann Barra a bhricfeasta ag 6:00.
4	Cén t-am a shroicheann bus Bharra an scoil?	D	Itheann Laura a bricfeasta ag 7:45.

1 = _____   2 = _____   3 = _____   4 = _____

✏️🔘 Scríobh agus labhair

Scríobh cúig líne faoi do lá scoile féin. Críochnaigh na habairtí i do chóipleabhar chun an t-alt a chumadh. Inis don duine atá in aice leat faoi.

1. Dia dhaoibh. Is mise _____.

2. Tosaíonn na ranganna gach lá ag _____.

3. Bíonn sos beag againn ag _____.

4. Bíonn lón againn gach lá ag _____.

5. Críochnaíonn na ranganna ag _____.

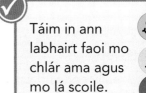

Táim in ann labhairt faoi mo chlár ama agus mo lá scoile.

Na Forainmneacha Réamhfhoclacha: 'le' agus 'do'

We use prepositional pronouns, called *forainmneacha réamhfhoclacha*, when a preposition (e.g. with, for, on, at) and a pronoun (e.g. me, you...) come together. In English, two words are used, e.g. 'with me' or 'for them'. In Irish, we combine them to form one word, e.g. *liom* (*le + mé*) or *dóibh* (*do + iad*). See how many you can spot in the next exercise.

Comórtas na nEolaithe Óga: Buaiteoirí den scoth

Léigh na píosaí seo agus freagair na ceisteanna.

Shane Curran

Bhuaigh Shane Curran as Coláiste Thír an Iúir an Comórtas in 2017. Is as Baile Átha Cliath dó. Rinne sé staidéar ar chripteagrafaíocht (*cryptography*). Taitníonn Eolaíocht go mór leis.

Ciara Judge, Emer Hickey agus Sophie Healy-Thow

Bhuaigh Ciara Judge, Emer Hickey agus Sophie Healy-Thow an Comórtas in 2013. D'fhreastail siad ar Scoil Phobail Chionn tSáile. Thaitin Eolaíocht go mór leo. Creid é nó ná creid, thug Google cuireadh dóibh dul chuig comórtas i San Francisco agus bhuaigh siad!

 Scríobh

Aimsigh an Ghaeilge sa téacs.

1. He is from Dublin.

2. He really enjoys science.

3. They really enjoyed science.

4. Google invited them.

Réamhfhocail 'le' agus 'do'

Pronoun	Forainm	le	do
I	mé	liom	dom
you	tú	leat	duit
he	sé	leis	dó
she	sí	léi	di
we	muid (sinn)	linn	dúinn
you (plural)	sibh	libh	daoibh
they	siad	leo	dóibh

 # Léigh agus scríobh

Nathanna samplacha: le

Is maith **liom** comórtais.	I like competitions.
Taitníonn an scoil **leat**.	You enjoy school.

Aistrigh na habairtí seo.

1. Is breá liom Staidéar Gnó mar tá sé úsáideach.
2. Taitníonn Béarla leo mar tá sé suimiúil.

Nathanna samplacha: do

Pádraig is ainm **dó**.	Pádraig is his name.
Tá Mata deacair **dom**.	Maths is difficult for me.

Aistrigh na habairtí seo.

1. Cad is ainm di?
2. An bhfuil Tíreolaíocht éasca duit?

 # Scríobh

Athscríobh na habairtí seo a leanas.

1. Ní thaitníonn Béarla go mór [le: í] _____.
2. An féidir [le: tú] _____ dul go dtí an siopa?
3. Inis [do: siad] _____ faoin múinteoir.
4. Tabhair [do: mé] _____ an fón sin!

 # Bí ag caint!

Cuir na ceisteanna seo ar an duine atá in aice leat.

1. An maith leat Stair?
2. An dtaitníonn Mata leat?
3. Cad is ainm don mhúinteoir Gaeilge?
4. An bhfuil Mata deacair duit?

 Táim in ann na forainmneacha réamhfhoclacha atá bunaithe ar 'le' agus 'do' a úsáid i gceart.

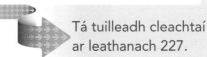 Tá tuilleadh cleachtaí ar leathanach 227.

Mo Scoil Nua

Baile Átha Cliath, Éire

Léigh an píosa seo agus freagair na ceisteanna.

Haigh. Is mise Adam. Tá mé sa chéad bhliain. Táim ag freastal ar Mheánscoil Mhuire i mBaile Átha Cliath. Tá **trí chéad** dalta agus tríocha múinteoir anseo. Taitníonn an scoil seo go mór liom.

three hundred

Táim ag déanamh staidéir ar **thrí ábhar déag**. Déanaim Gaeilge, Béarla agus Mata, ar ndóigh. **Chomh maith leis sin**, déanaim staidéar ar Stair, Tíreolaíocht, Eolaíocht, Ealaín, Ceol, Staidéar Gnó, Creideamh, Corpoideachas, OSPS agus OSSP.

13 subjects
as well as that

Is breá liom Corpoideachas mar tá sé corraitheach agus taitneamhach. Is aoibhinn liom Stair freisin.

Faraor, ní thaitníonn gach ábhar liom. Ní maith liom Béarla. Tá sé an-leadránach! Ní thaitníonn Staidéar Gnó liom **ach oiread**.

unfortunately
either

 Buntuiscint

1. Cén bhliain ina bhfuil Adam? *what year*
2. Cá bhfuil Adam ag freastal ar scoil? *where*
3. Cé mhéad dalta agus múinteoir atá sa scoil? *who*
4. Luaigh **dhá** ábhar a thaitníonn leis. *mention subjects* *enjoys*
5. Cén fáth nach maith le hAdam Béarla? *what* *don't like English*

California, Meiriceá

Léigh an píosa seo agus freagair na ceisteanna.

California

Haigh. Is mise Shauna. Freastalaím ar Ardscoil John Marshall in California. Tá **suíomh gréasáin** againn ag www.johnmarshallhs.org. D'fhreastail Leonardo DiCaprio ar an scoil seo. **D'aistrigh mé** ó Éirinn le mo thuismitheoirí anuraidh.	website I moved
Tá mé sa **seachtú grád** faoi láthair – an chéad bhliain. Déanaim staidéar ar sheacht n-ábhar: Béarla, Mata, Spáinnis, Staidéar Gnó, Stair **Idirnáisiúnta**, Drámaíocht agus, creid nó ná creid, **Síceolaíocht**. Taitníonn Béarla agus Drámaíocht go mór liom.	seventh grade International Psychology
Tá go leor clubanna sa scoil. **Táim i mo bhall** den Chlub Ceoil agus de Chlub na **Léitheoirí**.	I'm a member Readers

Mo Scoil Nua

Buntuiscint

1. Cá bhfreastalaíonn Shauna ar scoil?
2. Cár fhreastail Leonardo DiCaprio ar scoil?
3. Cén grád ina bhfuil Shauna?
4. Cé mhéad ábhar a ndéanann Shauna staidéar orthu?
5. Luaigh **dhá** ábhar a thaitníonn léi.
6. An bhfuil Shauna ina ball d'aon chlub?

Taighde

Téigh ar líne chuig www.johnmarshallhs.org. **Céard iad na difríochtaí idir Ardscoil John Marshall agus do scoil féin? Úsáid na ceannteidil thíos mar chabhair:**

- Ábhair scoile
- Clubanna scoile

Bí ag obair leis an duine atá in aice leat.

 Táim in ann taighde a dhéanamh ar scoil eile.

Áiseanna agus Foirgneamh na Scoile

Meaitseáil

Meaitseáil na focail agus na pictiúir.

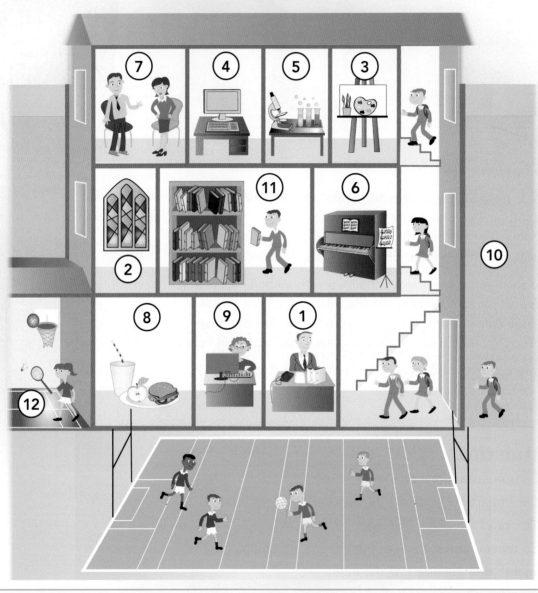

ceaintín	clós	halla spóirt	leabharlann
seomra foirne	oifig an rúnaí	oifig an phríomhoide	saotharlann
seomra ceoil	seomra urnaí	seomra ríomhaireachta	seomra ealaíne

1. _____

2. _____

3. _____

4. _____

5. _____

6. _____

7. _____

8. _____

9. _____

10. _____

11. _____

12. _____

Ainmnigh an seomra

Cén seomra ina ndéantar na rudaí seo? Seiceáil na freagraí leis an duine atá in aice leat.

- Ceannaíonn tú do lón agus itheann tú é anseo.
- Foghlaimíonn tú Eolaíocht agus déanann tú turgnaímh anseo.
- Seinneann tú ceol anseo.
- Imríonn tú spórt anseo.

Stór focal

ceannaíonn	buy	déanann	do/make
itheann	eat	turgnaimh	experiments
foghlaimíonn	learn	seinneann/imríonn	play

 ## Scríobh agus labhair

A. Léigh an t-agallamh seo le Seán Ó Ríordáin agus líon na bearnaí.

Cá bhfuil tú ag dul ar scoil?

Tá mé ag freastal ar _____ Eoin i gCill Dara.

Cén sórt scoile í?

Meánscoil do _____ is ea é. Tá an scoil mór agus _____.

An bhfuil a lán áiseanna i do scoil?

Tá a lán áiseanna sa scoil, mar shampla, tá ceaintín mór, _____, halla spóirt iontach agus trí shaotharlann sa scoil. Tá a lán seomraí againn freisin. Is é an _____ ceoil an seomra is fearr liom.

An maith leat do scoil?

Is aoibhinn liom í. Tá na múinteoirí _____ agus tá go leor cairde agam anseo.

> seomra   nua-aimseartha   Choláiste   leabharlann   bhuachaillí   cothrom

B. Scríobh na ceisteanna thuas i do chóipleabhar agus freagair iad. Bain úsáid as an stór focal thíos.

 ### Stór focal

pobalscoil	community school	gaelcholáiste	gaelcholáiste
scoil chónaithe	boarding school	clochar	convent
cothrom	fair	foighneach	patient
dian	strict	fial	generous

Déan comparáid leis an duine atá in aice leat. An bhfuil na freagraí céanna agaibh?

 Táim in ann cur síos a dhéanamh ar mo scoil.

Mo Scoil Nua

An Éide Scoile

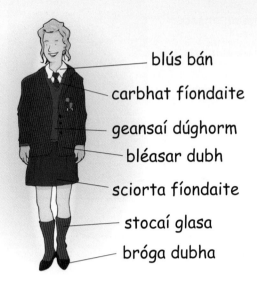

blús bán

carbhat fíondaite

geansaí dúghorm

bléasar dubh

sciorta fíondaite

stocaí glasa

bróga dubha

léine bhán

carbhat dearg

seaicéad dubh

geansaí dúghorm

bríste liath

bróga dubha

Tuairimí ar an éide scoile

  Éist leis na daoine seo ag caint faoina n-éide scoile. An maith leo a n-éide scoile?

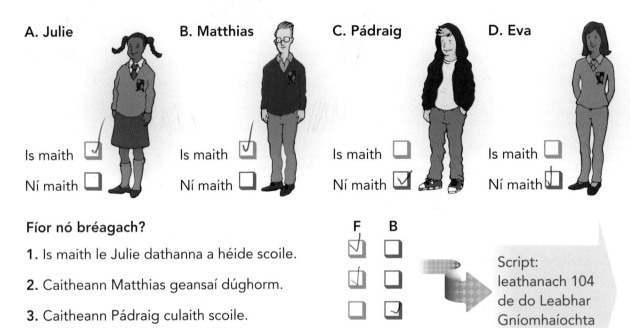

A. Julie

Is maith ☑

Ní maith ☐

B. Matthias

Is maith ☑

Ní maith ☐

C. Pádraig

Is maith ☐

Ní maith ☑

D. Eva

Is maith ☐

Ní maith ☑

Fíor nó bréagach?

	F	B
1. Is maith le Julie dathanna a héide scoile.	☑	☐
2. Caitheann Matthias geansaí dúghorm.	☑	☐
3. Caitheann Pádraig culaith scoile.	☐	☑
4. Caitheann Eva geansaí gorm agus bríste gorm.	☐	☑

Script: leathanach 104 de do Leabhar Gníomhaíochta

 Stór focal

gránna   ugly

déistineach   disgusting

 Punann 1.3

Déan cur síos ar d'éide scoile. Cuir an obair chríochnaithe i do phunann ar leathanach 5.

 Táim in ann cur síos a dhéanamh ar m'éide scoile.

Rialacha na Scoile

Stór focal

Tá cosc ar an mbulaíocht.	Bullying is forbidden.
Tá cosc ar smideadh.	Make-up is forbidden.
Níl fáinní cluaise ceadaithe.	Earrings are not allowed.
Níl bróga spóirt ceadaithe.	Runners are not allowed.
Caithfidh tú do chuid obair bhaile a dhéanamh.	You have to do your homework.
Caithfidh tú éide scoile/culaith scoile a chaitheamh.	You have to wear a school uniform.

An maith leo na rialacha?

  Éist anois le ceathrar daltaí ag caint faoi rialacha na scoile. Líon isteach na sonraí i do chóipleabhar.

Candaí	Piaras	Donna	Horatio

Ainm	Cén riail a luann sé/sí?	An maith leis/léi an riail sin?
Candaí		
Piaras		
Donna		
Horatio		

 ## Cur i láthair   Script: leathanach 105 de do Leabhar Gníomhaíochta.

Cruthaigh cúig shleamhnán (*slides*) ar PowerPoint nó Prezi (www.prezi.com).

1. Ainm agus pictiúr na scoile.
2. Áiseanna agus seomraí: ceithre phictiúr agus ceithre lipéad (*labels*).
3. An áis **nó** an seomra is fearr leat agus pictiúr de/di.
4. An éide scoile.
5. Rialacha na scoile.

Táim in ann cur síos a dhéanamh ar rialacha na scoile.

Táim in ann cur i láthair digiteach ar mo scoil a dhéanamh.

Mo Scoil Nua

Alt: Mo Shaol ar Scoil

Plean

Alt 1: M'ainm agus cá bhfuil mé ag freastal ar scoil / my name and where I attend school

Alt 2: Na hábhair a dhéanaim agus na hábhair is fearr liom / the subjects I do and the subjects I prefer

Alt 3: Áiseanna sa scoil / facilities in the school

Alt 4: M'éide scoile / my school uniform

Alt 5: Mo thuairim faoi mo scoil / my opinion about my school

Alt

Léigh an t-alt seo agus freagair na ceisteanna.

Dia dhaoibh. Is mise Eimear. Táim dhá bhliain déag d'aois. Táim ag freastal ar Choláiste Chiaráin, Loch Garman. Táim sa chéad bhliain.

I mbliana, táim ag déanamh staidéir ar thrí ábhar déag. Sin iad   *this year*
Gaeilge, Béarla, Mata, Stair, Tíreolaíocht, Eolaíocht, Ealaín, Staidéar
Gnó, Spáinnis, Corpoideachas, OSSP, OSPS agus Creideamh.
Taitníonn Corpoideachas go mór liom. Is breá liom a bheith aclaí.   *fit*
Imrím sacar agus camógaíocht agus táim ar fhoireann na scoile.   *on the school team*

Tá mo scoil go hálainn. Tá go leor seomraí agus áiseanna againn.
Tá halla spóirt, páirceanna imeartha, saotharlanna nua-aimseartha,
agus fiú saotharlann ilmheán againn.   *multimedia lab*

Is maith liom m'éide scoile freisin. Caithimid geansaí donn, sciorta
donn, blús bán, stocaí donna agus bróga donna. Ceapaim go bhfuil
sé néata agus compordach.

Ar an iomlán, is breá liom mo shaol ar scoil.   *overall*

Scríobh

Freagair na ceisteanna seo.

1. Cá bhfuil Eimear ag dul ar scoil?
2. Cén fáth a dtaitníonn Corpideachas léi?
3. Liostaigh dhá áis atá sa scoil.
4. Déan cur síos ar an éide scoile a chaitheann Eimear.
5. An dtaitníonn a saol ar scoil léi?

 Labhair agus scríobh

I mbeirteanna, cuir na ceisteanna seo ar a chéile. Ansin scríobh na freagraí.

 1 Cá bhfuil tú ag dul ar scoil?

 5 An dtaitníonn do shaol ar scoil leat?

 2 Cad iad na hábhair a dhéanann tú agus cén t-ábhar is fearr leat?

 4 Déan cur síos ar d'éide scoile.

 3 Déan cur síos ar áiseanna na scoile.

 Punann 1.4

Scríobh alt faoi do shaol ar scoil. Bain úsáid as plean Eimear. Cuir an obair chríochnaithe i do phunann ar leathanach 6.

 Táim in ann alt a scríobh faoi mo shaol ar scoil.

Mo Scoil Nua

Scéal: Níor Thug Sí a Cosa Léi

  Léigh agus éist

Tá an scéal 'Níor Thug Sí a Cosa Léi' bunaithe ar scéal a scríobh Aindrias Ó Baoighill i *Sgéilíní na Finne*. Léigh agus éist leis an scéal seo. Tá an taifeadadh ar fáil sna trí chanúint: Gaeilge na Mumhan, Gaeilge Chonnacht agus Gaeilge Uladh.

Bean bheag chineálta ab ea Máire Ní Shiadhail. Bhí sí ina cónaí i nDún na nGall. Bhíodh an t-oibrí sóisialta i gcónaí ag tabhairt amach di mar ní bhíodh a hiníon ag dul ar scoil go rialta.

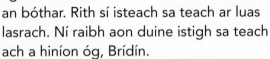

Lá amháin bhí sí amuigh sa ghairdín nuair a chonaic sí an t-oibrí sóisialta ag teacht suas an bóthar. Rith sí isteach sa teach ar luas lasrach. Ní raibh aon duine istigh sa teach ach a hiníon óg, Brídín.

'A Bhrídín, a thaisce,' arsa an bhean, 'tá an t-oibrí sóisialta ag teacht! Caithfidh mé dul i bhfolach! Abair léi go bhfuil mise sa siopa!'

Rith Máire isteach sa chistin agus chuaigh sí i bhfolach faoin tábla. Faraor, mar bhí barraíocht struis uirthi, níor chuir sí a cosa i bhfolach i gceart.

Cibé ar bith, tháinig an t-oibrí sóisialta go dtí an doras agus bheannaigh sí don chailín óg. Shiúil sí isteach sa teach agus thosaigh sí ag féachaint fúithi agus thairsti. D'fhéach sí i ngach cúinne den teach.

'Gabh mo leithscéal, cá bhfuil do mháthair inniu?' ar sise leis an gcailín óg.

'Chuaigh sí go dtí an siopa,' arsa an cailín.

'Bhuel,' arsa an t-oibrí sóisialta, 'abair léi an chéad uair eile a bheidh sí ag dul go dtí an siopa a cosa a thabhairt léi.'

Buntuiscint

1. Cén sórt duine ab ea Máire Ní Shiadhail?
2. Cá raibh sí ina cónaí?
3. Cén fáth a mbíodh an t-oibrí sóisialta i gcónaí ag tabhairt amach di?
4. Cad a rinne sí nuair a chonaic sí an t-oibrí sóisialta ag teacht?
5. Cá ndeachaigh Máire i bhfolach?
6. Cad a rinne an t-oibrí sóisialta nuair a tháinig sí isteach sa teach?

 Stór focal

bean bheag chineálta	small kind woman	faraor	alas
oibrí sóisialta	social worker	barraíocht struis	so much stress
ag tabhairt amach	giving out	cibé ar bith	anyway
ar luas lasrach	at breakneck speed	bheannaigh sí	she greeted
a thaisce	darling	fúithi agus thairsti	all around her
dul i bhfolach	hide	an chéad uair eile	the next time
abair léi	tell her	a cosa a thabhairt léi	take her legs with her

 Léirthuiscint

Fíor nó bréagach?

		F	B
1.	Bhí eagla ar Mháire.	☐	☐
2.	Bhí imní ar Mháire.	☐	☐
3.	Bhí ionadh ar Mháire.	☐	☐
4.	Bhí mearbhall ar an oibrí sóisialta.	☐	☐
5.	Bhí brón ar an oibrí sóisialta.	☐	☐
6.	Bhí áthas ar an oibrí sóisialta.	☐	☐
7.	Bhí Máire cliste.	☐	☐
8.	Bhí an t-oibrí sóisialta amaideach.	☐	☐

 Stór focal

eagla	fear	brón	sadness
imní	worry	áthas	happiness
ionadh	surprise	cliste	clever
mearbhall	confusion	amaideach	foolish

 Táim in ann scéal Gaeilge a léamh agus a thuiscint.

Mo Scoil Nua

Súil Siar

A. Aistrigh na habairtí seo go Gaeilge.

1. I love History because it is interesting.
2. I don't like German because it is difficult.
3. I hate Woodwork because it is not exciting.
4. Do you like Spanish? – It's great!
5. Do you like English? – It's boring!
6. I enjoy Maths because it is logical (*loighciúil*).
7. Do you enjoy History? – I really enjoy it!
8. Do you enjoy Science? – I don't!

B. Athscríobh na habairtí seo a leanas.

1. Aoife is ainm [do: í] _____.
2. An dtaitníonn ábhair phraiticiúla [le: tú] _____?
3. Ní maith [le: muid] _____ a bheith ag freastal ar scoil.
4. An féidir [le: sibh] _____ cabhrú [le: muid] _____?
5. Thug siad bronntanas mór [do: mé] _____.
6. Cad a tharla [do: tú] _____?
7. Bhí an t-ádh [le: é] _____, mise á rá [le: tú] _____!
8. Cá bhfios [do: tú] _____ nach maith [le: iad] _____ Mata?

C. Pléigh na ceisteanna seo leis an duine atá in aice leat.

1. Cá bhfuil tú ag freastal ar scoil?
2. Cad iad na hábhair a dhéanann tú?
3. An bhfuil a lán áiseanna i do scoil?
4. An bhfuil a lán rialacha i do scoil?

D. Meaitseáil an Ghaeilge leis an mBéarla.

1	Bígí ag obair i mbeirteanna.	A	Hands up.
2	Cén fáth a bhfuil tú déanach?	B	Answer questions 10–15.
3	Lámha in airde.	C	How do you spell that?
4	Freagair ceisteanna 10–15.	D	I don't understand that question.
5	Ní thuigim an cheist sin.	E	Work in pairs.
6	Conas a litríonn tú é sin?	F	Why are you late?

1 = ____   2 = ____   3 = ____   4 = ____   5 = ____   6 = ____

E. Aistrigh na habairtí go Gaeilge.

1. The chairs are in the corner.
2. The desk is in front of the bookcase.
3. The computers are on the desks.
4. The posters are on the other side of the door.
5. The computers are between the whiteboard and the window.

CD 1
Traic 10–11

Cluastuiscint

Éist le hAoibh agus le Roibeard ag caint faoina saol ar scoil. Cloisfidh tú an taifeadadh faoi dhó. Líon isteach an t-eolas atá á lorg i do chóipleabhar.

Script: leathanach 105 de do Leabhar Gníomhaíochta

An Chéad Chainteoir

Ainm	Aoibh Nic Ruairc
where born 1. Cár rugadh Aoibh?	tír Eoghain
where go to school 2. Cá bhfuil Aoibh ag freastal ar scoil?	Pobol Scoil NAOMh EOiN
what type school 3. Cén sort scoile í?	Scoil Mheasatha
what year classes 4. Cén bhliain ina bhfuil sí?	Dara bhliain/2 ú bhLiain
favourite subject 5. Cad é an t-ábhar is fearr léi?	corpoideas

An Dara Cainteoir

Ainm	Roibeard Breathnach
1. Cá bhfuil Roibeard ag freastal ar scoil?	~~Ionna Éan~~ ~~~~ DeLuíSal
2. Liostaigh dhá sheomra atá acu sa scoil.	(i) Seomre ceóil (ii) Seomra ealaíne
3. Liostaigh áis spóirt amháin atá acu sa scoil.	cúrt cispheile páirc peile
4. Cén sort éide scoile a chaitheann Roibeard?	geansaí dughorm Carbhat geansaí liath

Mo Scoil Nua

Cultúr 1
Gaeltacht Chiarraí

Tá Gaeltacht Chiarraí suite in iardheisceart na hÉireann.
Tugtar 'Corca Dhuibhne' ar an gceantar Gaeltachta.

Ceiliúrtar Lá an Dreoilín anseo
ar 26 Nollaig gach bliain.

Tá an-tóir ar an bpeil Ghaelach sa cheantar.
Is club cáiliúil é An Ghaeltacht.

Tá clú agus cáil ar an
mBlascaod Mór. Bhíodh daoine
ina gcónaí anseo go dtí 1953.

Map:
An Fheothanach
Baile an Fheirtéaraigh
Dún Chaoin
An Blascaod Mór
Corca Dhuibhne
Daingean Uí Chúis
Trá Lí
Co. Chiarraí
Uíbh Ráthach
Baile an Sceilg

An bhfuil aithne agat ar Fungie?
Tá cónaí air i gcuan an Daingin!

Tá go leor cloch Oghaim
sa cheantar seo. Is cineál
scríbhneoireachta
é Ogham.

Lá an Dreoilín

Ceiliúrtar Lá an Dreoilín, nó *Wren Day*, ar 26 Nollaig, Lá Fhéile Stiofáin. Tá an traidisiún an-láidir i nGaeltacht Chorca Dhuibhne. Bíonn paráid mhór ar siúl sa Daingean.

Gléasann daoine suas mar bhuachaillí dreoilín. Siúlann siad na sráideanna agus téann siad sa tóir ar an dreoilín.

Fadó fadó, théadh buachaillí an dreoilín ó theach go teach ag seinm ceoil, ag bailiú airgid agus ag canadh an amhráin seo:

Buachaillí an Dreoilín

Dreoilín, dreoilín,	The wren, the wren,
Rí na nÉan,	King of Birds is he,
Is mór a mhuirín,	His family is big,
is beag é féin.	but small is he.
Lá 'le Stiofáin	On St Stephen's Day
a gabhadh é,	we caught him,
Tabhair dom pingin	Give me a penny
is cuirfeas é.	and I'll bury him.

Ceisteanna

1. Cathain a cheiliúrtar Lá an Dreoilín?
2. Conas a ghléasann daoine suas?
3. Cad a dhéanadh buachaillí an dreoilín fadó fadó?

Stór focal

suite	situated	Lá an Dreoilín	Wren Day
ceiliúrtar	celebrated	gléasann daoine suas	people dress up
clú agus cáil	famous	téann siad sa tóir ar	they go hunting for
scríbhneoireacht	writing	ag bailiú airgid	collecting money
an-tóir	very popular	ag canadh	singing

TASC CULTÚIR 1

Taighde

Tá go leor eolais faoi Lá an Dreoilín ar líne. I ngrúpa, téigh ar líne agus cuardaigh 'Lá an Dreoilín' agus 'Wren Day'. Breac síos **trí** phointe shuimiúla a léigh tú.

Mé Féin, Mo Theaghlach agus Mo Chairde

✓ Faoi dheireadh na caibidle seo, beidh mé in ann:

- Cur síos a dhéanamh orm féin agus ar mo theaghlach.
- Cur síos a dhéanamh ar dhaoine eile.
- Amhrán Gaeilge a thuiscint.
- Dán Gaeilge a léamh agus a thuiscint.

Príomhscileanna

- A bheith cruthaitheach
- A bheith liteartha

Punann

- Punann 2.1 – Abhatár
- Punann 2.2 – Mo Theaghlach
- Punann 2.3 – Duine Cáiliúil

Clár Ábhair

An Ghaeilge sa Rang

Dia dhuit.

Dia 's Muire dhuit.

 Le foghlaim

Conas atá tú?	How are you?
Cén chaoi a bhfuil tú?	How are you?
Cad é mar atá tú?	How are you?
Conas taoi?	How are you?

Cén scéal?	What's the story?
Conas atá cúrsaí?	How are things?
Conas atá ag éirí leat?	How are you getting on?

Táim go maith, go raibh maith agat.	I'm well, thanks.
Tá ag éirí go maith liom.	I'm getting on well.
Níl caill orm.	I'm not too bad.

Agus tusa?	And you?
Céard fútsa?	What about you?

Deas bualadh leat.	Nice to meet you.
Deas bualadh leat freisin.	Nice to meet you too.
Deas thú a fheiceáil arís.	Nice to see you again.

Cad is ainm duit?	What's your name?
Cén t-ainm atá ort?	What's your name?

Cad as tú/duit?	Where are you from?
Is as Cathair na Gaillimhe mé/dom.	I'm from Galway city.
Is as Contae na Mí mé/dom.	I'm from County Meath.
Is as Corcaigh mé/dom.	I'm from Cork.

Aoibh is ainm dom.	My name is Aoibh.
Josh an t-ainm atá orm.	My name is Josh.

Bí ag caint!

Cleacht na comhráite seo.

Dia dhuit. Conas atá tú?

Táim go maith, go raibh maith agat. Agus tusa?

Níl caill orm.

Dia dhuit. Cad is ainm duit?

Dia 's Muire dhuit. Seán is ainm dom. Cén t-ainm atá ort?

Ciara an t-ainm atá orm. Deas bualadh leat.

Bogdan! Cén scéal? Cén chaoi a bhfuil tú?

Jason! Deas thú a fheiceáil! Táim go maith, go raibh maith agat. Agus tusa?

Cad as tú, a Eibhlín?

Is as Tulach Mhór mé. Agus tusa?

Is as Cill Bheagáin mé. Deas bualadh leat.

Tá ag éirí go maith liom, go raibh maith agat.

 Scríobh agus labhair

Scríobh comhrá idir tú féin agus cara leat.
Cleacht an comhrá leis an duine atá in aice leat.

Táim in ann mé féin a chur in aithne do dhaoine eile agus comhrá simplí a dhéanamh leo.

Déan Cur Síos Ort Féin

Bí ag caint!

Cén dath is fearr leat? Cuir ceist ar an duine atá in aice leat.

Cén dath is fearr leat?

Is é gorm an dath is fearr liom.

Céard fútsa?

dubh

donn

liath

bán

buí

oráiste

dearg/rua

bándearg

corcra

gorm

glas

bánbhuí

Meaitseáil

Cén sórt duine thú? Meaitseáil an Ghaeilge leis an mBéarla.

1	cabhrach	A	clever	1 = ____
2	cairdiúil	B	kind	2 = ____
3	cliste	C	loyal	3 = ____
4	cneasta	D	patient	4 = ____
5	dílis	E	energetic	5 = ____
6	fial	F	friendly	6 = ____
7	fuinniúil	G	sporty	7 = ____
8	foighneach	H	funny	8 = ____
9	greannmhar	I	helpful	9 = ____
10	spórtúil	J	generous	10 = ____

Meaitseáil

Féach ar na habhatáir (*avatars*) seo ó avachara.com. Meaitseáil an cur síos leis an bpictiúr. Bain úsáid as d'fhoclóir.

1 Tá gruaig fhada ghorm air. Tá súile móra gorma aige.

2 Tá gruaig fhada chatach dhonn uirthi. Tá súile beaga glasa aici.

3 Tá gruaig ghearr dhíreach uirthi. Tá súile gorma geala aici.

 Scríobh agus labhair

Céard fút féin? Freagair na ceisteanna seo. Ansin, cuir na ceisteanna ar an duine atá in aice leat.

Cad is ainm duit?	_____ is ainm dom.
Cén sórt duine thú?	Tá mé _____ agus _____.
Cén sórt gruaige atá ort?	Tá gruaig _____ _____ orm.
Cén dath súl atá agat?	Tá súile _____ agam.

 Punann 2.1

Dear próifíl duit féin (leathanach 9).

• Dear abhatár! Téigh chuig avachara.com/avatar nó www.cartoonify.de.

• Scríobh cúig abairt fút féin.

 Táim in ann cur síos a dhéanamh orm féin.

Mé Féin, Mo Theaghlach agus Mo Chairde

Mo Theaghlach

✏ Scríobh

Cad is brí leis na focail seo? Bain úsáid as d'fhoclóir.

| deartháir | athair | uncail | seanathair | fear céile | mac | garmhac | nia | leasathair |

Meaitseáil

Meaitseáil na focail seo leis na focail sa bhosca thuas. Bain úsáid as d'fhoclóir.

máthair	athair	aintín		bean chéile	
deirfiúr		gariníon		seanmháthair	
iníon		neacht		leasmháthair	

Eva is ainm dom. Táim ceithre bliana déag d'aois. Táim cabhrach agus fial. Seo é mo theaghlach…

Seán is ainm do m'athair. Rugadh anseo i nDún Chaoin é. Tá sé cliste agus dílis.

Ana is ainm do mo mháthair. Rugadh in Krakow sa Pholainn í. Tá sí fuinniúil agus cairdiúil.

Seán Óg is ainm do mo dhearthái mór. Tá sé ocht mbliana déag d'aois. Tá sé greannmhar agus cneasta.

Máire is ainm do mo sheanmháthair. Tá sí séimh agus grámhar.

Meaitseáil

Meaitseáil na ceisteanna agus na freagraí.

1	Ainmnigh gach duine i dteaghlach Eva.	A	Tá sí cabhrach agus fial.
2	Cén aois í Eva?	B	Tá sé cliste agus dílis.
3	Cén aois é a deartháir?	C	Tá Eva ceithre bliana déag d'aois.
4	Cén sórt duine í Eva?	D	Rugadh a mháthair in Krakow.
5	Cén sórt duine é a hathair?	E	Tá a deartháir ocht mbliana déag d'aois.
6	Cár rugadh a mháthair?	F	Eva, Ana, Seán, Seán Óg, agus Máire is ainm dóibh.

1 = _____   2 = _____   3 = _____   4 = _____   5 = _____   6 = _____

 Le foghlaim

'Ní thagann ciall roimh aois!' Foghlaim na haoiseanna seo.

aon **bhliain** d'aois (1)	aon bhliain **déag** d'aois (11)	aon bhliain **is fiche** d'aois (21)
dhá bhliain d'aois (2)	dhá bhliain déag d'aois (12)	dhá bhliain is fiche d'aois (22)
trí **bliana** d'aois (3)	trí bliana déag d'aois (13)	trí bliana is tríocha d'aois (33)
ceithre bliana d'aois (4)	ceithre bliana déag d'aois (14)	ceithre bliana is daichead d'aois (44)
cúig bliana d'aois (5)	cúig bliana déag d'aois (15)	cúig bliana is caoga d'aois (55)
sé bliana d'aois (6)	sé bliana déag d'aois (16)	sé bliana is seasca d'aois (66)
seacht **mbliana** d'aois (7)	seacht mbliana déag d'aois (17)	seacht mbliana is seachtó d'aois (77)
ocht mbliana d'aois (8)	ocht mbliana déag d'aois (18)	ocht mbliana is ochtó d'aois (88)
naoi mbliana d'aois (9)	naoi mbliana déag d'aois (19)	naoi mbliana is nócha d'aois (99)
deich mbliana d'aois (10)	fiche **bliain** d'aois (20)	céad bliain d'aois (100)

 Scríobh

Líon na bearnaí.

1. Tá m'athair Seán _____ (40) d'aois.

2. Tá mo mháthair Martha _____ (41) d'aois.

3. Tá mo dheartháir Marcus _____ (8) d'aois.

4. Tá mo dheirfiúr Jana _____ (12) d'aois.

5. Tá m'aintíní Nóra agus Córa _____ (44) d'aois.

Táim in ann cur síos a dhéanamh ar mo theaghlach.

Míonna, Aoiseanna agus na hUimhreacha Pearsanta

✏ Scríobh

Tá míonna na bliana san ord mícheart. Scríobh an t-ord ceart i do chóipleabhar.

Mí Feabhra	Mí Aibreáin	Mí Iúil	Mí Lúnasa
Mí Eanáir	Mí an Mheithimh	Mí Mheán Fómhair	Mí na Samhna
Mí an Mhárta	Mí na Bealtaine	Mí Dheireadh Fómhair	Mí na Nollag

⚙ Cé mhéad páiste?

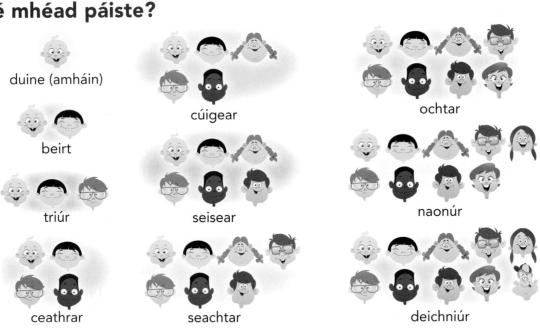

duine (amháin)

beirt

triúr

ceathrar

cúigear

seisear

seachtar

ochtar

naonúr

deichniúr

✏ Scríobh

Féach ar na pictiúir. Cén aois iad na paistí, meas tú?

Tá ceathrar páistí ag Victoria agus David Beckham – triúr mac agus iníon amháin. Rugadh Brooklyn i mí an Mhárta 1999, Romeo i mí Mheán Fómhair 2002, Cruz i mí Feabhra 2005 agus Harper i mí Iúil 2011. Cén aois iad?

_____ _____ _____ _____

Tá mac amháin agus beirt iníonacha ag Kim Kardashian agus a fear céile Kanye West. Rugadh North West i mí an Mheithimh 2013, rugadh Saint West i mí na Nollag 2015 agus rugadh Chicago West i mí Eanáir 2018. Cén aois iad?

_____ _____ _____

Bí ag caint!

Féach ar an bpictiúr.
Cé atá sa phictiúr?
Cá bhfuil siad ag dul, meas tú?

 Stór focal

tuismitheoirí	parents
teaghlach	family/household
pósta	married
colscartha	divorced

 Scríobh

Líon na bearnaí. Athscríobh na habairtí i do chóipleabhar.

1. Bhí Brad Pitt agus Angelina Jolie pósta ach tá siad colscartha anois.

    Tá _____ páistí acu: _____ mac agus _____ iníonacha.

2. Rugadh Maddox i mí Lúnasa 2001. Tá Maddox _____ d'aois.

3. Rugadh Pax i mí na Samhna 2003. Tá Pax _____ d'aois.

4. Rugadh Zahara i mí Eanáir 2005. Tá Zahara _____ d'aois.

5. Rugadh Shiloh i mí na Bealtaine 2006. Tá Shiloh _____ d'aois.

6. Is cúpla iad Knox agus Vivienne. Rugadh i 2008 iad. Tá siad _____ d'aois.

Scríobh agus labhair

Freagair na ceisteanna seo i do chóipleabhar. Déan comparáid leis an duine atá in aice leat. Siúil thart ar an rang agus cuir na ceisteanna seo ar do chomhscoláirí.

Cén aois thú?	Táim _____ _____déag d'aois.
Cén mhí den bhliain ar rugadh thú?	Rugadh mé i mí _____.
Cé mhéad duine atá i do theaghlach?	Tá _____ i mo theaghlach.
Cé mhéad deartháir nó deirfiúr atá agat?	Tá _____ _____ agam. Níl aon _____ agam.
Cén aois iad?	Tá mo Mham…

Táim in ann labhairt fúm féin agus faoi mo theaghlach.

Mé Féin, Mo Theaghlach agus Mo Chairde

Mrs Brown's Boys

Is í Mrs Brown, nó Agnes, an príomhcharachtar sa chlár teilifíse *Mrs Brown's Boys*. Tá sí ina cónaí i bhFionnghlas i mBaile Átha Cliath. An maith leat an clár *Mrs Brown's Boys*?

Meaitseáil

Meaitseáil na cuir síos agus na carachtair.

Tá **Agnes** grámhar agus greannmhar. Tá gruaig chatach dhonn uirthi agus tá súile gorma aici. Ní réitíonn sí le Daideo!	loving doesn't get on	2
Tá **Daideo**, nó Grandad, 96 bliain d'aois! Tá gruaig fhada liath air agus tá súile glasa aige. Ní réitíonn sé le hAgnes!		5
Is é **Mark** an páiste is sine. Tá sé ciúin agus stuama ach níl sé an-chliste. Tá súile gorma aige agus tá gruaig liath air.	the oldest child; sensible very clever	3
Tá **Rory** greannmhar agus séimh. Bhuel, deir Agnes go bhfuil sé séimh. Tá gruaig ghearr liath air agus tá súile gorma aige. Caitheann sé spéaclaí.	gentle glasses	6
Is í **Cathy** an t-aon iníon atá aici. Tá sí cineálta agus grámhar. Tá gruaig fhada fhionn uirthi agus tá súile gorma aici.		2
Tá gruaig ghearr dhubh ar **Dermot** agus tá súile gorma aige.		4
Is é **Trevor** an páiste is óige. Tá sé ard agus cineálta. Is sagart é.	youngest	1

Scríobh

What type of person

A. Freagair na ceisteanna.

1. Cén sórt duine í Agnes?
2. Cén sórt duine é Mark?
3. Cén sórt duine é Rory?
4. Déan cur síos ar Cathy.
5. Déan cur síos ar Trevor.

B. Ainmnigh na daoine. *people*
name the

1. Ainmnigh na daoine a bhfuil súile glasa acu.
2. Ainmnigh na daoine a bhfuil gruaig liath orthu.
3. Ainmnigh na daoine a chaitheann spéaclaí.
4. Ainmnigh na daoine atá cineálta.
5. Ainmnigh na daoine atá greannmhar.

C. Is abairtí bréagacha iad seo. Ceartaigh iad.

1. Tá Agnes suarach (*mean*). *Fix the sentence*
2. Réitíonn Agnes agus Daideo le chéile.
3. Is é Mark an páiste is óige.
4. Is é Trevor an páiste is sine.
5. Ní chaitheann aon duine sa teaghlach spéaclaí.

Punann 2.2

Déan cur síos ar do theaghlach. Lean an sampla seo agus sampla Eva ar leathanach 36.

Tá seisear i mo theaghlach: mo Mham, mo Dhaid, mo sheanathair, mo dheirfiúr, mo dhearbháir agus mé féin. Is mise an duine is óige. Tá fiche col ceathrar agam freisin, creid é nó ná creid!

Nicola is ainm do mo mháthair. Rugadh i gCeatharlach í. Tá sí seacht mbliana is tríocha d'aois. Tá sí cairdiúil agus cliste.

Leon an t-ainm atá ar m'athair. Rugadh sna hOileáin Fhilipíneacha é. Tá sé daichead bliain d'aois. Tá sé greannmhar agus cineálta.

Daideo an t-ainm atá ar...

Lee

Inis don duine atá in aice leat fúthu. Cuir an obair chríochnaithe i do phunann ar leathanach 10.

 Táim in ann scríobh fúm féin agus faoi mo theaghlach.

Mé Féin, Mo Theaghlach agus Mo Chairde

Na Forainmneacha Réamhfhoclacha: 'ar' agus 'ag'

In Chapter 1, we learned about prepositional pronouns that are based on 'le' and 'do'.

We use prepositional pronouns when a preposition (e.g. with, for, on, at) and a pronoun (e.g. me, you, him, her) come together. In English, two words are used, e.g. 'with me' or 'for them'. In Irish, we combine the two words to form one word, e.g. *agam* (*ag + mé*) or *orthu* (*ar + iad*). See how many you can spot in the next exercise.

Próifílí neamhréadúla

Léigh na próifílí seo. An bhfuil siad réadúil?

Gráinne an t-ainm atá **orm**.

Tá mé cliste, cneasta, fial agus faiseanta.

Tá súile donna **agam** agus tá gruaig álainn **orm** — fada agus catach, cosúil le popréalta.

Evan an t-ainm atá **orm**.

Tá mé spórtúil, fuinniúil agus fial. Tá mé go hálainn.

Tá súile donna **agam** agus tá gruaig fhaiseanta **orm**. Táim cosúil le réalta spóirt.

Donna agus Deirdre an t-ainm atá **orainn**. Is cúpla muid.

Táimid spórtúil, cliste, fial agus faiseanta. Agus cabhrach.

Tá gruaig ghalánta **orainn** — fada agus catach. Táimid cosúil le popréaltaí.

 ## Scríobh

Roghnaigh an focal ceart.

Gráinne	Gráinne an t-ainm atá **agam/orm**.
Gráinne	Tá gruaig álainn **agam/orm**.
Evan	Tá gruaig fhaiseanta **agam/orm**.
Donna agus Deirdre	Donna agus Deirdre an t-ainm atá **againn/orainn**.
Donna agus Deirdre	Tá gruaig ghalánta **againn/orainn**.

Réamhfhocail 'ar' agus 'ag'

Pronoun	Forainm	ag	ar
I	mé	agam	orm
you	tú	agat	ort
he	sé	aige	air
she	sí	aici	uirthi
we	muid (sinn)	againn	orainn
you (*plural*)	sibh	agaibh	oraibh
they	siad	acu	orthu

Léigh agus scríobh

Nathanna samplacha: ag

An bhfuil súile donna nó glasa **agat**?	Do you have brown or green eyes?
Tá teaghlach ollmhór **aige**!	He has a huge family!
Tá go leor cairde **ag** Aoife.	Aoife has lots of friends.

Aistrigh na habairtí seo.

1. Cén dath atá ar shúile Phádraig?
2. An bhfuil mórán deartháireacha agat?
3. An bhfuil a lán cairde aici?

Nathanna samplacha: ar

Tá gruaig dhíreach álainn **orm**.	I have beautiful straight hair.
Cén t-ainm atá **uirthi**?	What is her name?
Tá ocras agus tuirse **orthu**.	They are hungry and tired.

Aistrigh na habairtí seo.

1. Tá gruaig fhada dhonn orm.
2. Cén t-ainm atá ar an mbuachaill sin?
3. Tá tuirse orthu. An bhfuil tuirse ort?

Scríobh

Athscríobh na habairtí seo a leanas i do chóipleabhar.

1. An bhfuil cead [ag: mé] _____ dul go dtí an leithreas?
2. Cá bhfuil Seán? Níl a fhios [ag: mé] _____.
3. Tá ocras [ar: í] _____ ach níl tuirse [ar: í] _____.
4. Níl gruaig ar bith [ar: iad] _____. Tá siad maol (*bald*).

Táim in ann na forainmneacha réamhfhoclacha atá bunaithe ar 'ag' agus 'ar' a úsáid i gceart.

 Tá tuilleadh cleachtaí ar leathanach 228.

Mé Féin, Mo Theaghlach agus Mo Chairde

#CairdeCáiliúla

Léigh agus labhair

Féach ar na ceiliúráin (*celebrities*) seo. Cén sórt daoine iad?

Rihanna agus Melissa Forde

Seo Rihanna agus a seanchara Melissa Forde.

Tá Rihanna faiseanta agus cruthaitheach. Tá Melissa cairdiúil agus faiseanta.

Tá gruaig ghearr dhubh ar Rihanna sa phictiúr agus tá súile geala glasa aici. Tá gruaig fhada dhubh ar Melissa agus tá súile donna aici. Tá frainse aici freisin.

Réitíonn siad go hiontach le chéile.

Taylor Swift agus Ed Sheeran

Seo Taylor Swift agus a cara dílis Ed Sheeran.

Tá Taylor cabhrach agus grámhar. Tá Ed réchúiseach agus fial.

Tá gruaig dhíreach fhionn ar Taylor agus tá súile geala gorma aici. Tá frainse aici freisin. Tá gruaig ghearr ghliobach rua ar Ed agus tá súile gorma aige.

Réitíonn siad go han-mhaith le chéile.

Harry Styles agus James Corden

Seo Harry Styles agus a chara mór James Corden.

Tá Harry cneasta agus séimh. Tá James greannmhar agus cairdiúil.

Tá gruaig fhada chatach dhonn ar Harry agus tá súile geala glasa aige. Tá gruaig ghearr néata fhionn ar James agus tá súile gorma aige. Tá féasóg air freisin.

Réitíonn siad go hiontach le chéile.

Stór focal

réitíonn siad le chéile	they get on with each other	frainse	fringe
réitím go maith le…	I get on well with…	féasóg	beard
réchúiseach	easy-going	gliobach	tousled/messy

Scríobh

A. Freagair na ceisteanna.

1. Cad is ainm do chara Rihanna?
2. Cad is ainm do chara Taylor?
3. Cad is ainm do chara James?

4. Cén sórt duine í Rihanna?
5. Cén sórt duine í Taylor?
6. Cén sórt duine é James?

B. Roghnaigh an focal ceart.

1	Rihanna	Tá gruaig dhubh **air/uirthi** agus tá súile **gorma/glasa** aici.
2	Melissa	Tá gruaig **fhada/ghearr** dhubh uirthi agus tá súile donna **aige/aici**.
3	Taylor	Tá gruaig **fhionn/dhubh** uirthi. Tá frainse **aige/aici**.
4	Ed	Tá gruaig **rua/dhubh** air. Tá súile **gorma/glasa** aige.
5	Harry	Tá gruaig **chatach/dhíreach** air. Tá súile **geala/dorcha** aige.
6	James	Tá gruaig **ghearr/fhada** air. Tá féasóg **air/aige** freisin.

 # Bí ag caint!

Cad is ainm do na ceiliúráin Éireannacha seo?

Déan cur síos ar a gcuid gruaige agus ar a gcuid súl.

 # Cur i láthair

An bhfuil aon chairde cáiliúla eile ar eolas agat? I ngrúpa, cruthaigh sé shleamhnán fúthu ar PowerPoint nó Prezi agus léirigh os comhair an ranga iad.

Leagan amach

1	Faigh pictiúr. Cad is ainm dóibh?
2	Cén aois iad? Cathain a rugadh iad?
3	Cár rugadh iad? Cá bhfuil siad ina gcónaí?
4	Cén sórt daoine iad?
5	Cén chuma (*appearance*) atá orthu?
6	Cé atá ina dteaghlach?

Mé Féin, Mo Theaghlach agus Mo Chairde

An Aidiacht Shealbhach

In this chapter, there are many examples of the possessive adjective (*an aidiacht shealbhach*). We use the possessive adjective to show that something belongs to somebody and to talk about relations and friends.

Roimh chonsan

my	mo	mo + séimhiú (h)	mo **ch**ara
your	do	do + séimhiú (h)	do **ch**ara
his	a	a + séimhiú (h)	a **ch**ara
her	a	a + gan athrú (*no change*)	a cara
our	ár	ár + urú	ár **gc**ara
your (plural)	bhur	bhur + urú	bhur **gc**ara
their	a	a + urú	a **gc**ara

Column headers: Roimh chonsan (before a consonant) | Sampla

Scríobh

Líon na bearnaí. Ansin, athscríobh na habairtí i do chóipleabhar.

1. Tá triúr deartháireacha ag [mo: cara] _____.

2. Deir sé go bhfuil [a: múinteoir] _____ fial flaithiúil.

3. Tá gruaig álainn ar [mo: deirfiúr] _____.

4. Cá bhfuil [do: seanmháthair] _____?

5. Ghearr sí [a: frainse] _____ inné.

6. Tá [ár: máthair] _____ sa siopa.

An t-úrú

mb	bp
nd	dt
ng	gc

bhf

n-guta

Roimh ghuta

my	mo	m' + gan athrú	m'amhrán
your	do	d' + gan athrú	d'amhrán
his	a	a + gan athrú	a amhrán
her	a	a + 'h' roimhe (*'h' before it*)	a **h**amhrán
our	ár	ár + urú (n-)	ár **n**-amhrán
your (plural)	bhur	bhur + urú (n-)	bhur **n**-amhrán
their	a	a + urú (n-)	a **n**-amhrán

Column headers: Roimh ghuta (before a vowel) | Sampla

Scríobh

Líon na bearnaí. Ansin, athscríobh na habairtí i do chóipleabhar.

1. Tá [mo: athair] _____ sa bhaile.

2. Tá bród uirthi as [a: oidhreacht] _____.

3. Thug siad bronntanas [dá: aintín] _____.

4. Is breá liom [bhur: amhrán] _____ nua!

5. Beidh sí ag dul go dtí an cluiche [lena: uncail] _____.

6. Tá áthas ar [mo: iníon] _____.

 Tá tuilleadh cleachtaí le fáil ar leathanach 230.

 Táim in ann an aidiacht shealbhach a úsáid i gceart.

Éist agus scríobh

A. Éist leis na hailt thíos.

Rihanna agus Melissa Forde

Chas Rihanna ar a seanchara Melissa nuair a bhí siad ar scoil i mBarbadós. **Téann siad i ngach áit le chéile.** Is féidir a bh**féinphiceanna** a fheiceáil ar a bhfotha Instagram.

they go everywhere together
selfies

Harry Styles agus James Corden

Tá James Corden **an-bhródúil** as a chairdeas le Harry Styles. Is **minic a fheictear** Harry agus James le chéile – ag siopadóireacht le James agus a bhean chéile nó ag caint le James ar a sheónna teilifíse.

very proud of
often seen

Taylor Swift agus Ed Sheeran

Seinneann Ed Sheeran a lán ceoil lena chara Taylor Swift. Mar shampla, seinneann sé giotár ar a hamhrán 'Everything Has Changed'. Tá Ed agus a athair an-bhródúil as a n-oidhreacht Ghaelach. **D'aistrigh** Ed a amhrán 'Thinking Out Loud' go Gaeilge!

plays
translated

B. Aimsigh an Ghaeilge de na focail seo.

1. Her old friend Melissa
2. Their selfies
3. Their Instagram feed
4. His friendship
5. His wife
6. His TV shows
7. With his friend
8. Her song
9. Their Irish heritage
10. His song

 Scríobh

Fíor nó bréagach?

	F	B
1. Chas Rihanna ar a seanchara Melissa sna Bahámaí.	☐	☐
2. Ní chuireann siad a bhféinphiceanna ar Instagram.	☐	☐
3. Tá James an-bhródúil as a chairdeas le Harry.	☐	☐
4. Tá Ed Sheeran an-bhródúil as a oidhreacht Ghaelach.	☐	☐
5. D'aistrigh Taylor Swift a hamhrán go Gaeilge.	☐	☐

 Táim in ann cur síos a dhéanamh ar mo chairde agus ar dhaoine cáiliúla.

Mé Féin, Mo Theaghlach agus Mo Chairde

Ré Nua Códóirí

 Bí ag caint!

Cuir na ceisteanna seo ar an duine atá in aice leat.

Cad é an aip is fearr leat ar d'fhón póca? Cén fáth?

Léigh agus scríobh

Léigh na hailt thíos agus freagair na ceisteanna.

Anvitha Vijay

Rugadh Anvitha Vijay san Astráil in 2007. Tá gruaig fhada dhonn uirthi agus tá súile móra donna aici. Tá sí **éirimiúil** agus **féinmhuiníneach**. Nuair a bhí sí naoi mbliana d'aois, **dhear** sí a céad aip. Tá a haip go hiontach. *Smartkins Animals* is ainm di.

intelligent
self-confident
designed

Haris Khan

Rugadh Haris Khan in 2003. Rugadh sa Ghearmáin é ach tá sé ina chónaí i gCorcaigh anois. Tá gruaig ghearr dhubh air agus tá súile donna aige. Tá sé **cliste** agus **spreagtha**. Dhear sé a chéad aip *Super Soccer Kicks* nuair a bhí sé deich mbliana d'aois.

clever
motivated

Cormac Kinsella

Rugadh Cormac Kinsella in 2001. Rugadh i gContae Lú é. Tá gruaig ghearr dhonn air agus tá súile glasa aige. Dhear sé a aip Ghaeilge, *Focal.ie*, nuair a bhí sé ceithre bliana déag d'aois. Tá sé **cruthaitheach** agus **cairdiúil**.

creative; friendly

1. Cén aois í Anvitha?
2. Cén aois é Haris?
3. Cén aois é Cormac?
4. Cén aois a bhí Anvitha nuair a dhear sí a céad aip?
5. Cén aois a bhí Haris nuair a dhear sé a chéad aip?

Éist agus scríobh

Éist le cúig abairt faoi Anvitha, Haris agus Cormac agus líon na bearnaí.

1. Is cailín _____ í Anvitha.

2. Is buachaill _____ é Haris.

3. Is buachaill _____ é Cormac.

4. Is cailín _____ í Anvitha.

5. Is buachaill _____ é Cormac.

 Script: leathanach 106 de do Leabhar Gníomhaíochta.

 Scríobh

Líon na bearnaí. Bain úsáid as na samplaí seo.

Sampla	Tá Anvitha éirimiúil.	Is cailín éirimiúil í Anvitha.
Sampla	Tá Haris cliste.	Is buachaill cliste é Haris.
Sampla	Tá Cormac cairdiúil.	Is duine cairdiúil é Cormac.

1. _____ Anvitha féinmhuiníneach.   Is cailín _____ í Anvitha.

2. Tá Haris spreagtha.   Is buachaill _____ é _____.

3. Tá _____ cruthaitheach.   Is duine cruthaitheach ___ Cormac.

 Punann 2.3

I ngrúpa, déan cur síos ar dhuine cáiliúil.

Scríobh alt gearr faoi/fúithi. Luaigh na pointí seo:

1. Cad is ainm dóibh?

2. Cár rugadh iad?

3. Cathain a rugadh iad?

4. Cén sórt daoine iad?

5. Cén chuma atá orthu?

6. Conas a bhain siad cáil amach? (*How did they become famous?*)

Cuir an obair chríochnaithe i do phunann ar leathanach 12.

Mé Féin, Mo Theaghlach agus Mo Chairde

Ag Smaoineamh os Ard

 Scríobh agus éist

I ngrúpa, scríobh síos trí rud faoi Ed Sheeran. Déan comparáid leis na grúpaí eile.

Ansin, éist leis an amhrán 'Ag Smaoineamh os Ard'. Téigh chuig www.youtube.com agus cuardaigh an t-amhrán.

Stór focal

véarsa	verse
réamhchurfá	pre-chorus
curfá	chorus

Véarsa 1

Cad is brí leis na focail seo? Bain úsáid as d'fhoclóir.

do chosa	do shúil	do bhéilín	d'aoibh

Nuair is léir nach seasann **do chosa** níos mó.

Is nach leanann **do shúil** mar a bhíodh.

An mbeidh teacht ar **do bhéilín** ar bhlaiseadh mo ghrá?

An mbeidh d'aghaidh ag fógairt **d'aoibh**?

A stóirín, beidh mé ag fanacht leat féin go seachtó naoi.

A leanbh, is tú an duine dom, fiú ag fiche trí.

Réamhchurfá agus curfá 1

Cad is brí leis na focail atá ar lár? Líon na bearnaí.

b'fhéidir	arís is arís	intinn	gan aon chúis

Tá mé ag rá leat, go dtiteann daoine i ngrá _____ ná haon bhrí.

_____ gan ach buille ar lámh.

Titim féin i ngrá leat _____.

Tá rud ar _____ agam le rá.

mo chroí	gheal	anocht	m'ucht

Bí liom ann. Féadfaidh tú mé a thógáil _____.

Ó, luigh liomsa faoin solas ón oíche _____.

Éist le buillí _____ ar _____.

Ag smaoineamh os ard.

A leanbh, fuair muid neamh anseo ar domhan.

 Véarsa 2

Cad is brí leis na focail seo? Líon na bearnaí.

> mo lámh   mo chroí   m'ainm   mo bhrionglóidí   níos sine

Nuair atá mé _____ is ag briseadh go mall.

Dearmad déanta ar _____ arís.

Gan _____ in ann don mhéid céanna.

Ó, is tú a bheas fós i _____.

Beidh tú liomsa, is mise leatsa go deo, mo chroí.

Is tú le feiceáil gach oíche i _____.

 Réamhchurfá agus curfá 2

Cad is brí leis na focail atá ar lár? Líon na bearnaí.

> go deo   tuilleadh   gan aon chúis   b'fhéidir

Tá mé ag rá leat, go dtiteann daoine i ngrá _____ ná haon bhrí.

_____ go mba chuid é den phlean.

Mise agus tusa le chéile _____.

Ag glacadh go mbeidh _____ ar lean.

> mo chroí   gheal   anocht   m'ucht

Bí liom ann. Féadfaidh tú mé a thógáil _____.

Ó, luigh liomsa faoin solas ón oíche _____.

Éist le buillí _____ ar _____.

Ag smaoineamh os ard.

A leanbh, fuair muid neamh anseo ar domhan.

A leanbh, fuair muid neamh anseo ar domhan.

A leanbh, fuair muid neamh anseo ar domhan.

✓ Táim in ann amhrán Gaeilge a thuiscint. 😊 😐 ☹

Mé Féin, Mo Theaghlach agus Mo Chairde

Ag Cur Isteach ar Chomórtas

 Scríobh

Déan an féinmheasúnú seo. Cuir tic sa seicliosta.

Aontaím go hiomlán =   Aontaím = 😐   Ní aontaím = ☹️

	🙂	😐	☹️
Is féidir liom cúig abairt a scríobh fúm féin (*about me*).			
Is féidir liom cúig abairt a scríobh faoi mo theaghlach.			
Is féidir liom cúig abairt a scríobh faoi mo chairde.			
Is féidir liom cúig abairt a scríobh faoi réaltaí cáiliúla.			

Léigh

Léigh an fógra thíos. Cad é an chéad duais?

Comórtas Pháirc an Chrócaigh

Ar mhaith leat dhá thicéad do cheolchoirm mhór nó do chluiche mór i bPáirc an Chrócaigh a bhuachan?

Inis dúinn cé hé/hí an réalta cheoil nó an réalta spóirt is fearr leat agus scríobh 10 n-abairt fúthu.

Ádh mór!

Iarratas samplach

Do shonraí

Ainm: Tomás Mac Donncha
Aois: Dhá bhliain déag d'aois
Seoladh: 221 Ascaill na gCuradh,
           Baile Átha Cliath 1

Dáta breithe: 23 Lúnasa 2006
Ríomhphost: tomasbac@gaeilgemail.com
Uimhir ghutháin: 085 123 4567

An réalta cheoil nó an réalta spóirt is fearr leat: Carl Frampton

Cur síos:

Is aoibhinn liom Carl Frampton. Is dornálaí é. Tá sé tríocha bliain d'aois. Tá sé crua, spreagtha agus fial.

Rugadh i mBéal Feirste é. Tá sé ina chónaí i Londain i Sasana.

Tá gruaig ghearr néata dhonn air agus tá súile gorma aige. Tá féasóg air freisin.

Flo is ainm dá Mham agus Craig is ainm dá Dhaid. Tá Carl pósta le Christine Frampton. Tá mac amháin agus iníon amháin acu. Carla agus Rossa is ainm dóibh.

 Scríobh

Freagair na ceisteanna seo.

1. Cén aois é Tomás Mac Donncha?
2. Cá bhfuil sé ina chónaí?
3. Cé hé an réalta is fearr leis?
4. Cár rugadh an réalta seo?
5. Déan cur síos ar an réalta.
6. Cé mhéad páiste atá ag an réalta seo?

Scríobh

Cuir isteach ar an gcomórtas! Bain úsáid as an teimpléad seo. Cuir an obair chríochnaithe i do chóipleabhar.

An Comórtas

Do shonraí

Ainm: _____ Dáta breithe: _____

Aois: _____ Ríomhphost: _____

Seoladh: _____ Uimhir ghutháin: _____

An réalta cheoil nó an réalta spóirt is fearr leat:

Cur síos:

_____

_____

_____

_____

_____

_____

_____

_____

_____

_____

_____

_____

Noda:

- Cár rugadh iad?
- Cá bhfuil siad ina gcónaí?
- Cén aois iad?
- Cén sórt daoine iad?
- Cén chuma atá orthu?
- Cé atá ina dteaghlach?

 Táim in ann foirm iarratais a chomhlánú.

Mé Féin, Mo Theaghlach agus Mo Chairde

Filíocht: An Púca

Meaitseáil

Meaitseáil na pictiúir leis na focail. Bain úsáid as d'fhoclóir.

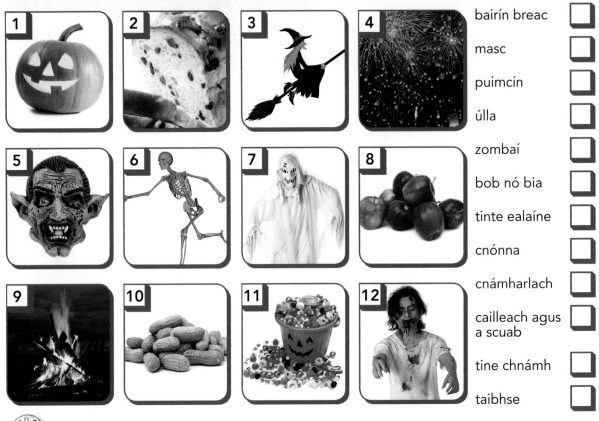

- bairín breac ☐
- masc ☐
- puimcín ☐
- úlla ☐
- zombaí ☐
- bob nó bia ☐
- tinte ealaíne ☐
- cnónna ☐
- cnámharlach ☐
- cailleach agus a scuab ☐
- tine chnámh ☐
- taibhse ☐

Léigh agus éist

Éist le véarsa a haon den dán seo. Léigh an véarsa don duine atá in aice leat. Déan an rud céanna do gach véarsa.

An Púca

'Púca! Púca! Is mise an púca!
Púca! Púca! Aon-dó-trí!
Seo í an oíche, Oíche Shamhna
A théim ar cuairt chun do thí,
Chun do thí!'

'Púca! Púca! Ní tusa an púca!
Tusa Seáinín Beag Ó Laoi!
Seo í an oíche, Oíche Shamhna
A bhíonn tú ag súgradh aon-dó-trí,
Aon-dó-trí!'

'Púca! Púca! Is mise an púca!
Ní mise in aon chor Seán Ó Laoi!
Féach ar m'fhiacla! Féach im 'shúile
Béarfaidh mé anocht ort, anocht a chroí,
Anocht a chroí!'

Buntuiscint

Fíor nó bréagach? Pléigh do fhreagraí leis an duine atá in aice leat.

	F	B
1. Oíche Shamhna atá ann.	☐	☐
2. Tá an Púca ar an mbealach ar scoil.	☐	☐
3. Tá Seáinín Beag Ó Laoi gléasta suas ar nós Púca.	☐	☐
4. Bíonn daoine óga ag súgradh Oíche Shamhna.	☐	☐
5. Béarfaidh an Púca ort anocht.	☐	☐

Léirthuiscint

Fíor nó bréagach? Pléigh do fhreagraí leis an duine atá in aice leat.

	F	B
1. Is créatúr scanrúil (*scary*) é an Púca.	☐	☐
2. Is créatúr cairdiúil é an Púca.	☐	☐
3. Is créatúr grámhar é an Púca.	☐	☐
4. Bíonn an Púca le feiceáil i rith na hoíche.	☐	☐
5. Bíonn an Púca le feiceáil i rith an lae.	☐	☐

Plé

Cad a dhéanann tusa Oíche Shamhna?
Inis don duine atá in aice leat faoi.

Stór focal

téim	I go
is maith liom a bheith ag…	I like…
ag gléasadh suas mar…	dressing up as…
ag imirt bob nó bia	playing trick or treat
ag imirt cluichí	playing games
ag dearadh tinte gealáin	designing jack-o'-lanterns
ag ithe bairín breac	eating barmbrack
ag dul go tine chnámh	going to a bonfire

Táim in ann dán Gaeilge a thuiscint agus a léamh os ard.

Mé Féin, Mo Theaghlach agus Mo Chairde

Súil Siar

A. Athscríobh na habairtí seo a leanas.

1. Ní thaitníonn Béarla go mór [le: iad] _____.

2. Jana agus Petr is ainm [do: iad] _____.

3. Tá deartháir amháin [ag: é] _____.

4. Tá gruaig dhubh [ar: é] _____ agus tá súile gorma [ag: é] _____.

5. Tá gruaig fhionn [ar: tú] _____ agus tá súile glasa [ag: tú] _____.

B. Meaitseáil an Ghaeilge leis an mBéarla.

1	cabhrach	A	kind	6	grámhar	F	intelligent
2	cairdiúil	B	clever	7	greannmhar	G	creative
3	cliste	C	helpful	8	éirimiúil	H	loving
4	cneasta	D	generous	9	dílis	I	funny
5	fial	E	friendly	10	cruthaitheach	J	loyal

1 = ____ 2 = ____ 3 = ____ 4 = ____ 5 = ____ 6 = ____ 7 = ____ 8 = ____ 9 = ____ 10 = ____

C. Cad iad na litreacha atá ar lár i míonna na bliana?

mí Eanái_	mí _eabhra	mí an _hárta	mí _ibreái_
mí na _ealtaine	mí an Mheithim_	mí lúi_	mí Lúnas_
mí Mheán _ómhai_	mí _heireadh _ómhair	mí na _amhna	mí na _ollag

D. Líon na bearnaí i do chóipleabhar.

Haigh, is mise Jeaic. Táim _____ (14) d'aois. Tá _____ (10) i mo theaghlach. Tá

_____ (3) deartháireacha agus tá _____ (4) deirfiúracha agam. Is é Seán an páiste

_____ (oldest). Tá sé _____ (20) d'aois. Tá Aoife _____ (19) d'aois. Tá Méabh

_____ (17) d'aois. Is cúpla iad Pádraic agus Siobhán. Tá siad _____ (15) d'aois. Tá

Éamonn _____ (12) d'aois. Is í Bab an páiste _____ (youngest). Tá sise _____ (10) d'aois.

E. Aistrigh go Gaeilge.

1. I have three brothers.
2. John has three brothers.
3. Zoe has three sisters.
4. Daithí has two uncles.
5. Pádraic and Siobhán are twins.

F. Líon na bearnaí. Ansin, aistrigh na habairtí.

1. Tar anseo [mo: seanchara] _____!

2. An bhfaca tú [ár: seó] _____ teilifíse?

3. Sheinn sí [a: amhrán] _____ aréir.

4. Tá [ár: athair] _____ an-bhródúil as [a: oidhreacht] _____ Ghaelach.

5. Cuireann sé gach rud ar [a: fotha] _____ Twitter.

6. Níl [do: tuismitheoirí] _____ sa bhaile.

7. An bhfuil aithne agat ar [mo: deartháir] _____?

8. Ar rugadh [bhur: uncail] _____ in Éirinn?

G. Déan cur síos ar na réaltaí seo.

Jaden Smith

Lady Gaga

  Cluastuiscint

Éist le Maud agus Pádraig ag caint fúthu féin agus faoina dteaghlach. Cloisfidh tú an taifeadadh faoi dhó. Líon isteach an t-eolas atá á lorg i do chóipleabhar.

 Script: leathanach 106 de do Leabhar Gníomhaíochta

An Chéad Chainteoir	
1. Cad is ainm di? *What is her name*	~~Mr~~ ~~Cat~~ ~~Li~~ i Maud
2. Cár rugadh í? *Where was she born*	Sasana
3. Cé mhéad deirfiúr agus leasdeirfiúr atá aici? *how many step sisters*	deirfiúr amháin
4. Cén dath gruaige atá uirthi?	catrach
5. Cén sórt duine í?	(i) cuslaz (ii) Li Nealta

An Dara Cainteoir	
1. Cár rugadh Pádraig?	Baile Átha Cliath
2. Cé mhéad deartháir agus deirfiúr atá aige?	~~say~~ 1 deartháir 2 deirfiúr
3. Cén dath atá ar a shúile?	
4. Cén t-ábhar is fearr leis?	Gaeilge

Cultúr 2
Gaeltacht na nDéise

Tá Gaeltacht na nDéise suite in oirdheisceart na hÉireann. Is é An Rinn an baile is mó sa Ghaeltacht seo. Tugtar na 'Déisigh' ar mhuintir Phort Láirge.

Is áit álainn é Ceann Heilbhic. Is ainm Lochlannach é Heilbhic. Tháinig na Lochlannaigh go Port Láirge sa 9ú aois.

Tá nasc láidir idir Port Láirge agus Talamh an Éisc (Newfoundland) i gCeanada.

Co. Phort Láirge

Port Láirge

Dún Garbhán

Ceann Heilbhic

An Rinn

Baile Mhac Airt

Aird Mhór

Tá an-tóir ar an iascaireacht anseo. Tá na huiscí anseo lán de mhaicréal, bradán agus basán.

Tá an-tóir ar an bpeil agus ar an iománaíocht sa Rinn. Rinn ó gCuanach is ainm don chlub áitiúil. Caitheann siad gorm agus buí.

Talamh an Éisc

Is oileán amach ar chósta Cheanada é Talamh an Éisc. Bhíodh nasc láidir i gcónaí idir muintir Phort Láirge agus Talamh an Éisc. Thaistil go leor daoine as Port Láirge trasna an Atlantaigh go Talamh an Éisc idir 1750 agus 1830.

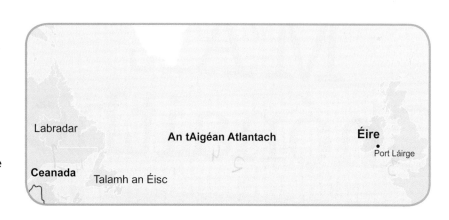

Labradar

An tAigéan Atlantach

Éire
• Port Láirge

Ceanada   Talamh an Éisc

Tá an nasc idir Port Láirge agus Talamh an Éisc fós láidir. Tá go leor sloinnte Éireannacha ann – mar shampla, Burke, Foley, Power, Walsh, Murphy agus Ryan. Seinneann siad ceol Gaelach. Déanann siad staidéar ar an nGaeilge freisin. Creid é nó ná creid, labhraíonn muintir Thalamh an Éisc, nó 'Newfoundlanders', fós le blas Éireannach.

Ceisteanna

1. Cá bhfuil Newfoundland, nó Talamh an Éisc, suite?
2. Cathain a thrasnaigh go leor daoine as Port Láirge go Talamh an Éisc?
3. Tá an nasc idir Port Láirge agus Talamh an Éisc fós láidir. Luaigh **dhá** shampla a léiríonn go bhfuil an ráiteas seo fíor.

Stór focal

Lochlannaigh	Vikings	oileán	island
nasc	link	thaistil	travelled
maicréal	mackerel	láidir	strong
bradán	salmon	sloinnte	surnames
basán	sea bass	blas Éireannach	Irish accent

Taighde agus cur i láthair

1. Téigh ar líne agus léigh tuilleadh faoi Thalamh an Éisc. Déan nóta de na rudaí seo:
   - Daonra (*population*)
   - Bratach (*flag*)
   - Príomhchathair (*capital city*)
   - Fiadhúlra (*wildlife*)
   - Spórt
2. Dear cur i láthair ar PowerPoint nó Prezi faoin oileán.
3. Léirigh os comhair an ranga é.

M'Áit Chónaithe

✓ Faoi dheireadh na caibidle seo, beidh mé in ann:

- Labhairt agus scríobh faoi m'áit chónaithe.
- Labhairt agus scríobh faoin seomra is fearr liom.
- Scéal Gaeilge a thuiscint.
- Gearrscannán Gaeilge a thuiscint.

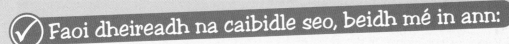

Príomhscileanna

- Cumarsáid
- Obair le daoine eile
- A bheith liteartha
- A bheith uimheartha

Punann

- Punann 3.1 – Mo Theach / M'Árasán
- Punann 3.2 – Teach Duine Cháiliúil
- Punann 3.3 – Teach ar Díol
- Punann 3.4 – An Seomra is Fearr Liom

Clár Ábhair

An Áit a Bhfuil Cónaí Orm

Meaitseáil

Meaitseáil na habairtí leis na pictiúir.

1 Tá cónaí orainn i mbloc árasán.

2 Tá cónaí orainn i bpálás.

3 Tá mé i mo chónaí i dteach sraithe.

4 Tá mé i mo chónaí i dteach mór scoite.

Stór focal

teach scoite	detached house	teach tuaithe	country house
teach leathscoite	semi-detached house	teach feirme	farmhouse
teach cúinne	corner house	bungaló	bungalow
teach sraithe	terraced house	teach trí stór	three-storey house
árasán	apartment	dhá urlár	two-storey
pálás	palace	teach mór millteach	mansion

Bí ag caint!

Cuir ceisteanna ar dhaltaí eile sa rang.

Cén sórt tí atá agat?

Tá mé i mo chónaí i dteach sraithe. Céard fútsa?

Tá mé i mo chónaí in árasán dhá urlár.

Cén sórt tí atá agat?

Tá cónaí orm i mbungaló. Céard fútsa?

Tá cónaí orm i dteach mór millteach.

✓ Táim in ann cur síos a dhéanamh ar an gcineál tí ina gcónaím.

Cá Bhfuil Do Theach Suite?

Meaitseáil

Meaitseáil na habairtí leis na pictiúir.

Tá ár dteach suite in aice na farraige. ☐

Tá ár dteach feirme suite faoin tuath. ☐

Tá ár n-árasán suite i lár na cathrach. ☐

Tá ár dteach leathscoite suite in eastát tithíochta. ☐

Bí ag caint!

A. Cuir ceisteanna ar dhaltaí eile sa rang.

Cá bhfuil do theach suite?

Bhuel, creid é nó ná creid, tá mo theach suite in aice na farraige. Céard fútsa?

Tá ár dteach suite in eastát tithíochta ar imeall an bhaile.

B. Le grúpa, pléigh na ráitis seo. Cuir ciorcal thart ar do rogha. Déan comparáid le grúpaí eile.

1 = Ní aontaím ar chor ar bith.   2 = Ní aontaím.   3 = Tá mé idir dhá chomhairle.
4 = Aontaím.   5 = Aontaím go hiomlán.

1	Ba bhreá liom a bheith i mo chónaí i lár na cathrach.	1	2	3	4	5
2	Ba bhreá liom a bheith i mo chónaí in aice na farraige.	1	2	3	4	5
3	Ba bhreá liom a bheith i mo chónaí ar fheirm.	1	2	3	4	5
4	Ba bhreá liom a bheith i mo chónaí ar Mhars.	1	2	3	4	5

Stór focal

ciúin	quiet	torannach/glórach	noisy
uaigneach	lonely	beomhar	lively
leadránach	boring	go hálainn	beautiful
eastát tithíochta	housing estate	láithreán stad	halting site

Táim in ann a rá cá bhfuil mo theach suite.   ☺ 😐 ☹

M'Áit Chónaithe

An Bloc Árasán

Meaitseáil

Meaitseáil na focail leis na pictiúir. Bain úsáid as d'fhoclóir.

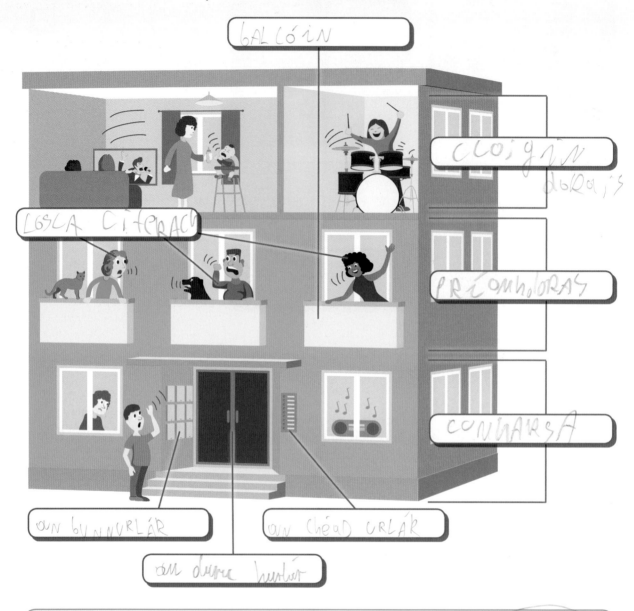

BALCÓIN

CLOIgíN dORais

LOSCA CifpRacH

PRíomhdORAS

COMhARSA

an buNNURLÁR

an chéaD uRLÁR

an dara hurlár

| an chéad urlár | an dara hurlár | balcóin | cloigín dorais |
| an bunurlár | bosca litreach | príomhdhoras | comharsana |

  Bí ag caint!

Abair cúig abairt faoin bpictiúr
leis an duine atá in aice leat.
Mar shampla: Tá an leanbh ag
caoineadh ar an dara hurlár.

Stór focal

comharsana callánacha	noisy neighbours
ag caoineadh	crying
ag tafann	barking
ag argóint	arguing
ag screadach	screaming

An Teach

 **Meaitseáil**

Meaitseáil na focail leis na pictiúir.
Bain úsáid as d'fhoclóir.

Handwritten labels: SEOMRA FOLCTHA, SIMLÉAR, LEITHREAS, DÍON, OIFIG, ÁILÉAR, OIFIG CISTIN, THÍOS STAIGHRE, DORAS TOSAIGH, SEOMRA BIA, FUINNEOG, SEOMRA LEAPA

Níl aon tinteán mar do thinteán féin.

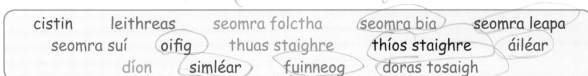

| cistin | leithreas | seomra folctha | seomra bia | seomra leapa |

seomra suí · oifig · thuas staighre · thíos staighre · áiléar

díon · simléar · fuinneog · doras tosaigh

 **Stór focal**

Tá _____ againn inár dteach.	We have _____ in our house.
Tá dhá/trí/ceithre sheomra leapa againn.	We have two/three/four bedrooms.
Thuas staighre, tá…	Upstairs, there is/are…
Thíos staighre, tá…	Downstairs, there is/are…

Punann 3.1

Déan cur síos ar do theach nó ar d'árasán (leathanach 14).

1. Tarraing pictiúr de do theach/d'árasán.
2. Déan cur síos air.

Táim in ann cur síos a dhéanamh ar mo theach.

Tithe Daoine Cáiliúla

  Léigh agus éist

Léigh agus éist na hailt irise seo.

Miley Cyrus

Tá teach mór millteach ag Miley Cyrus i Studio City sa Chalafóirn. Cheannaigh sí an teach ar $3.9 milliún.

Tá cúig sheomra leapa agus seacht seomra folctha sa teach. Tá **seomra feistis** ann freisin. Tá an chistin nua-aimseartha agus tá an seomra suí ollmhór. Tá spá agus giom ann freisin. Creid é nó ná creid, tá dhá linn snámha sa ghairdín.

| changing room |

Adele

Cheannaigh an t-amhránaí Adele teach mór millteach ar $9.5 milliún. Tá an teach suite sna **sléibhte** os cionn Beverly Hills.

mountains

Tá ceithre sheomra leapa agus sé sheomra folctha sa teach. Chomh maith leis sin, tá dhá sheomra suí, seomra bia, oifig, leabharlann agus linn snámha. Sa ghairdín, tá seit traenach agus **teachín crainn** freisin!

tree house

Ronaldo

Le déanaí, thug Ronaldo turas don phobal ar a theach mór millteach in Pozuelo de Alarcón, 10 km ó Mhaidrid. Is fiú €5.7 milliún (nó $6.3m) an teach.

Tá seacht seomra leapa, ocht seomra folctha, seomra bia, **seomraí spraoi** do pháistí agus **seomra trófaithe** ann. Tá cistin nua-aimseartha ann freisin – mar aon le **cócairí proifisiúnta**, ar ndóigh! Taobh amuigh, tá linn snámha agus páirc bheag peile.

playroom
trophy room

professional chefs

Scríobh

A. Freagair na ceisteanna.

1. Cé mhéad seomra leapa atá i dteach Miley Cyrus?
2. Cad atá i ngairdín Miley?
3. Cá bhfuil teach Adele suite?
4. Cad atá i ngairdín Adele?
5. Cá bhfuil teach Ronaldo suite?
6. Cé mhéad seomra folctha atá i dteach Ronaldo?

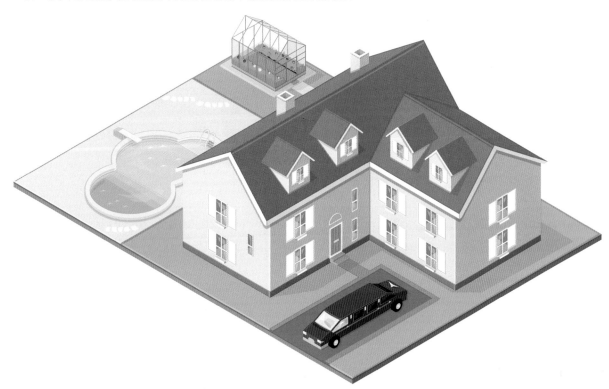

M'Áit Chónaithe

 B. Fíor nó bréagach? Bí ag obair leis an duine atá in aice leat.

	F	B
1. Tá níos mó seomraí leapa ag Miley Cyrus ná mar atá ag aon duine eile.	☐	☐
2. Tá níos mó linnte snámha ag Ronaldo ná mar atá ag aon duine eile.	☐	☐
3. Tá níos lú seomraí leapa ag Adele ná mar atá ag aon duine eile.	☐	☐
4. Tá níos lú seomraí folctha ag Adele ná mar atá ag aon duine eile.	☐	☐

Stór focal

níos mó ná	more than
níos lú ná	less than

Punann 3.2

Roghnaigh duine cáiliúil a thaitníonn leat. Cá bhfuil siad ina gcónaí? Téigh ar líne agus cuardaigh eolas ar a dteach. Déan cur síos ar an teach. Cuir an obair chríochnaithe i do phunann ar leathanach 16.

 Táim in ann alt faoi thithe daoine cáiliúla a léamh agus a thuiscint.

Consain Leathana agus Chaola

Caol le caol agus
leathan le leathan.

 Le foghlaim

Tá dhá ghrúpa gutaí ann:

GUTAÍ LEATHANA
A O U

GUTAÍ CAOLA
I E

Má bhíonn 'a/o/u' roimh chonsan nó roimh ghrúpa consan, caithfidh 'a/o/u' teacht ina dhiaidh.

Má bhíonn 'i/e' roimh chonsan nó roimh ghrúpa consan, caithfidh 'i/e' teacht ina dhiaidh.

Féach ar na focail seo.

Seomra	Tá seomra litrithe i gceart mar tá 'o' agus 'a' sa ghrúpa céanna (leathan).
Árasán	Tá árasán litrithe i gceart mar tá 'Á', 'a' agus 'á' sa ghrúpa céanna (leathan).
Cistin	Tá cistin litrithe i gceart mar tá 'i' agus 'i' sa ghrúpa céanna (caol).
Staighra	Níl staighra litrithe i gceart mar tá 'i' agus 'a' i ngrúpaí difriúla (caol & leathan). Staighre an leagan ceart!

 Scríobh

Ceart nó mícheart?

		Ceart/Mícheart?	Cén fáth?
1	Leaba	Ceart	Tá 'a' agus 'a' sa ghrúpa céanna (leathan).
2	Urlár		
3	Cloigaín		
4	Siomléar		
5	Comharsana		
6	Nua-aimseartha		

 Táim in ann an difríocht idir consain leathana agus consain chaola a aithint.

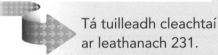
Tá tuilleadh cleachtaí ar leathanach 231.

Briathra: Na hAimsirí

Cad is briathar ann?

Focal a léiríonn **gníomh**, cosúil le léim, bris, ith agus ól.

Na hAimsirí

An Aimsir Chaite	Past tense	Rudaí a tharla inné.	
An Aimsir Láithreach	Present tense	Rudaí a tharlaíonn go rialta.	
An Aimsir Fháistineach	Future tense	Rudaí a tharlóidh sa todhchaí.	

Stór focal

inné	yesterday	inniu	today
aréir	last night	amárach	tomorrow
arú inné	day before yesterday	arú amárach	day after tomorrow
anuraidh	last year	an bhliain seo chugainn	next year
fadó	long ago	sa todhchaí	in the future
gach lá	every day	gach maidin	every morning
gach iarnóin/tráthnóna	every afternoon	gach tráthnóna	every evening
gach oíche	every night	gach seachtain	every week
gach mí	every month	gach bliain	every year

Scríobh

A. Cuir líne faoi na briathra sna habairtí seo.   **B. Cén aimsir? Cuir tic sa bhosca ceart.**

		An Aimsir Chaite	An Aimsir Láithreach	An Aimsir Fháistineach
1	Cheannaigh mé teach in **2014**.			
2	Ceannóidh mé teach in **2030**.			
3	Ceannaíonn Ronaldo teach nua **gach bliain**.			
4	Tosaíonn an lá scoile ag 8:45 **gach lá**.			
5	Chríochnaigh an lá scoile ag 13:00 **inné**.			
6	Éireoidh mé ag 11:00 **amárach**.			
7	Bhog mé go teach nua **anuraidh**.			
8	Ithim mo dhinnéar sa chistin **gach tráthnóna**.			
9	D'ith mé sceallóga sa seomra suí **aréir**.			
10	Féachaim ar an teilifís **gach oíche**.			

Táim in ann an difríocht idir an Aimsir Chaite, an Aimsir Láithreach agus an Aimsir Fháistineach a aithint.

 Tá tuilleadh cleachtaí ar leathanach 232.

M'Áit Chónaithe

Briathra: Na Réimnithe

Stór focal

réimniú	conjugation
siolla	syllable
consan	consonant

Ciallaíonn 'réimniú' grúpa briathra. Tá trí ghrúpa briathra sa Ghaeilge.

An chéad réimniú

Bíonn siolla amháin sna briathra sa chéad réimniú de ghnáth.

Leathan: consan deiridh = leathan			
can	sing	lean	follow
cas	turn	líon	fill
ceap	think	lúb	bend
craol	broadcast	mol	advise/praise
díol	sell	múch	turn off/extinguish
dún	close	ól	drink
fan	wait/stay	póg	kiss
féach	look	scar	separate

Caol: consan deiridh = caol			
bain	dig up/win/strike/pluck	fill	return
béic	shout	géill	submit/yield
blais	taste	mill	destroy
bris	break	múin	teach
buail (le)	hit (meet)	oir	suit
caill	lose/miss	scaoil	release/shoot
caith	spend/throw	séid	blow

Scríobh

A. An bhfuil na briathra leathan nó caol?

creid	caol		believe	scread	leathan	
cuir				scríobh		
gabh				scrios		
gearr				seas		
glac				seol		
glan				sroich		
gróig				tit		
iarr				tóg		
íoc				tuig		
éist				úsáid		

B. Cad is brí leis na briathra thuas? Bain úsáid as d'fhoclóir.

An dara réimniú

Bíonn dhá shiolla sna briathra sa dara réimniú de ghnáth.

Leathan: deireadh = -aigh			
aontaigh	agree	cruthaigh	create
ardaigh	raise	eagraigh	organise
athraigh	change	gortaigh	injure
breathnaigh	look	mothaigh	feel

Caol: deireadh = -igh			
aimsigh	find	éiligh	demand
airigh	feel	éirigh	get up / become
aistrigh	translate	litrigh	spell
ceistigh	question	mínigh	explain

Scríobh

A. An bhfuil na briathra leathan nó caol?

ceadaigh	leathan	allow	neartaigh	leathan	
cealaigh			samhlaigh		
ceannaigh			tarlaigh		
críochnaigh			tosaigh		
deisigh			réitigh		
dírigh			sínigh		
dúisigh			smaoinigh		

B. Cad is brí leis na briathra? Bain úsáid as d'fhoclóir.

Briathra neamhrialta

Tá aon cheann déag de bhriathra neamhrialta sa Ghaeilge. (Tá 200+ sa Bhéarla!)

abair	say	déan	make/do	tabhair	give
beir (ar)	catch	faigh	get	tar	come
bí	be	feic	see	téigh	go
clois	hear	ith	eat		

Tá tuilleadh cleachtaí ar leathanach 233.

Táim in ann an difríocht idir an chéad réimniú
agus an dara réimniú a aithint.

M'Áit Chónaithe

Caisleán Crawford

🖉 Léigh agus scríobh

Léigh an fógra seo agus freagair na ceisteanna a ghabhann leis.

Fíor nó bréagach?

	F	B
1. Tá teach scoite ar cíos.	☐	☐
2. Tá an ceantar an-challánach.	☐	☐
3. Tá seacht seomra codlata sa chaisleán.	☐	☐
4. Tá an caisleán suite in eastát tithíochta.	☐	☐

> **CAISLEÁN CRAWFORD**
> AR CÍOS
>
> Caisleán galánta seo faoin tuath
> Ceantar an-chiúin
> **Seacht seomra codlata**
> Ceithre sheomra folctha
> **Cistin ollmhór**
> €500 sa mhí
>
> Glaoigh ar Mháire: 091 667 665

👂 🖉 (CD 1 Traic 18) Éist agus scríobh

Tá Sadhbh agus Tadhg ag féachaint ar an gcaisleán. Éist leis an gcomhrá idir Sadhbh, Tadhg agus Máire, an t-úinéir (*owner*). Líon na bearnaí i do chóipleabhar.

cluichí   cinnte   urlár   sheomra   leabharlann   garáiste   ocht   hálainn

Sadhbh	Ó, is aoibhinn liom an gairdín.
Tadhg	An bhfuil _____ ann?
Máire	Ó, cinnte. Tá trí gharáiste anseo. Tagaigí isteach.
	Seo an bunurlár. Tá cúig _____ ar an urlár seo. Tá cistin, seomra suí, dhá sheomra folctha agus leabharlann ann.
Tadhg	Leabharlann?!
Máire	'Sea, _____. Le haghaidh leabhar.
Sadhbh	An féidir liom an chistin a fheiceáil?
Máire	_____. Leanaigí mé.
Sadhbh	Ó, tá an chistin go hálainn.
Máire	Tá, tá. Téimis suas staighre.
	Tá _____ seomra ar an urlár seo. Tá ceithre sheomra leapa, dhá sheomra folctha, oifig agus seomra cluichí ann.
Tadhg	Seomra _____?!
Máire	'Sea. Le haghaidh cluichí.
Sadhbh	Bhuel, caithfidh mé a rá go bhfuil sé go _____.
Máire	Tá sé go hálainn. Anois, téimis suas go dtí an dara hurlár.
	Tá trí sheomra codlata ar an _____ seo freisin.
Sadhbh	Go deas. An féidir linn an tríú hurlár a fheiceáil?
Máire	Ó, ní féidir. Tá sin dúnta.
Tadhg	Dúnta?
Máire	'Sea. Dúnta. Níl cead dul isteach ann.

Script: leathanach 107 de do Leabhar Gníomhaíochta

Léigh agus éist

Téann Sadhbh agus Tadhg ar líne an oíche sin. Ba mhaith leo níos mó eolais a fháil. Léigh agus éist leis an alt seo.

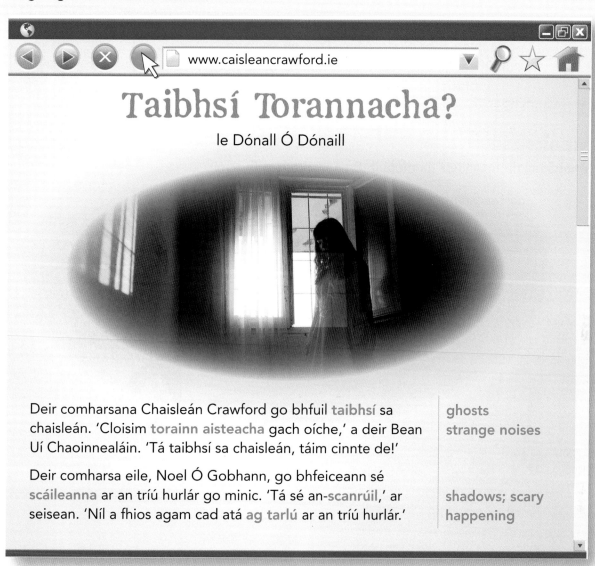

www.caisleancrawford.ie

Taibhsí Torannacha?

le Dónall Ó Dónaill

Deir comharsana Chaisleán Crawford go bhfuil **taibhsí** sa chaisleán. 'Cloisim **torainn aisteacha** gach oíche,' a deir Bean Uí Chaoinnealáin. 'Tá taibhsí sa chaisleán, táim cinnte de!'

> ghosts
> strange noises

Deir comharsa eile, Noel Ó Gobhann, go bhfeiceann sé **scáileanna** ar an tríú hurlár go minic. 'Tá sé an-**scanrúil**,' ar seisean. 'Níl a fhios agam cad atá **ag tarlú** ar an tríú hurlár.'

> shadows; scary
> happening

M'Áit Chónaithe

 Bí ag caint!

Le grúpa, pléigh na ráitis seo. Cuir ciorcal thart ar do rogha.

1 = Ní aontaím ar chor ar bith. 2 = Ní aontaím. 3 = Tá mé idir dhá chomhairle.
4 = Aontaím. 5 = Aontaím go hiomlán.

1	Tá taibhsí sa chaisleán.	1	2	3	4	5
2	Tá na comharsana craiceáilte.	1	2	3	4	5
3	Ní maith le Sadhbh agus Tadhg an caisleán.	1	2	3	4	5

Cad atá ar an tríú hurlár, meas tú?

 ## Punann 3.3

Samhlaigh go bhfuil do theach nó d'árasán ar díol. Tarraing fógra de. Cuir an obair chríochnaithe i do phunann ar leathanach 17.

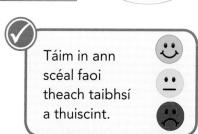

Táim in ann scéal faoi theach taibhsí a thuiscint.

An Seomra is Fearr Liom

Is mise **Sibéal de Clár**. Is é an seomra suí an seomra is fearr liom mar is breá liom a bheith ag féachaint ar an teilifís nó ag léamh.

Meaitseáil

Meaitseáil na focail leis na pictiúir. Bain úsáid as d'fhoclóir.

ag féachaint ar an teilifís

ina shuí cois tine

ag léamh leabhair

ag ligean a scíthe

tine	scáthán	seilfeanna	cathaoir uilleach	lampa	
teilifíseán	tinteán	ródaire	raidió	ornáid	
matal	ruga	leabhragán	bord caife	tolg	

Scríobh agus labhair

A. Déan cur síos ar an seomra suí seo. Déan comparáid leis an duine atá in aice leat.

> **Sampla:** Tá teilifíseán sa chúinne. Tá leabhair ar an tseilf agus sa leabhragán. Tá cailín ina suí ar an tolg ag léamh leabhair.

 **Stór focal**

ar an mbord caife	on the coffee table
ar na seilfeanna	on the shelves
sa chúinne	in the corner
ar an urlár	on the floor
in aice leis an mbord	beside the table
ródaire	router

 B. Scríobh cúig abairt faoi do sheomra suí sa bhaile. Inis don duine atá in aice leat faoi.

Léigh

Léigh an t-alt seo faoi Zhang Jing.

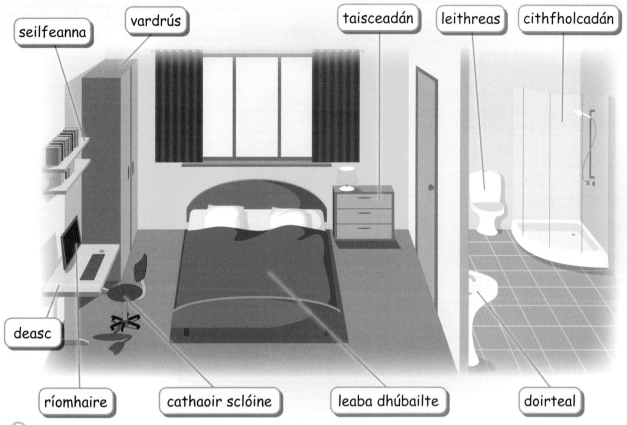

seilfeanna · vardrús · taisceadán · leithreas · cithfholcadán

deasc · ríomhaire · cathaoir sclóine · leaba dhúbailte · doirteal

Is mise Zhang Jing (张静). Tá mé i mo chónaí i dteach sraithe i lár Bhaile Átha Cliath. Is é mo sheomra leapa an seomra is fearr liom mar tá mo spás féin agam ansin. Tá deasc bheag agus cathaoir sclóine agam in aghaidh an bhalla. Déanaim obair ollscoile anseo.

Ligim mo scíth anseo freisin agus téim ar líne ar m'fhón nó ar mo ríomhaire. Tá leaba dhúbailte i lár an tseomra. Tá taisceadán beag in aice leis. Tá vardrús sa chúinne. Tá mo chuid leabhar ar na seilfeanna. Tá mo sheomra an-néata.

Tá *en suite* beag agam freisin. Tá cithfholcadán, leithreas agus doirteal ann.

Scríobh

A. Freagair na ceisteanna.

1. Cá bhfuil Jing ina cónaí?
2. Cad é an seomra is fearr léi? Cén fáth?
3. Cá bhfuil a deasc agus a cathaoir sclóine?
4. Cad a dhéanann sí ina seomra leapa? (dhá rud)
5. Cá bhfuil a leaba dhúbailte?
6. Luaigh trí rud atá san *en suite*.

B. Scríobh cúig abairt faoi do sheomra leapa féin.

Bí ag caint!

Cén seomra is fearr leat? Cuir an cheist seo ar dhaltaí eile sa rang.

M'Áit Chónaithe

Mo Chistin

Is mise **Gus de Bhál**. Is í an chistin an seomra is fearr liom mar is breá liom a bheith ag ithe.

 Meaitseáil

Meaitseáil na focail leis na pictiúir. Bain úsáid as d'fhoclóir.

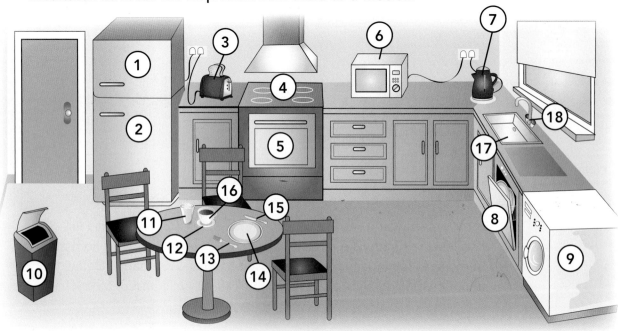

citeal	12	doirteal		micreathonnán	
oigheann		scian		cócaireán	
gloine		cuisneoir		tóstaer	3
fochupán/sásar		miasniteoir	8	bosca bruscair	10
meaisín níocháin	9	forc	13	reoiteoir	
cupán	16	pláta		sconnaí	

  Scríobh agus labhair

A. Déan cur síos ar an gcistin seo. Bí ag obair leis an duine atá in aice leat.

Sampla: Tá tóstaer agus micreathonnán ar an gcuntar. Tá meaisín níocháin sa chúinne.

B. Scríobh cúig abairt faoi do chistin sa bhaile.

Stór focal

sa chófra	in the cupboard
ar an gcuntar	on the counter
ar na seilfeanna	on the shelves
sa chúinne	in the corner
ar an mbord	on the table

Meaitseáil

Meaitseáil na focail leis na pictiúir. Bain úsáid as d'fhoclóir.

pota tae	2	im	6	subh	9	císte seacláide	4
sorn	3	slisín tósta	14	bollóg aráin	20	cartán bainne	4
uibheacha	13	torthaí	2	slisíní	8	ispíní	19
buidéal cóla	5	crúiscín bainne	10	bord	1	paicéad brioscaí	15
sáspan	18	pónairí	16	babhla leite	12	babhla siúcra	7

Éist agus scríobh

Éist le Sláine, deirfiúr Ghuis, ag caint faoi bhricfeasta Ghuis. Scríobh síos __dhá__ rud a thaitníonn léi agus __dhá__ rud nach dtaitníonn léi.

An bhfuil na freagraí céanna ag an duine in aice leat?

 Punann 3.4

Déan cur síos ar an seomra is fearr leat. Cuir an obair chríochnaithe i do phunann ar leathanach 18.

Script: leathanach 107 de do Leabhar Gníomhaíochta

  Táim in ann cur síos a dhéanamh ar an seomra is fearr liom.

M'Áit Chónaithe

Suirbhé: Cén Áit Chónaithe is Fearr Duitse?

Scríobh

Déan an suirbhé seo. An aontaíonn tú leis na freagraí? Cén toradh a fuair na daoine atá in aice leat?

A Dé Sathairn, téim...

1. Go dtí an phictiúrlann
2. Go dtí na siopaí
3. Ag siúl sna sléibhte
4. Go cluiche spóirt
5. Go dtí an trá

B Is aoibhinn liom a bheith...

1. Ag bualadh le mo chairde
2. Ag siopadóireacht
3. Ag siúl
4. Ag imirt spóirt
5. Ag surfáil agus ag snámh

C Cén t-ainmhí ar mhaith leat?

1. Iasc órga (goldfish)
2. Cat
3. Capall agus madra
4. Madra
5. Ní maith liom ainmhithe

D Is breá liom...

1. Sráideanna beomhara
2. Daoine cairdiúla
3. Goirt (fields) agus coillte (forests)
4. Páirceanna peile
5. Na tonnta (waves)

E Cén sórt duine thú?

1. Is duine fuinniúil mé.
2. Is duine beomhar mé.
3. Is duine fial mé.
4. Is duine spórtúil mé.
5. Is duine réchúiseach mé.

Torthaí

Níos mó 1	Níos mó 2	Níos mó 3	Níos mó 4	Níos mó 5
Ba chóir duit cónaí in árasán mór nua-aimseartha i lár na cathrach. Taitníonn lár na cathrach go mór leat. Is breá leat a bheith gar do gach rud.	Ba chóir duit cónaí i dteach compordach i mbaile beag nó in eastát tithíochta. Is maith leat a bheith gar do na siopaí agus do chairde ach is maith leat gairdín agus spás a bheith agat freisin.	Ba chóir duit cónaí i dteach feirme mór faoin tuath. Is maith leat a bheith ag siúl faoin aer agus is maith leat ainmhithe freisin. Taitníonn an ciúnas agus an suaimhneas leat.	Ba chóir duit cónaí i mbloc árasán mór in aice le staidiam. Beidh tú ábalta féachaint ar gach cluiche ó do bhalcóin.	Ba chóir duit cónaí i villa cois farraige. Is aoibhinn leat an trá agus an fharraige agus ba mhaith leat dul ag surfáil gach lá.

 Táim in ann suirbhé as Gaeilge a dhéanamh.

Alt: An Áit a Bhfuil Cónaí Orm

Scríobh

Déan an féinmheasúnú seo. Cuir tic sa seicliosta.

Aontaím go hiomlán =   Aontaím = 😐   Ní aontaím = 🙁

	🙂	😐	🙁
Is féidir liom cúig abairt a scríobh faoi mo theach féin.			
Is féidir liom cúig abairt a scríobh faoi mo sheomra suí.			
Is féidir liom cúig abairt a scríobh faoi mo sheomra leapa.			
Is féidir liom cúig abairt a scríobh faoi mo chistin.			

Scríobh

Scríobh píosa gearr faoi do theach. Lean an plean seo.

Plean

Alt 1: Cá bhfuil mé i mo chónaí (dhá abairt)

Alt 2: Mo theach/m'árasán agus na seomraí atá ann (trí abairt)

Alt 3: Mo sheomra suí (trí abairt)

Alt 4: Mo sheomra leapa (trí abairt)

Alt 5: Mo chistin (trí abairt)

Alt 6: An seomra is fearr liom (trí abairt)

Nathanna úsáideacha

Tá mé i mo chónaí / Tá cónaí orm…	I live…
Taitníonn an ceantar go mór liom.	I really like my area.
Tá go leor le déanamh anseo.	There is plenty to do here.
Bíonn na comharsana i gcónaí…	The neighbours are always…
Taitníonn mo theach go mór liom.	I really like my house.
Suite ar phríomhbhóthar	Situated on a main road
Suite ar chúlbhóthar / ar bhóthar ciúin	Situated on a back road / quiet road
Is é _____ an seomra is fearr liom mar…	_____ is my favourite room because…

Táim in ann alt a scríobh faoin áit a bhfuil cónaí orm.   🙂   😐   🙁

M'Áit Chónaithe

Scéal: Séamas Ó Duibhir

 Léigh agus éist

Tá an scéal 'Séamas Ó Duibhir' bunaithe ar scéal a scríobh Aindrias Ó Baoighill i *Sgéilíní na Finne*. Léigh agus éist leis an scéal seo. Tá an taifeadadh ar fáil sna trí chanúint: Gaeilge na Mumhan, Gaeilge Chonnacht agus Gaeilge Uladh.

Séamas Ó Duibhir

Oíche amháin, bhí Séamas beag Ó Duibhir ar cuairt ar chairde. Ar a bhealach abhaile, chuaigh sé trasna na habhann agus mar bhí an oíche deas geal, chonaic sé a scáil roimhe ar an gclochán. Bhí sé cinnte gur taibhse a bhí ann! Rith sé ar nós na gaoithe. Nuair a tháinig sé abhaile, thit sé i laige. Thóg a mháthair é, agus chuir sí a luí é. Nuair a dhúisigh sé, d'fhiafraigh sí de céard a tharla.

'Ó, a mháthair,' ar seisean, 'chonaic mé strainséir san uisce nuair a bhí mé ag siúl trasna na habhann.'

'Amaidí, a chroí,' arsa a mháthair, 'sí do scáile féin a chonaic tú!'

'Bhuel, más í,' arsa Séamas, 'fágfaidh mé sa bhaile í an chéad uair eile a bheidh mé ag dul amach!'

 Stór focal

ar cuairt	visiting		thit sé i laige	he fainted
ar a bhealach	on his way		chuir sí a luí é	she put him to bed
geal	bright		d'fhiafraigh	asked
scáil	shadow		amaidí	nonsense
ar an gclochán	on the stepping stones		más í	if it is
taibhse	ghost		an chéad uair eile	the next time

 Buntuiscint

Freagair na ceisteanna seo. An bhfuil na freagraí céanna ag an duine atá in aice leat?

1. Cad a bhí Séamas beag ag déanamh an oíche sin?

2. Cad a chonaic sé ar an gclochán?

3. Cén fáth ar rith sé ar nós na gaoithe?

4. Cad a tharla dó nuair a tháinig sé abhaile?

5. Cad a rinne a mháthair?

6. Cad a dúirt sé lena mháthair nuair a tháinig sé chuige féin?

7. Cad a dúirt a mháthair leis?

8. Cén réiteach (*solution*) a bhí ag Séamas?

Léirthuiscint

Fíor nó bréagach?

	F	B
1. Bhí eagla ar Shéamas.	☐	☐
2. Bhí ocras ar Shéamas.	☐	☐
3. Bhí brón ar Shéamas.	☐	☐
4. Bhí áthas ar Shéamas.	☐	☐
5. Bhí tuirse ar Shéamas.	☐	☐
6. Bhí uaigneas ar Shéamas.	☐	☐
7. Bhí fearg ar Shéamas.	☐	☐
8. Bhí máthair Shéamais cineálta.	☐	☐
9. Bhí máthair Shéamais tuisceanach.	☐	☐
10. Bhí máthair Shéamais grámhar.	☐	☐
11. Bhí máthair Shéamais greannmhar.	☐	☐
12. Bhí máthair Shéamais santach.	☐	☐

Stór focal

eagla	fear	fearg	anger
ocras	hunger	cineálta	kind
brón	sadness	tuisceanach	understanding
áthas	happiness	grámhar	loving
tuirse	tiredness	greannmhar	funny
uaigneas	loneliness	santach	greedy

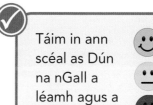

Táim in ann scéal as Dún na nGall a léamh agus a thuiscint.

M'Áit Chónaithe

Gearrscannán: *An Gadaí*

 Bí ag caint!

Pléigh na ceisteanna seo leis an duine atá in aice leat.

1. Ar ghoid aon duine rud uait riamh?
2. Cad a ghoid siad?
3. Conas a mhothaigh tú?

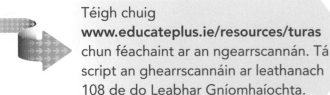

Téigh chuig **www.educateplus.ie/resources/turas** chun féachaint ar an ngearrscannán. Tá script an ghearrscannáin ar leathanach 108 de do Leabhar Gníomhaíochta.

Eolas faoin ngearrscannán

Is gearrscannán é *An Gadaí* faoi chailín óg darb ainm **Aoife** a ghoideann rudaí beaga dá deirfiúr, **Deirdre**. Tá Deirdre go dona tinn – tá fiobróis chisteach uirthi. Tá siad ina gcónaí i mbloc árasán lena n-athair. Tá comharsa chantalach darb ainm **Carmel** ina cónaí thíos staighre. Bíonn sí i gcónaí ag tabhairt amach dóibh. Lá amháin, goideann Aoife rud ó Carmel...

Baineann an chéad leath den ghearrscannán (tús–11:12) le saol Aoife roimh an ngadaíocht seo. Baineann an dara leath den ghearrscannán (11:12–deireadh) le saol Aoife tar éis na gadaíochta.

Meaitseáil

Meaitseáil na focail leis na pictiúir. Bain úsáid as d'fhoclóir.

| uisceadán ☐ | sióg ☐ | lus na gréine ☐ | scuab phéinte ☐ |
| pictiúr ☐ | clingíní ☐ | bloc árasán ☐ | teachín éan ☐ |

An chéad leath: buntuiscint

Fíor nó bréagach?   F   B

1. Goideann Aoife lusanna na gréine sa chéad radharc.
2. Ní chabhraíonn Aoife le Carmel mar tá deifir uirthi.
3. Tá deirfiúr Aoife, Deirdre, i mbarr a sláinte.
4. Ligeann Dad do chuairteoirí teacht isteach san árasán.
5. Goideann Aoife clingíní ó Carmel.

An dara leath: buntuiscint

Fíor nó bréagach?   F   B

1. Molann Aoife do Dheirdre an pictiúr a chóipeáil.
2. Iarrann Carmel ar Aoife na pictiúir a chrochadh.
3. Cuireann Carmel glao ar na Gardaí.
4. Téann Daid agus Aoife sa tóir ar Dheirdre.
5. Tá aithne ag Carmel ar Dheirdre.

 Bí ag caint

Le grúpa, pléigh an ráiteas seo. Cuir ciorcal thart ar do rogha. Déan comparáid le grúpaí eile.

1 = Ní aontaím ar chor ar bith.   **2** = Ní aontaím.   **3** = Tá mé idir dhá chomhairle.
4 = Aontaím.   **5** = Aontaím go hiomlán.

1	Is duine maith í Aoife.	1	2	3	4	5
2	Bhí an ceart ag Aoife an pictiúr a ghoid.	1	2	3	4	5
3	Tá Daid ródhian ar Dheirdre.	1	2	3	4	5
4	Is duine uaigneach í Carmel.	1	2	3	4	5
5	Is duine an-chineálta í Carmel.	1	2	3	4	5

 Táim in ann anailís a dhéanamh ar ghearrscannán.

M'Áit Chónaithe

Súil Siar

A. Líon na bearnaí i do chóipleabhar.

faoin tuath	freisin	mo theach	féachaint
mo chairde	i dteach	seomra	imirt

Táim i mo chónaí _____ feirme _____. Is breá liom _____. Tá trí sheomra leapa agus dhá sheomra folctha sa teach. Ar ndóigh, tá cistin agus seomra suí againn _____.

Is é an seomra suí an _____ is fearr liom. Is breá liom a bheith ag _____ ar an teilifís nó ag _____ cluichí ríomhaire anseo.

Tá gort mór taobh thiar den teach. Imrím peil nó iománaíocht le _____ ansin.

B. Líon na bearnaí i do chóipleabhar.

adhmaid	stór	bán	cónaí	an-gheal
	príomhsheomra		sa ghairdín	

Tá Jamie-Lynn Sigler ina _____ in Hollywood, California. Tá teach scoite dhá _____ aici. Tá dath _____ ar na ballaí agus tá urlár _____ ann freisin.

Seomra suí nua-aimseartha atá ann. Tá an seomra _____ freisin.

Tá ceithre sheomra leapa ann. Tá trí sheomra leapa réasúnta beag ach tá an _____ leapa dochreidte! Creid é nó ná creid, tá spá sa seomra. Tá spá agus linn snámha _____ freisin.

Ach cad é an seomra is fearr léi? 'Mo vardrús,' ar Jamie-Lynn. 'Tá sé ollmhór: 20 méadar cearnach.'

C. Cuir na habairtí in ord croineolaíoch. Tosaigh le 'Thosaigh mé ar an meánscoil anuraidh'.

1. Rinne mé mo chuid obair bhaile aréir.
2. Tabharfaidh mé cuairt ar m'aintín an tseachtain seo chugainn.
3. Thosaigh mé ar an meánscoil anuraidh.
4. Imreoidh mé peil amárach.
5. Dhúisigh mé ar a hocht a chlog inniu.

D. Meaitseáil an Ghaeilge leis an mBéarla.

1	inné		A	in the future
2	amárach		B	yesterday
3	arú inné		C	long ago
4	anuraidh		D	the day after tomorrow
5	fadó		E	last night
6	inniu		F	the day before yesterday
7	aréir		G	next year
8	arú amárach		H	last year
9	an bhliain seo chugainn		I	today
10	sa todhchaí		J	tomorrow

1 = ____ 2 = ____ 3 = ____ 4 = ____ 5 = ____ 6 = ____ 7 = ____ 8 = ____ 9 = ____ 10 = ____

  Traic 24–25 **Cluastuiscint**

Cloisfidh tú fógra agus píosa nuachta faoi dhó. Éist go cúramach leo agus freagair na ceisteanna i do chóipleabhar.

Script: leathanach 114 de do Leabhar Gníomhaíochta

M'Áit Chónaithe

Fógra *what subject*

1. Cén t-ábhar atá luaite sa chomórtas? *what theme*
2. Cad é téama an chomórtais? *DEADLINE*
3. Cad é spriocdháta an chomórtais?

Píosa Nuachta *what county house*

1. Cén contae ina bhfuil teach nua Conor? *how much house*
2. Cé mhéad a bhí ar an teach? *HOW MANY ROOMS*
3. Cé mhéad seomra leapa atá sa teach?

Cultúr 3

Gaeltacht Dhún na nGall

Tá Gaeltacht Dhún na nGall suite
in iarthuaisceart na hÉireann.

Bhí Dún na nGall ar bharr 'Cool List' na hirise
National Geographic Traveller in 2017.

Tá clú agus cáil ar chumann peile Ghaoth Dobhair. Tá
Comórtas Peile na Gaeltachta buaite acu ocht n-uaire!

Tá an-tóir ar an gceol i
nGaeltacht Dhún na nGall.
Tá clú agus cáil ar Enya,
Clannad agus Altan.

Oileán Thoraí

Fánaid

An Fál Carrach
Gort an Choírce
Rann na Feirste Gaoth Dobhair
Árainn
Mhór   Anagaire

Leitir Ceanainn

Baile na Finne

Co. Dhún na nGall

Gleann Cholm Cille
Sliabh Liag   Dún na nGall

Is cuid de Ghaeltacht Dhún
na nGall é Oileán Thoraí. Tá sé
suite 15 km amach ó chósta
Dhún na nGall. Is é Patsy Dan
Mac Ruaidhrí Rí Thoraí.

Tá na haillte is airde sa tír le feiceáil
ag Sliabh Liag.

Dún na nGall ar bharr 'Cool List'

In 2017, liostaíodh Dún na nGall ar bharr 'Cool List' de chuid *National Geographic Traveller*. Measadh go raibh Dún na nGall *cooler* ná aon áit eile ar domhan – *cooler* ná áiteanna ar nós Santiago, Helsincí agus Portland, Oregon.

Déantar cur síos ar an gcósta fiáin: stacaí farraige, tránna agus oileáin amach ón gcósta. Luaitear go ndearnadh an scannán *Star Wars: The Last Jedi* in Inis Eoghain. Moltar duit dul ag surfáil i Machaire Rabhartaigh nó ag tiomáint ar Shlí an Atlantaigh Fhiáin.

Tá an Cool List ar fáil ag www.natgeotraveller.co.uk/smart-travel/features/cool-list-17-2017

Ceisteanna

1. Cén contae atá ar bharr Cool List 2017?
2. Ainmnigh **trí** áit eile atá ar Cool List 2017.
3. Cén **trí** rud a luaitear faoin gcósta fiáin?
4. Cén scannán a rinneadh in Inis Eoghain?
5. Cén caitheamh aimsire atá luaite freisin?

Stór focal

Rí Thoraí	King of Tory	moltar	it is recommended
na haillte is airde	the highest cliffs	Slí an Atlantaigh Fhiáin	Wild Atlantic Way
fiáin	wild	glaineacht	cleanliness
stacaí farraige	sea stacks	áilleacht	beauty

TASC CULTÚIR

③ Suirbhé

Cad é an baile is fearr i do chontae? Bronn idir 1 agus 5 mharc ar na gnéithe seo.

Ainm an bhaile	Glaineacht	Áilleacht	Spraoi	Daoine	Stair

Déan suirbhé sa rang agus scríobh na torthaí i do chóipleabhar.

Mo Cheantar

CAIBIDIL 4

✓ **Faoi dheireadh na caibidle seo, beidh mé in ann:**

- Cur síos a dhéanamh ar mo bhaile mór.
- Cur síos a dhéanamh ar ionad siopadóireachta.
- Treoracha a thabhairt agus a lorg.
- Dán Gaeilge a thuiscint.

🔑 **Príomhscileanna**

- A bheith cruthaitheach
- Eolas agus smaointeoireacht a bhainistiú
- Cumarsáid
- A bheith liteartha

💼 **Punann**

- Punann 4.1 – Mo Bhaile Féin
- Punann 4.2 – Ionad Siopadóireachta Nua
- Punann 4.3 – Cárta Poist
- Punann 4.4 – Ríomhphost

Clár Ábhair

Mo Bhaile Mór

Dia dhaoibh. **Ciara** is ainm dom. Rugadh i mBaile Bhuirne mé ach anois tá mé i mo chónaí i mBaile na mBánta. Cad as duit féin?

Meaitseáil

Féach ar an bpictiúr seo de Bhaile na mBánta. Meaitseáil na háiseanna agus na pictiúir. Bain úsáid as d'fhoclóir.

CD 1 Traic 26 Éist agus seiceáil.

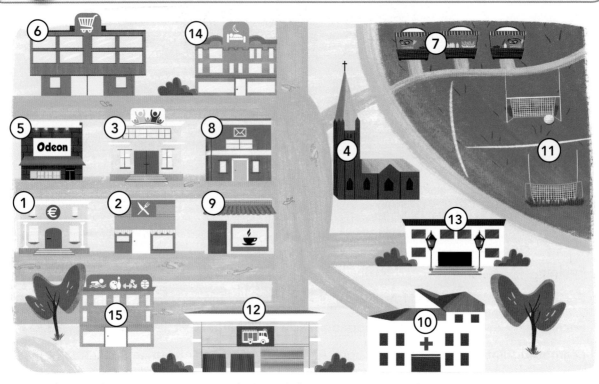

ospidéal	4	stáisiún na nGardaí	13
séipéal	2	stáisiún dóiteáin	10
óstán	3	margadh feirmeoirí	7
páirceanna imeartha	12	siopa caife	9
ionad siopadóireachta	6	banc	1
pictiúrlann	5	club óige	M
bialann	14	oifig an phoist	8
ionad fóillíochta	15		

Script: leathanach 115 de do Leabhar Gníomhaíochta

 ## Scríobh

Féach ar an bpictiúr den bhaile mór arís. Freagair na ceisteanna. Seiceáil na freagraí leis an duine atá in aice leat.

A. Fíor nó bréagach?

F   B

1. Tá an banc **in aice leis** an mbialann.

2. Tá an bhialann **timpeall an chúinne ón** gclub óige.

3. Tá an club óige **idir** an phictiúrlann agus oifig an phoist.

4. Tá an margadh feirmeoirí **gar don** séipéal.

5. Tá an t-óstán **os comhair** an stáisiúin dóiteáin.

B. Líon na bearnaí. Athscríobh na habairtí i do chóipleabhar.

> trasna an bhóthair   ar imeall   in aice   síos an bóthar   suas an bóthar

1. Tá an banc _síos an bóthar_ ón siopa caife.

2. Tá oifig an phoist _trasna an bhóthair_ ón séipéal.

3. Tá an t-ionad siopadóireachta _in aice_ leis an óstán.

4. Tá na páirceanna imeartha _suas an bóthar_ an bhaile mhóir.

5. Tá an oifig an phoist _ar imeall_ ón stáisiún dóiteáin.

Stór focal

idir	between	suas an bóthar ó	up the road from
gar do	close to	síos an bóthar ó	down the road from
os comhair	in front of / opposite	trasna an bhóthair ó	across the road from
ar imeall	at the edge of	timpeall an chúinne ó	around the corner from
in aice le	beside	in aice láimhe	nearby

Punann 4.1

Tarraing pictiúr de do bhaile féin agus scríobh deich n-abairt faoi. Cuir an obair chríochnaithe i do phunann ar leathanach 20.

Táim in ann cur síos a dhéanamh ar mo bhaile féin.

Mo Cheantar

Ag Siopadóireacht i nDún Droma

  Bí ag caint!

Pléigh na ceisteanna seo leis an duine atá in aice leat.

1. An maith leat a bheith ag siopadóireacht?

2. An bhfuil aon ionad siopadóireachta gar don scoil? An bhfuil sé mór nó beag?

Léigh agus éist

Léigh agus éist leis an bpíosa seo.

Tá ionad siopadóireachta Dhún Droma i mBaile Átha Cliath. Is é an t-ionad siopadóireachta **is mó** in Éirinn é. Tá **breis is** céad caoga siopa agus bialann ann.

biggest

more than

I measc na siopaí atá ann tá siopaí caife, siopaí éadaí, siopaí spóirt, siopaí guthán, siopa búistéara, bácús, siopa poitigéara, gruagaire agus dhá ollmhargadh.

among the shops

Murar leor sin, tá pictiúrlann ann, tá amharclann ann agus tá teach tábhairne ann. Is **liosta le háireamh** é!

if that wasn't enough

an endless list

Meaitseáil

Meaitseáil na ceisteanna agus na freagraí. Cuir na ceisteanna ar an duine atá in aice leat.

1	Cén áit ar féidir leat éadaí spóirt a cheannach?	A	Is féidir leat bearradh gruaige a fháil sa siopa gruagaire.
2	Cén áit ar féidir leat arán agus cístí a cheannach?	B	Is féidir leat éadaí spóirt a cheannach sna siopaí spóirt.
3	Cén áit ar féidir leat cupán caife agus ceapaire a fháil?	C	Is féidir leat dráma a fheiceáil san amharclann.
4	Cén áit ar féidir leat bearradh gruaige a fháil?	D	Is féidir leat cupán caife agus ceapaire a fháil sna siopaí caife.
5	Cén áit ar féidir leat scannán a fheiceáil?	E	Is féidir leat arán agus cístí a cheannach sa bhácús.
6	Cén áit ar féidir leat dráma a fheiceáil?	F	Is féidir leat scannán a fheiceáil sa phictiúrlann.

1 = ___   2 = ___   3 = ___   4 = ___   5 = ___   6 = ___

Ag Siopadóireacht in Dubai

Bí ag caint!

Pléigh na ceisteanna seo leis an duine atá in aice leat.

1. An raibh tú riamh in ionad siopadóireachta thar lear (*abroad*)?
2. Cén sórt siopaí a bhí ann?

Léigh agus scríobh

Léigh an píosa seo agus freagair na ceisteanna.

Is é Meal Dubai an t-ionad siopadóireachta is mó ar domhan. Tá breis is 600 siopa sa mheal agus breis is 120 bialann agus siopa caife.	mall
Chomh maith leis na siopaí, tá uisceadán, pictiúrlann, rinc oighir agus margadh óir (an *souk*) ann freisin. Murar leor sin, tá Páirc Spraoi SEGA ann chomh maith.	aquarium ice; gold

1. Cé mhéad siopa atá i Meal Dubai?
2. Cé mhéad bialann agus siopa caife atá sa mheal?
3. Liostaigh **trí** áis atá i Meal Dubai.

Meaitseáil

Meaitseáil na ceisteanna agus na freagraí. Cuir na ceisteanna ar an duine atá in aice leat.

1	Cén fáth a dtéann tú go dtí an *souk*?	A	Chun dul ag scátáil.
2	Cén fáth a dtéann tú go dtí an phictiúrlann?	B	Chun béile deas a ithe.
3	Cén fáth a dtéann tú go dtí an rinc oighir?	C	Chun ór agus seodra a cheannach.
4	Cén fáth a dtéann tú go dtí an bhialann?	D	Chun scannán a fheiceáil.

1 = _____   2 = _____   3 = _____   4 = _____

Punann 4.2

I ngrúpa, dear ionad siopadóireachta nua do do bhaile féin. Cuir an obair chríochnaithe i do phunann ar leathanach 22.

Táim in ann cúrsaí siopadóireachta a phlé.

Mo Cheantar

Laois agus An Iarmhí: Áiteanna ar Leith

Léigh agus scríobh

Léigh an píosa seo thíos agus freagair na ceisteanna a ghabhann leis. Bain úsáid as d'fhoclóir.

www.turasgearr.ie

Turas Gearr le Tadhg de Blaghd

Chaith mé cúpla lá i gContae Laoise agus i gContae na hIarmhí le déanaí.

Laois

Is aoibhinn liom Contae Laoise. Tá go leor le déanamh anseo. Tá cúpla ionad siopadóireachta mór sa chontae. Do dhaoine spórtúla, tá ionad spóirt, linn snámha agus páirceanna imeartha anseo.

Do thurasóirí, tá caisleán mór i nDún Másc. Is féidir leat dul ar shiúlóidí deasa i Sliabh Bladhma freisin. Tháinig Kanye West agus Kim Kardashian anseo ar mhí na meala.

An Iarmhí

Is breá liom Contae na hIarmhí. Is as an Muileann gCearr do Niall 'Bressie' Breslin agus Niall Horan. Go minic, feiceann tú Bressie agus Niall sna siopaí áitiúla. Ar ndóigh, tá go leor áiseanna sa Mhuileann gCearr. Tá ionaid siopadóireachta, pictiúrlanna agus bialanna ann.

Tá go leor áiseanna speisialta san Iarmhí freisin. Tá rásraon con (*greyhound track*), rásraon capall agus airéine lúthchleasaíochta (*athletics arena*) anseo. Tá ionad eachtraíochta Lilliput anseo. Do thurasóirí, tá caisleáin, cúrsaí gailf agus lochanna áille. Is áit iontach í an Iarmhí.

1. Cén sórt áite é Contae Laoise, dar leis an mblagálaí (*blogger*)?
2. Liostaigh áis **amháin** do dhaoine spórtúla i gContae Laoise.
3. Liostaigh áis **amháin** do thurasóirí i gContae Laoise.
4. Cad as do Niall Horan agus Bressie?
5. Cén sórt áiseanna spéisialta atá san Iarmhí, dar leis an mblagálaí?

Scríobh

Fíor nó bréagach?

	F	B
1. Tá go leor áiseanna do thurasóirí i gContae Laoise agus i gContae na hIarmhí.	☐	☐
2. Tá ionaid siopadóireachta i gContae Laoise agus i gContae na hIarmhí.	☐	☐
3. Tá a lán áiseanna i gContae Laoise agus i gContae na hIarmhí.	☐	☐
4. Tá airéine lúthchleasaíochta i gContae Laoise agus i gContae na hIarmhí.	☐	☐
5. Tá caisleán mór i gContae Laoise.	☐	☐

Cur i láthair

Cruthaigh ceithre shleamhnán faoi do cheantar ar PowerPoint nó Prezi.

1. Ainm agus pictiúr de mo bhaile
2. Áiseanna: ceithre phictiúr agus ceithre lipéad
3. Siopaí: ceithre phictiúr agus ceithre lipéad
4. An siopa/áis is fearr liom agus pictiúr

Is breá liom…	I really like…
Is áit álainn/ghalánta é/í _____.	_____ is a beautiful place.
Tá go leor áiseanna… / Tá a lán áiseanna…	There are a lot of facilities…
do thurasóirí	for tourists
don lucht siopadóireachta	for shoppers
do dhaoine spórtúla	for sporty people

 Táim in ann cur i láthair a dhéanamh ar mo cheantar féin.

Mo Cheantar

Turais Scoile

Léigh

Léigh na píosaí seo thíos.

Turais Scoile

le Anna Ní Laoise

Tá go leor turas suimiúil ar fáil in Éirinn. Ina measc, tá Viking Splash agus Seafari Cruises.

Viking Splash ★★★★★

Bain triail as Turas Viking Splash! Tosaíonn an turas gar do Shráid Grafton. Léimeann tú ar bord bus mór buí. Téann tú thart ar Bhaile Átha Cliath. Feiceann tú Caisleán Bhaile Átha Cliath agus Coláiste na Tríonóide. Creid é nó ná creid, téann tú isteach sa Chanáil Mhór freisin. Insíonn an tiománaí go leor scéalta chomh maith.

Seafari Cruises ★★★★★

Molaim duit an turas mara seo a dhéanamh. Bailíonn an captaen gach duine i Neidín. Léimeann tú ar bord bád. Seolann tú thart ar chósta Chiarraí. Caitheann tú an mhaidin ag féachaint ar éin agus rónta. Creid é nó ná creid, uaireanta feiceann tú deilfeanna freisin!

Stór focal

bain triail as	try out		turas mara	cruise
tosaíonn	begins		bailíonn	collects
léimeann tú	you jump		Neidín	Kenmare
ar bord	on board		seolann tú	you sail
téann tú	you go		caitheann tú	you spend
feiceann tú	you see		éin	birds
insíonn	tells		rónta	seals
molaim	I recommend		deilfeanna	dolphins

Meaitseáil

Meaitseáil na ceisteanna agus na freagraí.

1	Cá dtosaíonn turas Viking Splash?	A	Seolann tú thart ar chósta Chiarraí.
2	Cá dtosaíonn turas mara Seafari?	B	Feiceann tú éin agus rónta.
3	Cá dtéann tú ar an turas Viking?	C	Tosaíonn an turas gar do Shráid Grafton.
4	Cá dtéann tú ar an turas Seafari?	D	Tosaíonn an turas mara i Neidín.
5	Cad iad na radhairc a fheiceann tú i mBaile Átha Cliath?	E	Téann tú thart ar Bhaile Átha Cliath.
6	Cad a fheiceann tú ar chósta Chiarraí?	F	Feiceann tú Caisleán Bhaile Átha Cliath agus Coláiste na Tríonóide.

1 = ____ 2 = ____ 3 = ____ 4 = ____ 5 = ____ 6 = ____

 Scríobh agus labhair

Léigh an píosa seo faoi chainneonaíocht in Chli Schliere agus líon na bearnaí i do chóipleabhar.

Ar mhaith leat triail a bhaint as cainneonaíocht? Cén fáth? Inis don duine atá in aice leat.

caitheann	buaileann	itheann	filleann	téann	tosaíonn

Maireann an turas seo seacht n-uaire an chloig. _____ an turas ar a naoi a chlog ar maidin.

_____ tú leis an treoraí ag an ionad spóirt. Ansin, _____ tú ar an mbus go dtí na

cainneoin. _____ tú ceithre huaire an chloig ag cainneonáil. _____ tú lón ar 13:00.

Tar éis sin, _____ tú ar an ionad spóirt.

 Táim in ann léirmheasanna (*reviews*) ar thurais scoile a thuiscint.

Mo Cheantar

An Aimsir Láithreach: Na Briathra Rialta

An chéad réimniú

 Tá tuilleadh eolais faoi na réimnithe ar leathanach 70. Tá tuilleadh cleachtaí ar leathanach 234.

 **Cuimhnigh!**
An Aimsir Láithreach
=
Rudaí a tharlaíonn go rialta

An Aimsir Láithreach	Seol (*sail/send*)		Ól (*drink*)	
Leathan: briathar + …aim/aimid/ann				
	Uatha	**Iolra**	**Uatha**	**Iolra**
1	Seolaim	Seolaimid	Ólaim	Ólaimid
2	Seolann tú	Seolann sibh	Ólann tú	Ólann sibh
3	Seolann sé/sí	Seolann siad	Ólann sé/sí	Ólann siad
Diúltach	Ní sheolaim		Ní ólaim	
Ceisteach	An seolaim?		An ólaim?	

An Aimsir Láithreach	Caith (*spend/wear*)		Fill (*return*)	
Caol: briathar + …im/imid/eann				
	Uatha	**Iolra**	**Uatha**	**Iolra**
1	Caithim	Caithimid	Fillim	Fillimid
2	Caitheann tú	Caitheann sibh	Filleann tú	Filleann sibh
3	Caitheann sé/sí	Caitheann siad	Filleann sé/sí	Filleann siad
Diúltach	Ní chaithim		Ní fhillim	
Ceisteach	An gcaithim?		An bhfillim?	

✏️ Scríobh

A. Aistrigh na frásaí seo.

1	Seolann sé.	4	Caithimid.
2	Ólann siad.	5	Fillim.
3	Caitheann siad.	6	Seolaim.

B. Líon na bearnaí i do chóipleabhar.

Cuimhnigh!
An fhoirm dhiúltach:
ní + séimhiú
An fhoirm cheisteach:
an + urú
Ní maith le **LNR (ELEANOR)** séimhiú ná urú!

1. [Seol: sé] _____ litreacha gach lá.

2. Ní [fill: sé] _____ abhaile go luath.

3. An [caith: siad] _____ éadaí faiseanta?

4. [Caith: muid] _____ an samhradh sa Spáinn.

5. Ní [caith: muid] _____ airgead sa siopa sin.

6. [Ól: mé] _____ gloine bhainne gach lá.

An dara réimniú

An Aimsir Láithreach	Tosaigh (start)		Críochnaigh (finish)	
Leathan: ~~aigh~~; briathar + …aím/aímid/aíonn				

	Tosaigh		Críochnaigh	
	Uatha	**Iolra**	**Uatha**	**Iolra**
1	Tosaím	Tosaímid	Críochnaím	Críochnaímid
2	Tosaíonn tú	Tosaíonn sibh	Críochnaíonn tú	Críochnaíonn sibh
3	Tosaíonn sé/sí	Tosaíonn siad	Críochnaíonn sé/sí	Críochnaíonn siad
Diúltach	Ní thosaím		Ní chríochnaím	
Ceisteach	An dtosaím?		An gcríochnaím?	

An Aimsir Láithreach	Bailigh (collect)		Éirigh (become/get up)	
Caol: ~~igh~~; briathar + …ím/ímid/íonn				

	Bailigh		Éirigh	
	Uatha	**Iolra**	**Uatha**	**Iolra**
1	Bailím	Bailímid	Éirím	Éirímid
2	Bailíonn tú	Bailíonn sibh	Éiríonn tú	Éiríonn sibh
3	Bailíonn sé/sí	Bailíonn siad	Éiríonn sé/sí	Éiríonn siad
Diúltach	Ní bhailím		Ní éirím	
Ceisteach	An mbailím?		An éirím?	

✏️ Scríobh

A. Aistrigh na frásaí seo.

1	Tosaíonn sé.	3	Bailíonn siad.	5	Éiríonn siad.
2	Críochnaím.	4	Críochnaíonn sibh.	6	Tosaímid.

B. Líon na bearnaí i do chóipleabhar.

1. [Tosaigh: sé] _____ ag obair go luath.

2. An [bailigh: sé] _____ na páistí tar éis na scoile?

3. An [críochnaigh: sí] _____ ar a hocht a chlog?

4. Ní [éirigh: sé] _____ feargach riamh (ever).

5. An [tosaigh: muid] _____ ar 8:00 gach lá?

6. [Éirigh: sé] _____ callánach anseo uaireanta.

7. Ní [éirigh: muid] _____ tuirseach den cheantar seo riamh.

8. [Críochnaigh: mé] _____ ar 17:00 gach lá.

 Táim in ann na briathra rialta san Aimsir Láithreach a úsáid.

Mo Cheantar

An Aimsir Láithreach: Na Briathra Neamhrialta

Léigh

Léigh an píosa seo thíos faoi shladmhargadh sa siopa éadaí.

Haigh, is mise Adanna. Nuair a chloisim faoi shladmhargadh mór sa siopa éadaí, déanaim mo shlí go dtí an siopa sin go tapa.

sale

Bíonn áthas orm nuair a fheicim barr deas ar leathphraghas. Beirim ar an mbarr agus téim go dtí an seomra feistis. Má tá an barr go deas, tugaim chuig an scipéad é. Tugaim airgead don chúntóir siopa agus faighim mála.

top; half price

till

Deirim 'go raibh maith agat' agus fágaim an siopa. Tar éis sin, ithim ceapaire i siopa caife agus ansin tagaim abhaile ar an mbus.

Meaitseáil

Meaitseáil na ceisteanna agus na freagraí.

1	Cad a dhéanann Adanna nuair a chloiseann sí faoi shladmhargadh mór i siopa éadaí?	A	Beireann sí ar an mbarr agus téann sí go dtí an seomra feistis.
2	Cad a dhéanann Adanna nuair a fheiceann sí barr ar leathphraghas?	B	Deir sí 'go raibh maith agat' leis an gcúntóir siopa.
3	Cad a dhéanann Adanna má tá an barr go deas?	C	Itheann sí ceapaire i siopa caife agus tagann sí abhaile ar an mbus.
4	Cad a deir sí leis an gcúntóir siopa?	D	Déanann sí a slí go dtí an siopa go tapa.
5	Cad a dhéanann sí nuair a fhágann sí an siopa?	E	Tugann sí an barr chuig an scipéad, tugann sí airgead don chúntóir siopa agus faigheann sí mála.

1 = ____   2 = ____   3 = ____   4 = ____   5 = ____

Bí ag caint!

Cuir na ceisteanna thuas ar an duine atá in aice leat. An cuimhin leis/léi na freagraí?

 Scríobh

Seo achoimre ar an scéal. Scríobh sa tríú pearsa é. Bain úsáid as na ceisteanna agus na freagraí thuas.

Cloisim faoi shladmhargadh sa siopa éadaí. **Déanaim** mo shlí ann. **Feicim** barr deas ar leathphraghas. **Beirim** greim ar an mbarr. **Téim** go dtí an seomra feistis. **Tá** an barr go deas. **Tugaim** chuig an scipéad é. **Faighim** mála. **Deirim** 'go raibh maith agat'. **Ithim** ceapaire i siopa caife. **Tagaim** abhaile ar an mbus.

Cloiseann sé/sí faoi shladmhargadh sa siopa éadaí…

Na Briathra Neamhrialta: Na Foirmeacha

Beir

1	Beirim	Beirimid
2	Beireann tú	Beireann sibh
3	Beireann sé/sí	Beireann siad
Diúltach	Ní bheirim	
Ceisteach	An mbeirim?	

Deir

1	Deirim	Deirimid
2	Deir tú	Deir sibh
3	Deir sé/sí	Deir siad
Diúltach	Ní deirim	
Ceisteach	An ndeirim?	

Ith

1	Ithim	Ithimid
2	Itheann tú	Itheann sibh
3	Itheann sé/sí	Itheann siad
Diúltach	Ní ithim	
Ceisteach	An ithim?	

Tabhair

1	Tugaim	Tugaimid
2	Tugann tú	Tugann sibh
3	Tugann sé/sí	Tugann siad
Diúltach	Ní thugaim	
Ceisteach	An dtugaim?	

Clois

1	Cloisim	Cloisimid
2	Cloiseann tú	Cloiseann sibh
3	Cloiseann sé/sí	Cloiseann siad
Diúltach	Ní chloisim	
Ceisteach	An gcloisim?	

Faigh

1	Faighim	Faighimid
2	Faigheann tú	Faigheann sibh
3	Faigheann sé/sí	Faigheann siad
Diúltach	Ní fhaighim	
Ceisteach	An bhfaighim?	

Tar

1	Tagaim	Tagaimid
2	Tagann tú	Tagann sibh
3	Tagann sé/sí	Tagann siad
Diúltach	Ní thagaim	
Ceisteach	An dtagaim?	

Feic

1	Feicim	Feicimid
2	Feiceann tú	Feiceann sibh
3	Feiceann sé/sí	Feiceann siad
Diúltach	Ní fheicim	
Ceisteach	An bhfeicim?	

Déan

1	Déanaim	Déanaimid
2	Déanann tú	Déanann sibh
3	Déanann sé/sí	Déanann siad
Diúltach	Ní dhéanaim	
Ceisteach	An ndéanaim?	

Tá

1	Táim / tá mé	Táimid
2	Tá tú	Tá sibh
3	Tá sé/sí	Tá siad
Diúltach	Nílim	
Ceisteach	An bhfuilim?	

Téigh

1	Téim	Téimid
2	Téann tú	Téann sibh
3	Téann sé/sí	Téann siad
Diúltach	Ní théim	
Ceisteach	An dtéim?	

Bí

1	Bím	Bímid
2	Bíonn tú	Bíonn sibh
3	Bíonn sé/sí	Bíonn siad
Diúltach	Ní bhím	
Ceisteach	An mbím?	

 Tá nó bí? Féach ar an Treoir Ghramadaí ar leathanach 236. Tá tuilleadh cleachtaí ar leathanach 235.

 Táim in ann na briathra neamhrialta san Aimsir Láithreach a úsáid.

Mo Cheantar

Treoracha san Ionad Siopadóireachta

Ollmhargadh
Gruagaire
Siopa spóirt

Stór focal

téigh díreach ar aghaidh	go straight on	ar an mbunurlár	on the ground floor
cas ar dheis / ar chlé	turn right/left	ar an gcéad urlár	on the first floor
siúil i dtreo an ollmhargaidh	walk towards the supermarket	ar an dara hurlár	on the second floor
		staighre beo	escalator
feicfidh tú	you will see	ardaitheoir	elevator

Éist agus scríobh

Traic 28–30

Éist leis na trí chomhrá seo. Líon na bearnaí i do chóipleabhar.

Script: leathanach 115 de do Leabhar Gníomhaíochta

Comhrá a hAon

Aoife	Gabh mo leithscéal, an féidir leat cabhrú liom? Tá mé ag lorg treoracha.
Garda slándála	Is féidir, cinnte.
Aoife	Cá bhfuil an _____?
Garda slándála	Ó, tá sé an-éasca. Téigh suas an _____ beo sin. Feicfidh tú an siopa spóirt ar do chlé.
Aoife	Go raibh maith agat!

Comhrá a Dó

Ruairí	Gabh mo leithscéal, an féidir leat cabhrú liom? Tá mé ag _____.
Garda slándála	Is féidir, cinnte.
Ruairí	Cá bhfuil an _____?
Garda slándála	Ó, tá sé _____. Tóg an staighre beo suas go dtí an dara hurlár. _____ ar chlé. Feicfidh tú an siopa ar do dheis.
Ruairí	Go raibh _____!

Comhrá a Trí

Eva	_____, an féidir leat cabhrú liom? Tá mé ag lorg treoracha.
Garda slándála	Is féidir, _____.
Eva	Conas a théim go dtí an gruagaire?
Garda slándála	Tóg an staighre beo suas go dtí an chéad _____. Cas ar _____, agus _____ díreach ar aghaidh. Feicfidh tú an siopa ar _____.
Eva	Míle buíochas!

Cleacht na comhráite leis an duine atá in aice leat.

Treoracha sa Bhaile Mór

  Éist agus scríobh

Traic 31–32

Tá Hector agus Méabh ag lorg treoracha ó Gharda. Tosaíonn siad ag an ionad siopadóireachta.

Ar dtús, léigh an dá chomhrá. Cá bhfuil siad ag dul, meas tú? Ansin, éist agus seiceáil.

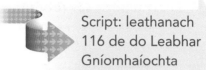

Script: leathanach 116 de do Leabhar Gníomhaíochta

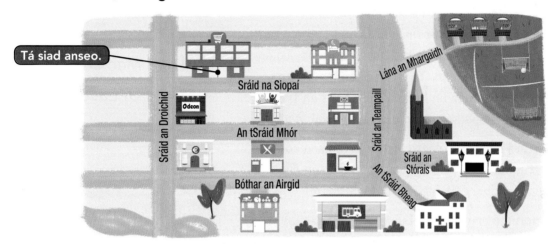

Tá siad anseo.

Sráid na Siopaí
Sráid an Droichid
Odeon
An tSráid Mhór
Bóthar an Airgid
Lána an Mhargaidh
Sráid an Teampaill
An tSráid Bheag
Sráid an Stórais

Mo Cheantar

Comhrá a hAon

Hector   Gabh mo leithscéal, an féidir leat cabhrú liom? Tá mé ag lorg treoracha.

Garda   Is féidir, cinnte.

Hector   Cá bhfuil _____?

Garda   Ó, tá sé an-éasca. Téigh síos Sráid na Siopaí. Feicfidh tú é ar do chlé.

Hector   Go raibh maith agat!

Comhrá a Dó

Méabh   Gabh mo leithscéal, an féidir leat cabhrú liom? Tá mé ag lorg treoracha.

Garda   Is féidir, cinnte.

Méabh   Conas a théim go dtí _____?

Garda   Ó, tá sé an-éasca. Téigh síos Sráid an Droichid. Ansin, tóg an dara casadh ar chlé. Feicfidh tú é ar do chlé.

Méabh   Ceart go leor. An dara clé. Míle buíochas!

 ## Stór focal

téigh suas an bóthar	go up the road	timpeallán	roundabout
gabh síos an bóthar	go down the road	crosbhóthar	crossroads
an chéad fhoirgneamh	the first building	coirnéal	corner
tóg an dara casadh	take the second turn	thar an droichead	over the bridge
ar do chlé/dheis	on your left/right	trasna na sráide	across the street

---

 Táim in ann treoracha a lorg agus a thabhairt.

Cárta Poist ón Spáinn

Léigh

Léigh an cárta poist seo faoi shaoire sa Spáinn.

Beannú

A Liam, a chara

Conas atá tú? Tá súil agam go bhfuil tú go maith!

Corp

Táim ar saoire sa Spáinn. Táim ag baint an-taitneamh as an tsaoire. Tá an aimsir ar fheabhas. Tá an ceantar go hálainn. Tá a lán áiseanna anseo. Is aoibhinn liom an linn snámha agus an trá. Téim ag siopadóireacht agus ag snámh gach lá.

Tá an t-árasán galánta. Tá trí sheomra codlata, cistin, seomra folctha agus balcóin san árasán. Tá an radharc ón mbalcóin dochreidte!

Críoch

Beidh mé ar ais ar an Luan. Feicfidh mé sa chlub óige thú.

Ádh mór!
Sorcha

Greamaigh stampa anseo

Liam Mac Caoimh
Gort Uí Laocha
Corcaigh
Éire

Faraor nach bhfuil tú anseo!

Noda!

- Tosaigh an cárta poist leis an ainm, mar shampla 'A Mháire/A Sheáin' agus an beannú.
- Abair go bhfuil tú ag baint taitnimh as an tsaoire.
- Déan cur síos ar na háiseanna.
- Abair cad a dhéanann tú gach lá.
- Abair cathain a bheidh tú ar ais.
- Críochnaigh an cárta poist le d'ainm.

Scríobh

Freagair na ceisteanna. Seiceáil na freagraí leis an duine atá in aice leat.

1. Cá bhfuil Sorcha ar saoire?
2. Conas atá an aimsir?
3. An bhfuil an ceantar go deas?
4. Luaigh **dhá** áis atá sa cheantar.
5. Cé mhéad seomra codlata atá san árasán?
6. Cad a deir sí faoin radharc ón mbalcóin?
7. Cathain a bheidh Sorcha ar ais?
8. Cá bhfeicfidh sí Liam arís?

Scríobh

Tá tú ag fanacht in óstán mór i Nua-Eabhrac.
Scríobh cárta poist chuig cara leat.
Bain úsáid as an stór focal thíos.

 Stór focal

| BEANNÚ | A Liam, a chara |
| | A Dheirdre, a chara |

Conas atá tú? / Cén chaoi a bhfuil tú? / Cad é mar atá tú?

Tá súil agam go bhfuil tú go maith.

Tá súil agam go bhfuil tú i mbarr na sláinte.
– I hope you are in the best of health.

Tá ag éirí go maith liom. – I'm doing well.

Tá ag éirí go hiontach liom. – I'm doing great.

Táim ag baint an-taitneamh as na laethanta saoire.
– I'm really enjoying the holidays.

Táim ar saoire sa Spáinn / sa Fhrainc / i Meiriceá.

CORP

Aimsir Tá an aimsir go hálainn.

Bíonn an ghrian ag taitneamh gach lá. – The sun shines every day.

Tá an ghrian ag scoilteadh na gcloch. – The sun is splitting the rocks.

Áiseanna Tá an trá go hálainn.

Tá an t-óstán compordach.

Tá na háiseanna spóirt ar fheabhas.

Tá na siopaí thar barr.

Daoine Tá na daoine lách cairdiúil (really friendly).

Bia Tá an bia sárbhlasta (really tasty).

Gníomhaíochtaí Téim ag snámh gach maidin.

Imrím sacar gach lá.

Ligim mo scíth. – I relax.

Téim ag siopadóireacht.

Buailim le mo chairde nua. – I meet my new friends.

CRÍOCH Beidh mé ar ais. – I will be back.

Feicfidh mé thú… – I will see you…

Dé Luain seo chugainn – next Monday

Mo Cheantar

 Punann 4.3

Tá tú ar saoire san Iodáil. Scríobh cárta poist chuig cara leat. Cuir an obair chríochnaithe i do phunann ar leathanach 24.

 Táim in ann cárta poist a scríobh.

Ríomhphost ón nGaeltacht

Meaitseáil

Meaitseáil an Ghaeilge leis an mBéarla.

1	réitímid le	A	we learn
2	imrímid	B	we do/make
3	déanaimid	C	we go
4	téimid	D	we get on with
5	foghlaimímid	E	we speak
6	labhraímid	F	we play (sport/games)

1	
2	
3	
4	
5	
6	

Léigh

Léigh an ríomhphost seo agus na noda ar leathanach 107.

Ó: ailein@gaeilgemail.com

Chuig: tuisti@gaeilgemail.com

Ábhar: Cúrsa Gaeltachta

Seolta: Domhnach, 12/08/2018 18:15

Beannú

A Mham agus a Dhaid,
Conas atá sibh? Beatha agus sláinte ó Chiarraí! Táim ag baint an-taitneamh go deo as an gcúrsa Gaeltachta.

Corp 1

Tá an ceantar go hálainn. Is breá liom na sléibhte agus an fharraige. Táim ag fanacht i dteach mór compordach. Tá sé suite ar bharr cnoic agus tá radharc álainn uaidh amach ar an bhfarraige. Tá deichniúr buachaillí eile ag fanacht sa teach. Tá siad lách cairdiúil agus réitímid go han-mhaith le chéile. Tá bean an tí agus fear an tí an-chineálta linn. Labhraímid Gaeilge leo an t-am ar fad.

Corp 2

Ar maidin, téimid ar scoil. Imrímid cluichí agus déanaimid drámaí. Táim ag foghlaim go leor Gaeilge. Tar éis an lóin, imrímid spórt nó seinnimid ceol. Is fearr liom a bheith ag seinm ceoil sa halla. Seinnim ceol traidisúnta le grúpa ceoltóirí. Sa tráthnóna, téimid ag snámh nó ag siúl. San oíche, bíonn céilí againn agus foghlaimímid rincí nua. Bíonn an-chraic go deo againn.

Críoch

Feicfidh mé sibh i gceann seachtaine.

Slán tamall!

Ailéin

 **Scríobh**

Freagair na ceisteanna. Seiceáil na freagraí leis an duine atá in aice leat.

1. Cá bhfuil Ailéin ag foghlaim Gaeilge?
2. Cad a thaitníonn leis faoin gceantar?
3. Cad a deir sé faoi bhean an tí agus faoi fhear an tí?
4. Cad a dhéanann siad sa tráthnóna?
5. Cad a dhéanann siad san oíche?

Noda!

- Tosaigh an ríomhphost le hainm an duine, nó 'A Mham/A Dhaid', agus an beannú.

- Abair go bhfuil tú ag baint taitnimh as an gcúrsa Gaeltachta.

- Déan cur síos ar an gceantar, an teach, na daoine agus an bia.

- Abair cad a dhéanann tú gach lá.

- Abair cathain a fheicfidh tú do thuismitheoirí.

- Cuir d'ainm ag deireadh an ríomhphoist/an chárta poist.

 Stór focal

Tá an baile ciúin agus síochánta.	Is aoibhinn liom an trá agus an club óige.
The town is quiet and peaceful.	I love the beach and the youth club.
Téim ag snámh san fharraige gach tráthnóna.	Bhuail mé le roinnt cairde nua anseo.
I go swimming in the sea every evening.	I met some new friends here.
Tá radharc álainn ar na sléibhte ó mo sheomra.	Ithimid a lán bia folláin.
There is a beautiful view of the mountains from my room.	We eat a lot of healthy food.

 Punann 4.4

Tá tú ag caitheamh dhá sheachtain sa Ghaeltacht. Scríobh ríomhphost chuig cara leat. Bain úsáid as an stór focal agus na noda ar an leathanach seo agus ar leathanach 104–105. Cuir an obair chríochnaithe i do phunann ar leathanach 26.

 Táim in ann ríomhphost a scríobh.

Mo Cheantar

Filíocht:
An Damhán Alla agus an Mhíoltóg

🎧 Léigh agus éist

Éist le véarsa a haon den dán seo. Léigh an véarsa don duine atá in aice leat. Déan an rud céanna do gach véarsa.

An Damhán Alla agus an Mhíoltóg
le Dubhghlas de hÍde

'Sé dúirt damhán alla le míoltóigín lá:	spider; little fly
'Ó! tar liom abhaile, a chréatúirín bhreá:	
Tá grian gheal an tsamhraidh ag damhsa ar mo theach,	bright summer sun
Tá ithe 'gus ól ann – nach dtiocfá isteach?'	would you not come in?
Dúirt an créatúr míchéillí ag féachaint isteach:	silly creature
'Is tú croí na féile, is breá é do theach:	heart of hospitality / host of hosts
Ach deirtear go mbíonn tú ag ithe 's ag ól	but it is said
Míoltóigín mar mise, idir fhuil agus fheoil.'	both blood and flesh
Dúirt an damhán alla – is é a bhí glic,	
'Is bréag mhór, dar m'anam, an scéal sin, a mhic;	a big lie
Tá caoireoil, tá mairteoil, tá bainne anseo,	lamb; beef
Is an té a bheadh marbh dhéanfaidís beo.'	they would bring back to life
Bhí an créatúirín meallta le comhrá mar sin,	deceived
Dúirt sé: 'Tá mé sásta, mar tá tú chomh binn;	sweet/nice
Ach ní fhanfaidh mé fada.' Chuaigh sé isteach,	I won't stay long
Is níor chuala mé fós gur tháinig amach.	I haven't heard yet

Buntuiscint

1. Cé a thug an cuireadh (*invitation*) don mhíoltóigín?

2. Cad atá ag damhsa ina theach, dar leis?

3. Cén fáth a bhfuil imní ar an míoltóigín?

4. Cén sórt bia atá ina theach, dar leis an damhán alla?

5. Cén fáth a bhfuil an míoltóigín sásta sa deireadh?

6. Cad a rinne an míoltóigín ansin?

Léirthuiscint

Fíor nó bréagach?

	F	B
1. Bhí eagla ar an míoltóigín.	☐	☐
2. Bhí imní ar an míoltóigín.	☐	☐
3. Bhí ionadh ar an damhán alla.	☐	☐
4. Bhí strus ar an damhán alla.	☐	☐
5. Bhí fearg ar an míoltóigín.	☐	☐
6. Bhí mearbhall ar an míoltóigín.	☐	☐
7. Bhí brón ar an damhán alla.	☐	☐
8. Bhí áthas ar an damhán alla.	☐	☐
9. Bhí an damhán alla cineálta.	☐	☐
10. Bhí an damhán alla glic.	☐	☐
11. Bhí an míoltóigín greannmhar.	☐	☐
12. Bhí an míoltóigín amaideach.	☐	☐

 Pléigh do fhreagraí leis an duine atá in aice leat.

 Táim in ann dán Gaeilge a thuiscint agus a léamh os ard.

Súil Siar

A. Leathan nó caol?

díol		aontaigh		éiligh		mol	
bain		ardaigh		éirigh		fill	
craol		athraigh		litrigh		múch	
caill		breathnaigh		mínigh		imir	
béic		blais		ceap		géill	

B. Athscríobh na habairtí seo san Aimsir Láithreach.

1. Ní [aontaigh: sé] _____ leat.

2. An [ól: sibh] ____ tae ar maidin?

3. An [aimsigh: tú] _____ obair go héasca?

4. An [caith: tú] ____ éide scoile?

5. Ní [can: sí] _____ amhráin nua.

6. [Craol: siad] _____ an clár gach lá.

7. [Fág: sí] _____ a teach go luath.

8. [Fan: sé] ____ anseo go minic.

9. An [cuir: tú] ____ fáilte rompu?

10. Ní [rith: sibh] _____ ar scoil.

11. Ní [beannaigh: sí] _____ dom.

12. [Bain: siad] _____ taitneamh as.

13. [Ceannaigh: sí] _____ árasáin go rialta.

14. Ní [díol: aon duine] _____ tithe anseo.

15. Ní [lig: sí] _____ a scíth riamh.

C. Athscríobh na habairtí seo san Aimsir Láithreach.

1. Ní [bí: tú] _____ sásta.

2. An [abair: mé] _____ paidir gach oíche?

3. [Tar] _____ tuirse uirthi uaireanta.

4. [Beir: sí] _____ ar mo lámh.

5. An [faigh: tú] _____ leabhair sa leabharlann?

6. Ní [feic: sí] _____ tada.

7. [Clois: mé] _____ rud aisteach.

8. [Feic: mé] _____ luch mhór.

9. [Tabhair: siad] ___ barróg dúinn.

10. An [bí: siad] _____ ann gach lá?

D. **Aistrigh go Béarla.**

1. Téann sé go dtí an Spáinn gach samhradh.
2. Feiceann sí taibhsí ina teach.
3. Glanann na daltaí an seomra ranga gach tráthnóna.
4. An mbuaileann siad le chéile go minic?
5. Ní fhéachann sé ar an teilifís san oíche.

  Cluastuiscint

Script: leathanach 116 de do Leabhar Gníomhaíochta

Éist le Dáibhí agus Bríd ag caint faoina gceantar. Cloisfidh tú an taifeadadh faoi dhó. Líon isteach an t-eolas atá á lorg i do chóipleabhar.

An Chéad Chainteoir

Ainm	Dáibhí Ó Bruadair
1. Cén contae ar rugadh Dáibhí ann?	
2. An maith le Dáibhí Cnoc Rátha?	
3. Cén sórt baile é Cnoc Rátha?	
4. Luaigh áis **amháin** atá i gCnoc Rátha.	
5. Cad atá i nGleann Maghair?	

An Dara Cainteoir

Ainm	Bríd Ní Dhochartaigh
1. Cén contae a bhfuil Fánaid suite ann?	
2. Luaigh **dhá** áis atá i bhFánaid do thurasóirí.	(i) (ii)
3. Cad a dhéanann Bríd i Leitir Ceanainn?	
4. Cad é an siopa is fearr léi?	

Mo Cheantar

Cultúr 4
Gaeltacht Chorcaí

Tá Gaeltacht Chorcaí suite i ndeisceart na tíre.

Tá an-tóir ar bhollaí bóthair, nó *road bowling*, i gCorcaigh agus in Ard Mhacha.

Rugadh an file cáiliúil Seán Ó Ríordáin i mBaile Bhuirne.

Co. Chorcaí

Baile Bhuirne • Páirc Abán
Cúil Aodha • Cill na Martra
Corcaigh
Béal Átha an Ghaorthaidh

Oileán Chléire

Bhíodh cónaí ar an gceoltóir inspioráideach Seán Ó Riada i gCúil Aodha.

Is club CLG é Naomh Abán. Imríonn siad a gcuid cluichí i bPáirc Abán agus i bPáirc an Choláiste. Caitheann siad gorm agus bán.

Tá an-tóir ar an scéalaíocht i gCléire. Bíonn Féile Scéalaíochta Chléire ar siúl anseo gach bliain.

Oireachtas na Samhna

Is féile mhór chultúir é Oireachtas na Samhna. Bíonn an fhéile seo ar siúl gach bliain. Bíonn go leor comórtas do dhaoine fásta agus do dhaoine óga mar chuid den fhéile – comórtais cheoil, rince, scéalaíochta agus amhránaíochta.

Is é Corn Uí Riada an onóir is airde san amhránaíocht ar an sean-nós. Ainmníodh an corn seo as an gceoltóir cáiliúil Seán Ó Riada. Rugadh Ó Riada i gCathair Chorcaí ach chaith sé cuid dá shaol i gCúil Aodha.

Tá Nell Ní Chróinín, as Béal Átha an Ghaorthaidh, ar dhuine de na hamhránaithe is fearr sa tír. Is í an duine is óige a bhuaigh Corn Uí Riada riamh í.

Nell Ní Chróinín

Ceisteanna

1. Cén sórt féile é Oireachtas na Samhna?
2. Cén sórt comórtas a bhíonn ar siúl mar chuid de?
3. Cad é an onóir is airde san amhránaíocht ar an sean-nós?
4. Cár rugadh Seán Ó Riada?
5. Cárb as do Nell Ní Chróinín?

Stór focal

Corn Uí Riada	Ó Riada Cup	ar dhuine de	one of the
an onóir is airde	the highest honour	seanamhráin	old songs
amhránaíocht ar an sean-nós	sean-nós singing	seanscéalta	old stories

Agallamh

I 1937 agus 1938, chuaigh daltaí abhaile agus d'iarr siad seanamhráin agus seanscéalta ar a dtuismitheoirí, seantuismitheoirí, uncailí, aintíní agus gaolta eile. Scríobh siad na scéalta ar fad ina gcóipleabhar. Tá na cóipleabhair ar fad le feiceáil ar www.duchas.ie

Téigh abhaile agus cuir agallamh ar do thuismitheoirí nó do sheantuismitheoirí. Iarr orthu seanamhrán nó seanscéal a rá leat faoi do cheantar. Scríobh an scéal i dó chóipleabhar.

Caithimh Aimsire

PAS BORDÁLA

✓ **Faoi dheireadh na caibidle seo, beidh mé in ann:**

- Cur síos a dhéanamh ar mo chuid caitheamh aimsire.
- Labhairt faoi chúrsaí ceoil.
- Labhairt faoi scannáin agus cláir theilifíse.
- Labhairt faoi na meáin shóisialta.
- Scéal Gaeilge a thuiscint.

Príomhscileanna

- A bheith liteartha
- Fanacht folláin
- Obair le daoine eile
- Cumarsáid

Punann

- Punann 5.1 – Próifíl Cheoltóra
- Punann 5.2 – Ceolchoirm Mhór
- Punann 5.3 – Postáil Bhlag faoi Cheolchoirm
- Punann 5.4 – Litir
- Punann 5.5 – An Bradán Feasa: Clár Scéalta

Clár Ábhair

Caithimh Aimsire

Meaitseáil

Meaitseáil na focail leis na pictiúir.

ag féachaint ar an teilifís ☐

ag éisteacht le ceol ☐

ag dul ar líne ☐

ag canadh ☐

ag iascaireacht ☐

ag rith ☐

ag imirt spóirt ☐

ag seinm ceoil ☐

ag léamh ☐

ag siopadóireacht ☐

ag imirt cluichí ríomhaire ☐

ag bualadh le cairde ☐

Scríobh agus labhair

Scríobh na caithimh aimsire i do chóipleabhar in ord tosaíochta (*in order of preference*).
Déan comparáid leis na daoine atá in aice leat. Cad iad na difríochtaí?

Meaitseáil

Meaitseáil na focail.

1	síochánta	A	challenging
2	crua	B	boring
3	taitneamhach	C	peaceful
4	dainséarach	D	relaxing
5	leadránach	E	exciting
6	suaimhneach	F	tough
7	corraitheach	G	enjoyable
8	dúshlánach	H	dangerous

1 = ___   5 = ___

2 = ___   6 = ___

3 = ___   7 = ___

4 = ___   8 = ___

Cuimhnigh!

Is maith liom **a bheith** ag léamh. ☑

Is maith liom ag léamh. ☒

Is breá liom a bheith ag seinm ceoil.

 ## Scríobh agus labhair

Freagair na ceisteanna seo i do chóipleabhar. Siúil thart ar an rang agus cuir na ceisteanna seo ar do chomhscoláirí.

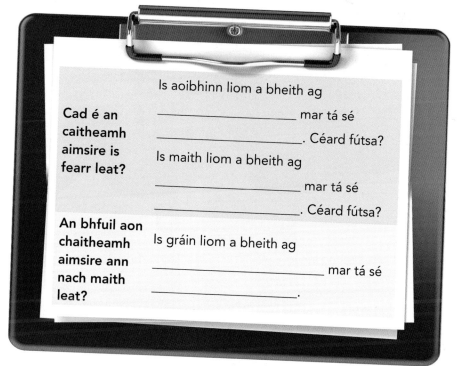

Cad é an caitheamh aimsire is fearr leat?

Is aoibhinn liom a bheith ag
_____ mar tá sé
_____. Céard fútsa?

Is maith liom a bheith ag
_____ mar tá sé
_____. Céard fútsa?

An bhfuil aon chaitheamh aimsire ann nach maith leat?

Is gráin liom a bheith ag
_____ mar tá sé
_____.

 Táim in ann labhairt faoi na caithimh aimsire éagsúla atá agam.

Caithimh Aimsire

Cúrsaí Ceoil

Bí ag caint!

Cuir na ceisteanna seo ar an duine atá in aice leat.

Cén cineál ceoil is fearr leat?	Is é _____ an cineál ceoil is fearr liom mar tá sé _____.
An seinneann tú ceol?	Seinnim an _____ agus an _____.

Meaitseáil

Féach ar an bpictiúr. Cuir lipéid ar na huirlisí ceoil. Bain úsáid as d'fhoclóir.

cláirseach bodhrán feadóg mhór consairtín píb uilleann fidil bainseó bosca ceoil giotár feadóg stáin

Stór focal

trumpa	trumpet	fuinniúil	energetic
sacsafón	saxophone	ceol tíre	country music
pianó	piano	popcheol	pop music
méarchlár	keyboard	rapcheol	rap music
snagcheol	jazz	miotal trom	heavy metal
rac-cheol	rock music	ceol damhsa	dance music

Táim in ann
labhairt faoi
cheol agus faoi
uirlisí ceoil.

Daithí Ó Drónaí

  Léigh, éist agus scríobh

Léigh agus éist leis an alt seo. Athscríobh Próifíl Dhaithí i do chóipleabhar agus líon isteach na sonraí.

Rugadh Daithí Ó Drónaí i gContae an Chláir i 1990. Seinneann sé ceol traidisiúnta agus ceol damhsa ar an bhfidil leictreach.

Thosaigh sé ag seinm na fidle nuair a bhí sé timpeall ocht nó naoi mbliana d'aois. Thosaigh sé ag seinm an **dordghiotár** nuair a bhí sé trí bliana déag d'aois.

bass guitar

Ghlac sé páirt sa chéad **sraith** de *The All Ireland Talent Show* in 2009. Tháinig sé sa séú háit. In 2010, ghlac sé páirt sa chlár ceoil *Must Be the Music* ar Sky. Sa **bhabhta ceannais** sheinn sé os comhair 10,000 duine. Faraor, níor bhuaigh sé an chéad duais – £100,000.

series

final round

Is breá leis a bheith ag éisteacht le ceol indie agus ceol damhsa. **D'eisigh** sé albam nua, *Tribes*, anuraidh. Éist leis ar www.daithi.ie.

released

Caithimh Aimsire

Próifíl Dhaithí

Ainm	
Aois	
Áit bhreithe	
Uirlisí ceoil	
An cineál ceoil a sheinneann sé	
An cineál ceoil a thaitníonn leis	
Buaicphointí a shaoil (*highlights*)	
Albam a d'eisigh sé	
A shuíomh gréasáin	

 Punann 5.1

Smaoinigh ar cheoltóir a thaitníonn leat. Dear próifíl de/di. Bí cruthaitheach!

Cuir an obair chríochnaithe i do phunann ar leathanach 29.

Táim in ann próifíl a dhearadh ar cheoltóir cáiliúil.

Ceolchoirm

Póstaer

Léigh an póstaer seo.

Scríobh

Féach ar an bpóstaer. Freagair na ceisteanna seo.

1. Cad is ainm don bhanna ceoil?
2. Cén sórt ceoil atá á sheinm acu?
3. Cathain a bheidh an cheolchoirm ar siúl?
4. Cá bhfuil na ticéid ar fáil?
5. Cá bhfuil tuilleadh eolais ar fáil?

Punann 5.2

Beidh banna ceoil cáiliúil ag teacht go hÉirinn le haghaidh ceolchoirm mhór.

Dear póstaer den cheolchoirm le cur i do phunann ar leathanach 30.

Cur i láthair

Déan fógra teilifíse do cheolchoirm. Úsáid PowerPoint nó Animoto (www.animoto.com). Bain úsáid as na frásaí thíos.

Beidh ceolchoirm mhór na bliana ar siúl i [áit].	The big concert of the year will take place in [venue].
Beidh féile mhór an tsamhraidh ar siúl i [áit].	The big festival of the summer will take place in [venue].
Beidh [ainm] ag seinm.	[Name] will be playing.
Beidh siad ag seinm [lá, dáta, am].	They will be playing [day, date, time].
Tá ticéid ar fáil ó [suíomh gréasáin / siopa].	Tickets available from [website/shop].
Tuilleadh eolais ar fáil ar [suíomh gréasáin].	More information available on [website].
Ná caill í! / Ná lig uait í!	Don't miss it!
Bí ann!	Be there!
Scaip an scéal!	Spread the word!

Táim in ann póstaer le haghaidh ceolchoirme a dhearadh.

Táim in ann fógra teilifíse le haghaidh ceolchoirme a dhéanamh.

Suirbhé

 Stór focal

inniu	today
inné	yesterday
arú inné	the day before yesterday
aréir	last night
anuraidh	last year
i mbliana	this year
an mhí seo caite	last month
an tseachtain seo caite	last week

Cad é an uair dheireanach a...?

 Scríobh agus labhair

'Cad é an uair dheireanach a...' Líon na bearnaí leis na focail thuas. Ansin, cuir na ceisteanna ar an duine atá in aice leat.

1. D'fhéach mé ar an teilifís _____.

2. D'éist mé le ceol _____.

3. Chuaigh mé ar líne _____.

4. D'imir mé spórt _____.

5. Léigh mé leabhar _____.

6. Chuaigh mé ag siopadóireacht _____.

7. D'imir mé cluiche ríomhaire _____.

8. Chuaigh mé go dtí an phictiúrlann _____.

Éist agus labhair

Éist le hÓrla ag cur ceisteanna ar Liam faoina chaithimh aimsire. Meaitseáil na ceisteanna leis na freagraí.

1	Cad é an uair dheireanach a d'fhéach tú ar an teilifís?	A	An mhí seo caite
2	Cad é an uair dheireanach a d'imir tú spórt?	B	Inné
3	Cad é an uair dheireanach a chuaigh tú ag siopadóireacht?	C	Aréir
4	Cad é an uair dheireanach a léigh tú leabhar?	D	An tseachtain seo caite

1 = ___ 2 = ___ 3 = ___ 4 = ___

 Script: leathanach 117 de do Leabhar Gníomhaíochta

Agallamh

Meaitseáil

Léigh an t-agallamh le Maidhc Ó Maicín, DJ le Raidió na Cathrach. Meaitseáil na ceisteanna leis na freagraí.

1 Cad é an t-albam deireanach a cheannaigh tú?

2 Cén club sacair is fearr leat?

3 Cad iad na caithimh aimsire atá agat?

4 Cad é an uair dheireanach a d'fhéach tú ar scannán sa phictiúrlann?

5 Cé hé an réalta is cáiliúla ar bhuail tú leis?

☐ Is aoibhinn liom a bheith ag éisteacht le ceol, ar ndóigh. Is breá liom a bheith ag dul go dtí an phictiúrlann agus ag féachaint ar scannáin freisin.

☐ Aréir, creid é nó ná creid! D'fhéach mé ar scannán Francach. Bhain mé an-taitneamh as.

☐ Bhuel, is as Dún Dealgan mé – mar sin, Dún Dealgan ar ndóigh! Téim go dtí Páirc Oriel go minic.

☐ Bhuail mé le Ed Sheeran cúpla uair. Tá sé inspioráideach, nach bhfuil?

☐ *Lost Change* le will.i.am. D'íoslódáil mé ó iTunes é.

Scríobh

Tá na habairtí seo bréagach. Scríobh an leagan ceart.
1. Is fuath le Maidhc a bheith ag éisteacht le ceol.
2. Níor bhain sé taitneamh as an scannán Francach.
3. Cheannaigh sé *Lost Change* i siopa ceoil.
4. Níl Ed Sheeran inspioráideach.
5. Is as Baile Átha Cliath é Maidhc agus is aoibhinn leis Bohemians FC.

Scríobh agus labhair

Freagair na ceisteanna a d'fhreagair Maidhc. Ansin, cuir na ceisteanna ar an duine atá in aice leat.

Caithimh Aimsire

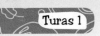
An Aimsir Chaite: Na Briathra Rialta

 Tá tuilleadh eolais ar na réimnithe ar leathanach 70.

Cuimhnigh!

An Aimsir Chaite
=
Rudaí a tharla inné

 ### Stór focal

diúltach   negative
ceisteach   interrogative (question)

An chéad réimniú

An Aimsir Chaite	Can *(sing)*		Buail *(hit)*	
	Uatha	**Iolra**	**Uatha**	**Iolra**
1	Chan mé	Chanamar	Bhuail mé	Bhuaileamar
2	Chan tú	Chan sibh	Bhuail tú	Bhuail sibh
3	Chan sé/sí	Chan siad	Bhuail sé/sí	Bhuail siad
Diúltach	Níor chan		Níor bhuail	
Ceisteach	Ar chan?		Ar bhuail?	

An Aimsir Chaite	Féach *(look)*		Éist *(listen)*	
	Uatha	**Iolra**	**Uatha**	**Iolra**
1	D'fhéach mé	D'fhéachamar	D'éist mé	D'éisteamar
2	D'fhéach tú	D'fhéach sibh	D'éist tú	D'éist sibh
3	D'fhéach sé/sí	D'fhéach siad	D'éist sé/sí	D'éist siad
Diúltach	Níor fhéach		Níor éist	
Ceisteach	Ar fhéach?		Ar éist?	

 ### Scríobh

Aistrigh na habairtí seo.

1. Chan sé amhrán inné.
2. D'fhéachamar ar scannán aréir.
3. Ar éist sibh le hamhrán nua Kanye West?
4. Níor éist sibh linn!
5. Bhuail sí le Seán inné.
6. Bhuail sí Seán inné.

Buail   Buail le

Scríobh agus labhair

Freagair na ceisteanna seo. Cuir na ceisteanna ar an duine atá in aice leat.

1. Cad é an uair dheireanach a d'éist tú leis an raidió?
2. Cad é an uair dheireanach a d'imir tú spórt?
3. Cad é an uair dheireanach a d'fhéach tú ar scannán sa phictiúrlann?
4. Ar imir tú eitpheil riamh?
5. Ar éist tú le ceol Meicsiceach riamh?
6. Ar fhéach tú ar scannán Rúiseach riamh?

An dara réimniú

An Aimsir Chaite	Ceannaigh (buy)		Deisigh (fix)	
	Uatha	Iolra	Uatha	Iolra
1	Cheannaigh mé	Cheannaíomar	Dheisigh mé	Dheisíomar
2	Cheannaigh tú	Cheannaigh sibh	Dheisigh tú	Dheisigh sibh
3	Cheannaigh sé/sí	Cheannaigh siad	Dheisigh sé/sí	Dheisigh siad
Diúltach	Níor cheannaigh		Níor dheisigh	
Ceisteach	Ar cheannaigh?		Ar dheisigh?	

An Aimsir Chaite	Foghlaim (learn)		Aistrigh (translate)	
	Uatha	Iolra	Uatha	Iolra
1	D'fhoghlaim mé	D'fhoghlaimíomar	D'aistrigh mé	D'aistríomar
2	D'fhoghlaim tú	D'fhoghlaim sibh	D'aistrigh tú	D'aistrigh sibh
3	D'fhoghlaim sé/sí	D'fhoghlaim siad	D'aistrigh sé/sí	D'aistrigh siad
Diúltach	Níor fhoghlaim		Níor aistrigh	
Ceisteach	Ar fhoghlaim?		Ar aistrigh?	

 ## Scríobh

Aistrigh na frásaí seo.

1. Cheannaigh sé a albam nua.
2. Ar cheannaigh tú na ticéid go fóill?
3. D'aistrigh mé an abairt seo.
4. Dheisigh sí dhá rothar inné.

 ## Scríobh agus labhair

Freagair na ceisteanna seo. Cuir na ceisteanna ar an duine atá in aice leat.

1. Cad é an uair dheireanach a cheannaigh tú albam nó amhrán?
2. Cad é an uair dheireanach a dheisigh tú rud éigin?
3. Ar fhoghlaim tú an Bhreatnais (Welsh) riamh?
4. Ar dheisigh tú carr riamh?

 ## Scríobh

Athscríobh na briathra i do chóipleabhar.

1. [Cas] _____ sé timpeall nuair a [cnag] _____ a athair ar an bhfuinneog.

2. Níor [dúisigh] _____ sí nuair a [tosaigh] _____ an madra ag tafann.

3. [Éirigh] _____ Seán go luath ach níor [éirigh] _____ Síle go dtí 11:00.

4. Ar [féach] _____ tú ar an gclár aréir? [Féach] _____ mé air.

 Tá tuilleadh cleachtaí ar fáil ar leathanach 238.

Táim in ann briathra rialta san Aimsir Chaite a úsáid i gceart.

Scannáin agus an Phictiúrlann

Scríobh

Aimsigh na focail seo sa cheistneoir thíos. Scríobh i do chóipleabhar iad.

travel	all over the world	back in time	spaceship
magic	stars	aliens	important
car chase	accident	love letter	racing
thinking	by the fire	time flies	daydreaming

Ceistneoir

Líon isteach an ceistneoir. Cén sórt scannán is fearr leat? An aontaíonn tú leis na freagraí?

A. Ba mhaith leat…?
1. Taisteal ar fud an domhain ☐
2. Taisteal le Will Ferrell timpeall Hollywood ☐
3. Taisteal siar san am ☐
4. Taisteal le cara speisialta ☐
5. Taisteal i spáslong ar nós *Battlestar Galactica* ☐

B. Is aoibhinn leat…?
1. James Bond ☐
2. Jócanna (*jokes*) ☐
3. Draíocht ☐
4. Na réaltaí sa spéir ☐
5. Eachtráin ar nós Yoda agus Chewbacca ☐

C. Rud tábhachtach i scannán…?
1. Tóraíocht chairr ☐
2. Timpiste ☐
3. Carr ar nós *The Batmobile* ☐
4. Litir ghrá i mbuidéal ☐
5. Spáslong ☐

D. Is maith leat a bheith…?
1. Ag rásaíocht ☐
2. Ag gáire ☐
3. Ag smaoineamh faoin domhan ☐
4. I do shuí cois tine ☐
5. Ag léamh faoi Mhars ☐

E. Imíonn an t-am go tapa nuair a bhíonn tú…?
1. Ag obair go tapa ☐
2. Ag gáire ☐
3. Ag brionglóideach ☐
4. Ag siúl le cara speisialta ☐
5. Ag féachaint ar na réaltaí ☐

Torthaí

Níos mó 1 = scannáin aicsin!	Níos mó 2 = scannáin ghrinn!	Níos mó 3 = scannáin fantaisíochta!	Níos mó 4 = scannáin ghrá!	Níos mó 5 = scannáin ficsean eolaíochta!
Taitníonn scannáin aicsin leat. Is aoibhinn leat tinte ealaíne, pléascthaí agus buamaí. Is breá leat tóraíochtaí cairr freisin.	Taitníonn scannáin ghrinn leat. Is aoibhinn leat físeáin YouTube ar nós '1000 Teip Thubaisteach'.	Taitníonn scannáin fantaisíochta leat. Ba bhreá leat dul go Tír na nÓg le hOisín agus Niamh.	Taitníonn scannáin ghrá leat. Ba bhreá leat dul go dtí an phictiúrlann le cara speisialta agus *Romeo agus Juliet* a fheiceáil.	Taitníonn scannáin ficsean eolaíochta leat. Tá 100 póstaer *Star Wars* agat. Tá claíomh solais agat freisin.

 ## Stór focal

scannáin ghrinn	comedy films	scannáin fantaisíochta	fantasy films
scannáin aicsin	action films	scannáin uafáis	horror films
scannáin ghrá	romantic films	scannáin chogaidh	war films
scannáin ficsean eolaíochta	science fiction films	scéinséirí	thrillers

 ## Léigh agus scríobh

Léigh an t-alt seo agus freagair na ceisteanna.

Sam

Is mise Sam Kaimba. Is aoibhinn liom scannáin aicsin. Is é James Bond an carachtar scannáin is fearr liom. Taitníonn scannáin chogaidh liom freisin. Ní maith liom scannáin uafáis – tá siad róscanrúil (*too scary*).

1. Cén sórt scannán a thaitníonn le Sam?
2. Cén carachtar scannáin is fearr le Sam?

 ## Scríobh agus labhair

Freagair na ceisteanna seo. Cuir na ceisteanna seo ar an duine atá in aice leat.

Cén sórt scannán a thaitníonn leat?	Is aoibhinn liom _____.
Cé hé an carachtar scannáin is fearr leat?	Is é _____ an carachtar scannáin is fearr liom.

 Táim in ann labhairt faoi scannáin a thaitníonn liom.

Caithimh Aimsire

An Aimsir Chaite: Na Briathra Neamhrialta

Léigh agus meaitseáil

Léigh an t-alt seo. Ansin meaitseáil na ceisteanna agus na freagraí thíos.

Haigh, is mise Ciara. Chuala mé faoi scannán nua Jennifer Lawrence ar Raidió na Gaeltachta. Creid é nó ná creid, bhuaigh mé dhá thicéad don *première*!

Thug mé cuireadh do mo chara Sinéad agus dúirt sí gur bhreá léi dul ann. Thug mo Mham deich euro dom. Rug mé greim docht daingean ar an airgead agus chuir mé i mo phóca é. Bhuail mé le Sinéad agus rinneamar ár slí go dtí an Savoy i lár na cathrach.

Chonaiceamar go leor ceiliúrán (*celebrities*) ar an gcairpéad dearg, Jennifer Lawrence ina measc! Cheannaíomar grán rósta agus Coca-Cola agus d'fhéachamar ar an scannán. Bhí sé thar barr. Is aisteoir iontach í Jennifer Lawrence.

Tar éis an scannáin, thug mo Mham síob (*lift*) abhaile dúinn. Tháinig mé abhaile ag a deich a chlog. Bhain mé an-taitneamh as an oíche.

1	Cár chuala Ciara faoi scannán nua Jennifer Lawrence?	A	Chonaic siad Jennifer Lawrence ar an gcairpéad dearg.
2	Cad a rinne Ciara leis an deich euro a fuair sí óna Mam?	B	Tháinig sí abhaile ag a deich.
3	An bhfaca siad Jennifer Lawrence?	C	Chuala sí faoi scannán nua Jennifer Lawrence ar Raidió na Gaeltachta.
4	Cén t-am a tháinig Ciara abhaile?	D	Rug sí ar an airgead agus chuir sí ina póca é.

1 = ___   2 = ___   3 = ___   4 = ___

Scríobh agus labhair

Seo achoimre ar an scéal. Scríobh sa tríú pearsa é.

Chuala mé faoi scannán nua. **Fuair mé** dhá thicéad don *première*. **Dúirt mo chara** Sinéad gur bhreá léi dul ann freisin. **Thug mo Mh**am deich euro **dom**. **Rug mé** ar an airgead. **Rinne mé mo** shlí go dtí an Savoy. **Chonaic mé** go leor ceiliúrán ann. **D'ith mé** grán rósta. Bhí an scannán thar barr. **Chuaigh mé** abhaile tar éis an scannáin. **Tháinig mé** abhaile ag a deich a chlog.

Chuala sí faoi scannán nua. Fuair sí...

 Déan iarracht an scéal a insint le grúpa.

Na Briathra Neamhrialta: Na Foirmeacha

Beir

1	Rug mé	Rugamar
2	Rug tú	Rug sibh
3	Rug sé/sí	Rug siad
Diúltach	Níor rug	
Ceisteach	Ar rug?	

Ith

1	D'ith mé	D'itheamar
2	D'ith tú	D'ith sibh
3	D'ith sé/sí	D'ith siad
Diúltach	Níor ith	
Ceisteach	Ar ith?	

Clois

1	Chuala mé	Chualamar
2	Chuala tú	Chuala sibh
3	Chuala sé/sí	Chuala siad
Diúltach	Níor chuala	
Ceisteach	Ar chuala?	

Tar

1	Tháinig mé	Thángamar
2	Tháinig tú	Tháinig sibh
3	Tháinig sé/sí	Tháinig siad
Diúltach	Níor tháinig	
Ceisteach	Ar tháinig?	

Déan

1	Rinne mé	Rinneamar
2	Rinne tú	Rinne sibh
3	Rinne sé/sí	Rinne siad
Diúltach	Ní dhearna	
Ceisteach	An ndearna?	

Téigh

1	Chuaigh mé	Chuamar
2	Chuaigh tú	Chuaigh sibh
3	Chuaigh sé/sí	Chuaigh siad
Diúltach	Ní dheachaigh	
Ceisteach	An ndeachaigh?	

Deir

1	Dúirt mé	Dúramar
2	Dúirt tú	Dúirt sibh
3	Dúirt sé/sí	Dúirt siad
Diúltach	Ní dúirt	
Ceisteach	An ndúirt?	

Tabhair

1	Thug mé	Thugamar
2	Thug tú	Thug sibh
3	Thug sé/sí	Thug siad
Diúltach	Níor thug	
Ceisteach	Ar thug?	

Faigh

1	Fuair mé	Fuaireamar
2	Fuair tú	Fuair sibh
3	Fuair sé/sí	Fuair siad
Diúltach	Ní bhfuair	
Ceisteach	An bhfuair?	

Feic

1	Chonaic mé	Chonaiceamar
2	Chonaic tú	Chonaic sibh
3	Chonaic sé/sí	Chonaic siad
Diúltach	Ní fhaca	
Ceisteach	An bhfaca?	

Tá

1	Bhí mé	Bhíomar
2	Bhí tú	Bhí sibh
3	Bhí sé/sí	Bhí siad
Diúltach	Ní raibh	
Ceisteach	An raibh?	

 Tá tuilleadh cleachtaí ar fáil ar leathanach 239.

Táim in ann briathra neamhrialta san Aimsir Chaite a úsáid i gceart.

An Teilifís

Meaitseáil

Meaitseáil na focail leis na pictiúir.

 **1**
 **2**
 **3**
 **4**

 **5**
 **6**
 **7**
 **8**

clár thráth na gceist ☐

clár spóirt ☐

clár faisin ☐

clár nuachta ☐

cartún ☐

sobaldráma ☐

clár ceoil ☐

clár grinn ☐

Scríobh agus labhair

Freagair na ceisteanna seo. Siúil thart ar an rang agus cuir na ceisteanna seo ar do chomhscoláirí.

Cad é an cainéal teilifíse is fearr leat?

Is é _____ an cainéal teilifíse is fearr liom.

Cén cineál clár teilifíse is fearr leat?

Is breá liom a bheith ag féachaint ar (+h)

_____.

Cén clár teilifíse is fearr leat?

Is é _____ an clár teilifíse is fearr liom

mar tá sé _____.

Is aoibhinn liom _____ freisin.

Na *Cláir* is Fearr Liom

Léigh agus scríobh

A. Aimsigh na habairtí seo sna hailt thíos.

1. A werewolf bites him.
2. He turns into a werewolf.
3. Their skin is yellow.

B. Léigh na hailt seo agus freagair na ceisteanna.

Teen Wolf

Haigh, is mise Gearóid. Is breá liom sobaldrámaí. Is é *Teen Wolf* an clár is fearr liom. Is é Scott McCall an príomhcharachtar ann. Oíche amháin, baineann conriocht plaic as. Creid é nó ná creid, déantar conriocht de. Ní insíonn sé d'aon duine cad a tharla dó.

The Simpsons

Haigh, is mise Órlaith. Is aoibhinn liom an cartún grinn *The Simpsons*. Tá cúigear sa teaghlach agus tá siad ina gcónaí in Springfield. Tá craiceann buí orthu agus tá súile móra acu.

1. Cén saghas clár is fearr le Gearóid?
2. Cad is ainm don phríomhcharactar in *Teen Wolf*?
3. Cén fáth a ndéantar conriocht de Scott McCall?
4. Cén clár is fearr le hÓrlaith?
5. Luaigh **dhá** phointe eolais faoin gclann *The Simpsons*.

Cur i láthair

Cruthaigh ceithre shleamhnán ar PowerPoint nó Prezi.

- Na cineálacha clár is fearr liom.
- An clár is fearr liom.
- Na príomhcharachtair atá sa chlár.
- Dhá phointe eolais eile faoin gclár.

 Táim in ann labhairt faoi chláir theilifíse a thaitníonn liom.

Caithimh Aimsire

Na Meáin Shóisialta

Meaitseáil

Cén chaoi a snapann tú? Meaitseáil na mothúcháin leis an emoji ceart.

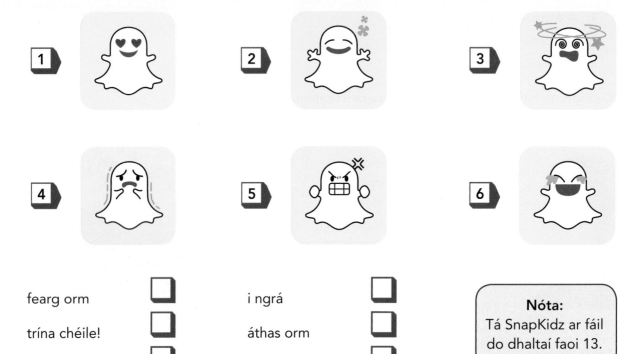

1 2 3

4 5 6

fearg orm	☐	i ngrá	☐
trína chéile!	☐	áthas orm	☐
GOA (*LOL*)	☐	eagla orm	☐

> **Nóta:**
> Tá SnapKidz ar fáil
> do dhaltaí faoi 13.

Scríobh agus labhair

An bhfuil tú gafa ag (*glued to*) d'fhón póca? Freagair an ceistneoir seo agus déan comparáid leis an duine atá in aice leat.

1. Tá do chairde ag dul ag campáil. Ní bheidh aon Wi-Fi nó 3G/4G ann.
A. Ba mhaith liom dul ann. ☐   B. Níor mhaith liom dul ann. ☐

2. Tá fón cliste nua ar díol.
A. Níl an t-airgead agam. ☐   B. Cheannaigh mé an fón seo inné! ☐

3. Cad a roinneann (*share*) tú le do chairde?
A. Cúpla pictiúr anois is arís. ☐   B. Gach smaoineamh (*thought*). ☐

4. Cad é an rud deireanach a chonaic tú aréir?
A. Mo theaghlach. ☐   B. M'fhón. ☐

5. Cé mhéad uair a d'fhéach tú ar d'fhón póca inné?
A. Níos lú ná 20 uair. ☐   B. Níos mó ná 20 uair. ☐

> **A den chuid is mó** = Tá tú sáinnithe (*stuck*) sa Ré Dhorcha!
> **B den chuid is mó** = Fág an teach!

Meaitseáil

Meaitseáil na focail leis na pictiúir.

scáileán	☐
ríomhaire glúine	☐
luch	☐
cábla	☐
printéir	☐
méaróg USB	☐
méarchlár	☐
fón cliste	☐

Léigh agus scríobh

Léigh an píosa gearr seo agus freagair na ceisteanna.

Haigh, is mise Leon. Táim trí bliana déag d'aois. Is breá liom a bheith **ag brabhsáil** ar líne agus ag imirt cluichí ríomhaire. Caithim níos mó ná dhá uair an chloig ar mo ríomhaire glúine gach lá.

browsing

Fuair mé mo ríomhaire glúine mar bhronntanas an Nollaig seo caite. Bhí áthas an domhain orm nuair a fuair mé é.

Táim i mo bhall de CoderDojo ó bhí mé sé bliana d'aois. Táim ag foghlaim conas **aip** a dhearadh. Tá **blag** agam freisin.

app; blog

Agus tá fón cliste agam. Úsáidim é chun comhrá ar líne a dhéanamh le mo chairde.

1. Cad iad na cineálacha caitheamh aimsire atá ag Leon?
2. Cé mhéad uair an chloig a chaitheann sé ar a ríomhaire glúine gach lá?
3. Cathain a fuair sé a ríomhaire glúine?
4. Cén club a bhfuil sé ina bhall de?

Caithimh Aimsire

Bí ag caint!

Freagair na ceisteanna seo. Siúil thart ar an rang agus cuir na ceisteanna seo ar do chomhscoláirí.

Cé mhéad uair an chloig a chaitheann tú ar do ríomhaire / d'fhón gach lá?	Caithim _____ ar mo ríomhaire gach lá. Caithim _____ ar m'fhón gach lá.
Cén suíomh gréasáin is fearr leat?	Is é _____ an suíomh is fearr liom.

Táim in ann labhairt faoin teicneolaíocht i mo shaol. 😊 😐 ☹

Caitheamh Aimsire Neamhghnách

Bí ag caint!

Le grúpa, pléigh na ceisteanna seo.

1. An maith leat ealaín?
2. An maith leat a bheith ag péinteáil?
3. Cad é an rud deireanach a phéinteáil tú?

Léigh agus scríobh

Léigh an píosa seo agus freagair na ceisteanna.

Is as Indiana Mheiriceá é Michael Carmichael agus tá caitheamh aimsire **neamhghnách** aige. Thosaigh sé ag péinteáil na **liathróide daorchluiche** i 1977 agus tá sé fós á péinteáil! Nuair a thosaigh sé bhí **mais** 145 g sa liathróid. Anois tá mais 2500 kg inti!	unusual baseball mass
Ar dtús, chuir Michael 1000 **brat péinte** ar an liathróid. Anois, tá níos mó ná 25,000 brat péinte ar an liathróid. Ar dtús, thóg sé **cúpla nóiméad** brat péinte a chur uirthi. Anois, áfach, tógann sé **cúpla uair an chloig**!	first of all; coat of paint couple of minutes couple of hours
Tagann go leor **cuairteoirí** chuig a theach chun an liathróid a fheiceáil agus a phéinteáil. Piocann siad an dath péinte is fearr leo agus ansin caitheann siad an lá ag péinteáil.	visitors
'**Ní thuigeann** a lán daoine é,' arsa Michael. 'Deir daoine go bhfuil sé aisteach. Ach is maith liom **smaointe aisteacha**.'	don't understand strange ideas

1. Cad as do Michael Carmichael?
2. Cén bhliain ar thosaigh sé ag péinteáil an liathróid daorchluiche?
3. Cén mhais a bhí sa liathróid nuair a thosaigh sé á péinteáil?
4. Cén mhais atá inti anois?
5. Cé mhéad brat péinte atá ar an liathróid anois?
6. Cé mhéad ama a thóg sé an liathróid a phéinteáil ar dtús?
7. Cén fáth a dtagann cuairteoirí chuig a theach?
8. Cad a cheapann Michael faoina chaitheamh aimsire?

Scríobh

Scríobh na habairtí seo san Aimsir Chaite.

1. Tá meáchan 2500 kg sa liathróid.
2. Cuireann Michael brat péinte ar an liathróid.
3. Tógann sé cúpla uair an chloig an liathróid a phéinteáil.
4. Tagann go leor cuairteoirí chuig a theach.
5. Ní thuigeann a lán daoine é.

 ## Bí ag caint!

I ngrúpa, pléigh na ráitis seo. Cuir ciorcal thart ar do rogha. Déan comparáid le grúpaí eile.

1 = Ní aontaím ar chor ar bith.   **4** = Aontaím.

2 = Ní aontaím.   **5** = Aontaím go hiomlán.

3 = Tá mé idir dhá chomhairle.

1	Tá caitheamh aimsire Michael neamhghnách.	1	2	3	4	5
2	Ba bhreá liom dul go Indiana agus an liathróid seo a fheiceáil.	1	2	3	4	5
3	Ba bhreá liom brat péinte a chur ar an liathróid seo.	1	2	3	4	5
4	Tá caitheamh aimsire neamhghnách agamsa.	1	2	3	4	5

Caithimh Aimsire

Do Thodhchaí

 Ceistneoir

Cén sórt todhchaí atá romhat? Comhlánaigh an ceistneoir seo leis an duine atá in aice leat. An aontaíonn tú leis na torthaí?

An fearr leat… / An fearr leat a bheith…

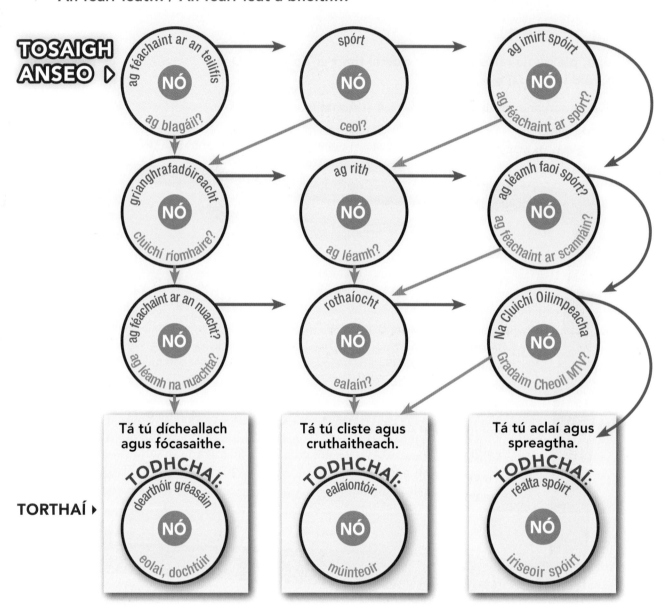

TOSAIGH ANSEO ▷

ag féachaint ar an teilifís
NÓ
ag blagáil?

spórt
NÓ
ceol?

ag imirt spóirt
NÓ
ag féachaint ar spórt?

grianghrafadóireacht
NÓ
cluichí ríomhaire?

ag rith
NÓ
ag léamh?

ag léamh faoi spórt?
NÓ
ag féachaint ar scannáin?

ag féachaint ar an nuacht?
NÓ
ag léamh na nuachta?

rothaíocht
NÓ
ealaín?

Na Cluichí Oilimpeacha
NÓ
Gradaim Cheoil MTV?

TORTHAÍ ▸

Tá tú dícheallach agus fócasaithe.
TODHCHAÍ:
dearthóir gréasáin
NÓ
eolaí, dochtúir

Tá tú cliste agus cruthaitheach.
TODHCHAÍ:
ealaíontóir
NÓ
múinteoir

Tá tú aclaí agus spreagtha.
TODHCHAÍ:
réalta spóirt
NÓ
iriseoir spóirt

 Stór focal

todhchaí	future	aclaí	fit
ag blagáil	blogging	spreagtha	motivated
grianghrafadóireacht	photography	eolaí	scientist
rothaíocht	cycling	ealaíontóir	artist
dícheallach	hardworking	iriseoir	journalist
fócasaithe	focused	toradh	result
dearthóir gréasáin	web designer	gradaim	awards

Éist agus scríobh

Tá Chris agus Ailbhe sa chúigiú bliain.
Tá siad ag comhlánú an cheistneora.
Éist leis an gcomhrá agus freagair na ceisteanna.

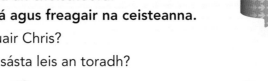
Script: leathanach 117 de do Leabhar Gníomhaíochta

1. Cén toradh a fuair Chris?
2. An bhfuil Chris sásta leis an toradh?

 Scríobh agus éist

Fíor nó bréagach?

Cuir tic sa bhosca ceart. Déan comparáid leis an duine atá in aice leat.
Ansin éist leis an gcomhrá arís agus seiceáil na freagraí.

	F	B
1. Is fearr le Chris a bheith ag féachaint ar an teilifís.	☐	☐
2. Is fearr le Chris spórt.	☐	☐
3. Éisteann Chris le rac-cheol agus rapcheol.	☐	☐
4. Ba mhaith le Chris a bheith ina ghrianghrafadóir.	☐	☐
5. Is fearr le Chris a bheith ag rith.	☐	☐
6. Ní maith le Chris an Tour de France.	☐	☐

 Táim in ann labhairt faoi na caithimh aimsire is fearr liom.

Caithimh Aimsire

Postáil Bhlag faoi Cheolchoirm

Meaitseáil

Léigh an phostáil bhlag seo faoi cheolchoirm Beyoncé agus Jay-Z. Meaitseáil na ceannteidil leis na hailt.

1 Ag an gceolchoirm

4 Roimh an gceolchoirm

2 Tar éis na ceolchoirme

5 Eolas faoin gceolchoirm

3 Na ticéid

---

http://www.ceol.com/proifil

Fúm féin

Is mise Bairbre Póirtéir.
Is as Tulach Mhór mé.
Táim ag freastal ar
Choláiste Thulach Mhór.
Is aoibhinn liom ceol,
go háirithe popcheol.

Blag Bhairbre

5 Chuaigh mé chuig ceolchoirm iontach Dé Sathairn seo caite. Bhí an cheolchoirm ar siúl i bPáirc an Chrócaigh. Creid é nó ná creid, bhí Beyoncé agus Jay-Z ar stáitse.

on stage

Fuair mé mo thicéad mar bhronntanas lá breithe ó mo thuismitheoirí. Cheannaigh mo Mham an ticéad ar líne. Chosain sé €45.

birthday present

cost

Chuaigh mo chara Eoin in éineacht liom. Thug mo Mham síob go Baile Átha Cliath dúinn. Nuair a shroicheamar Baile Átha Cliath, shiúlamar go dtí Páirc an Chrócaigh.

we reached

Thosaigh an cheolchoirm ar a hocht a chlog. Chuaigh an slua ar mire nuair a tháinig Jay-Z agus Beyoncé amach ar stáitse. Bhí atmaisféar leictreach ann. Bhí an cheolchoirm thar barr, mise á rá leat.

the crowd went mad

Nuair a chríochnaigh an cheolchoirm, bhuaileamar le mo Mham agus chuamar ar ais go Tulach Mhór. Ní dhéanfaidh mé dearmad ar an oíche sin go deo.

I won't forget

ever

Scríobh agus labhair

Roghnaigh an freagra ceart. Ansin samhlaigh (*imagine*) gur tusa Bairbre nó Eoin. Freagair ceisteanna ón duine atá in aice leat.

Eolas faoin gceolchoirm

1	Cathain a chuaigh Bairbre chuig an gceolchoirm iontach seo?	A	Chuaigh sí chuig an gceolchoirm an samhradh seo caite.
		B	Chuaigh sí chuig an gceolchoirm Dé Sathairn seo caite.
2	Cá raibh an cheolchoirm ar siúl?	A	Bhí an cheolchoirm ar siúl i mBaile Átha Cliath.
		B	Bhí an cheolchoirm ar siúl i nGaillimh.
3	Cé a bhí ar stáitse?	A	Bhí Beyoncé agus Jay-Z ar stáitse.
		B	Bhí Justin Bieber ar stáitse.

Na ticéid

1	Cá bhfuair sí an ticéad?	A	Fuair sí an ticéad óna tuismitheoirí.
		B	Cheannaigh sí an ticéad ar líne.
2	Cé mhéad a chosain an ticéad?	A	Chosain an ticéad €50.
		B	Bhí €45 ar an ticéad.

Roimh an gceolchoirm

1	Cé a chuaigh in éineacht léi?	A	Chuaigh a cara Eoin in éineacht léi.
		B	Chuaigh a deirfiúr in éineacht léi.
2	Conas a chuaigh siad chuig Baile Átha Cliath?	A	Thug a Mam síob dóibh.
		B	Chuaigh siad ar an traein.
3	Conas a rinne siad a slí go dtí Páirc an Chrócaigh?	A	Shiúil siad chuig Páirc an Chrócaigh.
		B	Chuaigh siad i dtacsaí.

Ag an gceolchoirm

1	Cén t-am a thosaigh an cheolchoirm?	A	Thosaigh an cheolchoirm ag meán oíche.
		B	Thosaigh an cheolchoirm ag 20:00.
2	Conas a bhí an t-atmaisféar?	A	Bhí atmaisféar leictreach ann.
		B	Ní raibh an t-atmaisféar thar mholadh beirte.
3	Conas a bhí an cheolchoirm?	A	Bhí an cheolchoirm thar barr.
		B	Ní raibh an cheolchoirm thar mholadh beirte.

Tar éis na ceolchoirme

1	Cad a rinne siad nuair a chríochnaigh an cheolchoirm?	A	Bhuail siad lena Mam agus chuaigh siad abhaile.
		B	D'ith siad burgar agus sceallóga.
2	An ndéanfaidh sí dearmad ar an oíche sin go deo?	A	Déanfaidh sí dearmad ar an gceolchoirm sin.
		B	Ní dhéanfaidh sí dearmad ar an gceolchoirm sin go deo.

 ## Punann 5.3

Scríobh postáil bhlag faoi cheolchoirm a chonaic tú. Bain úsáid as (a) blag Bhairbre agus (b) na freagraí samplacha. Cuir an obair chríochnaithe i do phunann (leathanach 31).

Táim in ann postáil bhlag faoi cheolchoirm a scríobh.

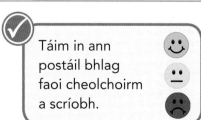

Caithimh Aimsire

Litir faoi Ionad Eachtraíochta

Léigh

Léigh an litir seo faoi ionad eachtraíochta.

Bean Máire Sheoighe

Tuar Mhic Éadaigh

Contae Mhaigh Eo

Ráth Chairn	**Do sheoladh**
Contae na Mí	
10 Meitheamh 2018	Dáta

A Aintín Mháire, ——————————————— Beannú

Conas atá tú? Tá súil agam go bhfuil tú i mbarr na sláinte. Tá brón orm nár scríobh mé **níos luaithe** ach bhí mé an-ghnóthach le **scrúduithe an tsamhraidh.**   *earlier; summer exams*

Tháinig mé abhaile ó **Ionad Eachtraíochta** na Mí aréir. Chuaigh mé ann le mo chara Pól. Bhaineamar an-taitneamh as an gcampa. Chasamar ar go leor daoine ansin.   *adventure centre*

Ar an gcéad lá, bhaineamar triail as an ziplíne. Bhí sin thar barr! Tar éis sin, bhaineamar triail as an m**balla dreapadóireachta.** Bhí sé an-deacair ach **b'fhiú é.**   *climbing wall; it was worth it*

An oíche sin, bhaineamar triail as **cúrsa bacainní** sa **dorchadas!** Bhí sé an-salach agus an-scanrúil, mise á rá leat. Nuair a tháinig mé abhaile, **thit mé i mo chnap codlata.**   *obstacle course; darkness; I fell fast asleep*

Ar an dara lá, thugamar cuairt ar **Shí an Bhrú.** D'fhéachamar ar scannán faoin **tuama** cáiliúil agus chuamar isteach ann. Bhí sé an-suimiúil.   *Newgrange; tomb*

San oíche, d'éisteamar le ceol agus sheinneamar amhráin ar an ngiotár. **An lá dar gcionn,** chuamar abhaile.   *the following day*

Bhuel, **sin a bhfuil uaim.** Abair le hUncail Joe go raibh mé **ag cur a thuairisce.**   *that's all from me; asking for him*

Slán,
Nollaig

Noda!

- Scríobh do sheoladh agus an dáta sa chúinne ag an mbarr ar dheis.
- Tosaigh an litir leis an ainm, mar shampla 'A Aintín Mháire', agus an beannú.
- Tabhair pointe eolais ginearálta faoin ábhar.
- Déan cur síos ar na daoine, na háiseanna, agus na himeachtaí ar ghlac tú páirt iontu.
- Abair cad a rinne tú gach lá.
- Cuir tuairisc ar ghaolta nó ar chairde eile.
- Fág slán agus sínigh d'ainm.

 ## Meaitseáil

Meaitseáil an Ghaeilge leis an mBéarla.

1	Bhaineamar an-taitneamh as…	A	We went…
2	Chasamar ar…	B	We looked at…
3	Bhaineamar triail as…	C	We listened…
4	D'éisteamar…	D	We visited…
5	Sheinneamar…	E	We met…
6	Chuamar…	F	We had a go of…
7	Thugamar cuairt ar…	G	We really enjoyed…
8	D'fhéachamar ar…	H	We played…

1 = ___   2 = ___   3 = ___   4 = ___   5 = ___   6 = ___   7 = ___   8 = ___

 ## Scríobh

Freagair na ceisteanna. Seiceáil na freagraí leis an duine atá in aice leat.

1. Ar bhain Nollaig agus Pól taitneamh as an ionad eachtraíochta?
2. Cén **dá** rud ar bhain siad triail astu an chéad lá?
3. Cad a rinne siad an oíche sin?
4. Cá ndeachaigh siad an dara lá?
5. Cad a rinne siad an oíche sin?

 ### Punann 5.4

Chaith tú seachtain amháin i gcampa samhraidh. Scríobh litir chuig aintín nó uncail leat ag insint dó/di faoi. Cuir an obair chríochnaithe i do phunann ar leathanach 32.

 Táim in ann litir a scríobh.

Caithimh Aimsire

Lá ag Feirmeoireacht

 **Bí ag caint!**

Pléigh na ceisteanna seo leis an duine atá in aice leat.

1. Ar thug tú cuairt ar fheirm riamh? Cad a chonaic tú ann?
2. An bhfuil cónaí ort ar fheirm? Cén sórt oibre a dhéanann tú ann?

 Scríobh

Cad is brí leis na focail seo? Bain úsáid as d'fhoclóir.

ainmhithe	barra
tarracóir agus leantóir	
scioból	gort

 Meaitseáil

Meaitseáil na focail leis an bpictiúr. Bain úsáid as d'fhoclóir.

píce	glasraí	burlaí féir	sluasaid	táirgí déiríochta	torthaí

1 = _____   4 = _____

2 = _____   5 = _____

3 = _____   6 = _____

Lá ag Iascaireacht

 Bí ag caint!

Pléigh na ceisteanna seo leis an duine atá in aice leat.

1. An raibh tú riamh ag iascaireacht?
2. Ar rug tú ar iasc?
3. Cé mhéad cineál iasc atá ar eolas agat?

 Scríobh

Cad is brí leis na focail seo? Bain úsáid as d'fhoclóir.

bradán	breac	trosc
ronnach	cadóg	

Meaitseáil

Meaitseáil na focail leis an bpictiúr. Bain úsáid as d'fhoclóir.

baoite   iasc   bád   dorú   slat iascaireachta   duán   iascaire

1 = _____

2 = _____

3 = _____

4 = _____

5 = _____

6 = _____

7 = _____

Caithimh Aimsire

Scéal: An Bradán Feasa

  Léigh agus éist

Traic 39–41

Léigh agus éist leis an scéal *An Bradán Feasa*. Tá an taifeadadh ar fáil sna trí chanúint: Gaeilge na Mumhan, Gaeilge Chonnacht agus Gaeilge Uladh. Cén chanúint is fearr leat?

Nuair a bhí Fionn Mac Cumhaill óg, **chaith sé tamall maith** ina scoláire ag Finnéigeas an File. Bhí Finnéigeas ina chónaí **ar bhruach na Bóinne**. Bhí **bradán draíochta** san abhainn agus ar ndóigh bhí Finnéigeas **ag iarraidh breith air**.

he spent much time

bank of the River Boyne; magical fish

trying to catch it

De réir na seanscéalta, bheadh **bua an fheasa** ag an gcéad duine a **bhlaisfeadh** an bradán speisialta seo. Tugadh an 'Bradán Feasa' ar an mbradán speisialta seo.

gift of knowledge; would taste

Lá amháin nuair a bhí Finnéigeas amuigh ag iascaireacht, **d'éirigh leis** an bradán a ghabháil. Bhí áthas an domhain air. D'ordaigh sé d'Fhionn an bradán a róstadh ach **gan greim ar bith de a ithe.**

managed to

not to eat a piece of it

Rinne Fionn **mar a dúradh leis.** Rinne sé tine agus chuir sé an bradán á róstadh **os a cionn. Ach mo léan, dhóigh sé** a ordóg agus chuir sé ina bhéal í chun **an phian a laghdú.**

as he was told

over it; alas
he burned

to ease the pain

Nuair a bhí an bradán réidh, **thug sé chuig** Finnéigeas é. D'fhiafraigh Finnéigeas de ar ith sé aon ghreim de agus **mhínigh** Fionn cad a tharla. **Ghabh sé a leithscéal** ach stop Finnéigeas é. Thuig Finnéigeas go raibh bua an fheasa ag Fionn agus thug sé an bradán uile dó.

he brought it to

explained
he apologised

'Maithim duit do dhearmad,' a dúirt Finnéigeas. 'Tá gach eolas agat anois. Ní féidir liom aon rud eile a mhúineadh duit.'

I forgive you your mistake

D'fhás Fionn suas ina **ghaiscíoch** óg agus **bhain sé ceannas na Féinne** de Gholl Mac Morna, an fear ar mharaigh athair Fhinn.

warrior; he took over the leadership of the Fianna

Buntuiscint

1. Cá raibh Finnéigeas ina chónaí?
2. Cén fáth a raibh Finnéigeas ina chónaí ansin?
3. Cad a tharlódh don chéad duine a bhlaisfeadh an Bradán Feasa, de réir na seanscéalta?
4. Cad a d'ordaigh sé d'Fhionn nuair a rug sé ar an iasc?
5. Conas a d'ullmhaigh Fionn an bradán?
6. Cén fáth ar chuir Fionn a ordóg ina bhéal?
7. Cad a rinne Fionn leis an mbradán nuair a bhí sé réidh?
8. Cén cheist a chuir Finnéigeas ar Fhionn?
9. Cén fáth ar thug Finnéigeas an bradán uile d'Fhionn?
10. Cé de ar bhain Fionn ceannas na Féinne?

Léirthuiscint

I ngrúpa, pléigh na ceisteanna seo.

1. An fear cliste é Finnéigeas? Cén fáth?
2. An fear fial é Finnéigeas? Cén fáth?
3. An scéal brónach nó scéal áthasach é seo, meas tú?

Punann 5.5

Cruthaigh clár scéalta (*storyboard*) don scéal seo. Cuir an obair chríochnaithe i do phunann ar leathanach 34.

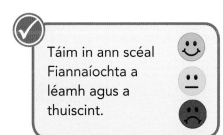

Táim in ann scéal Fiannaíochta a léamh agus a thuiscint.

Caithimh Aimsire

Súil Siar

A. Cad iad na litreacha atá ar lár? Cad is brí leis na focail?

corrai__ __each	suai__ __nea__ __
dú__ __lánach	leadrána__ __
taitnea__ __ach	sío__ __ánta
meallta__ __	dainséara__ __

B. Cuir na dobhriathra ama (*adverbs of time*) seo in ord croineolaíoch. Tosaigh le 'anuraidh'.

> anuraidh   arú inné   an tseachtain seo caite   inné   an mhí seo caite

C. Na briathra rialta: Athscríobh na briathra idir lúibíní san Aimsir Chaite.

1. [Aimsigh: mé] _____ mo mhála.

2. Níor [glan: sé] _____ an fhuinneog.

3. Ar [ól: sibh] _____ cupán tae?

4. [Buail: mé] _____ leat anuraidh.

5. [Blais: mé] _____ bia blasta inné.

6. Ar [caith: tú] _____ do ghúna nua?

7. Níor [can: sí] _____ aon amhrán.

8. [Cealaigh: sé] _____ cúig cheolchoirm.

9. [Fág: siad] _____ a dteach inné.

10. [Fan: siad] _____ tamall fada.

11. Ar [cuir: tú] _____ fáilte rompu?

12. Níor [beannaigh: sí] _____ dom.

13. Ar [forbair: tú] _____ aip nua?

14. [Bain: siad] _____ taitneamh as.

15. [Ceannaigh: muid] _____ teach nua.

D. Na briathra neamhrialta: Athscríobh na briathra idir lúibíní san Aimsir Chaite.

1. An [faigh: tú] _____ an leabhar?

2. Ní [bí: tú] _____ sásta.

3. Cad a [abair: tú] _____ liom?

4. [Tar] _____ áthas uirthi.

5. [Beir: sí] _____ greim docht ar mo lámh.

6. [Ní: feic: sí] _____ tada.

7. [Clois: mé] _____ rud aisteach.

8. [Feic: mé] _____ luch mór.

9. [Tabhair: siad] _____ barróg dúinn.

10. Céard a [bí] _____ ann?

E. Aistrigh na habairtí seo.

1. Tá fearg ar Sheán.

2. An bhfuil áthas ar Éilis?

3. Tá eagla orthu.

4. Níl mearbhall orm.

   Cluastuiscint

Cloisfidh tú fógra agus píosa nuachta faoi dhó. Éist go cúramach leo agus freagair na ceisteanna i do chóipleabhar.

Script: leathanach 118 de do Leabhar Gníomhaíochta

Fógra

1. Cá mbeidh an cheolchoirm ar siúl?

2. Ainmnigh banna ceoil amháin a bheidh ar stáitse?

3. Cá mbeidh na ticéid ar fáil?

Píosa Nuachta

1. Cathain a bhuaigh Seán gradam mór ríomhaireachta?

2. Cad a dhear sé do dhaoine óga?

3. Cé mhéad airgid a bhuaigh sé?

Cultúr 5
Gaeltacht na Mí

Tá Gaeltacht na Mí suite i dtuaisceart Laighean. Is iad Ráth Chairn agus Baile Ghib na bailte is mó sa Ghaeltacht seo.

Rugadh Hector Ó hEochagáin i gContae na Mí. Déanann sé sárobair ar son na Gaeilge.

Bunaíodh Gaeltacht na Mí sna 1930í nuair a d'aistrigh 27 teaghlach ó Ghaeltacht na Gaillimhe go dtí an Mhí.

Baile Ghib
Sí an Bhrú
An Uaimh
Ráth Chairn
Baile Átha Troim

Co. na Mí

Tá dhá scoil i Ráth Chairn: Scoil Uí Ghramhnaigh agus Coláiste Pobail Ráth Chairn. D'fhreastail Bláthnaid Ní Chofaigh ar an mbunscoil anseo.

Bíonn amhránaíocht, damhsa agus ceol ar siúl gach deireadh seachtaine in An Bradán Feasa, an t-ionad pobail áitiúil.

Tá Sí an Bhrú gar do Ráth Chairn.

Braveheart

I 1995, tháinig Mel Gibson go hÉirinn agus go hAlbain chun an scannán *Braveheart* a dhéanamh. Is scannán é faoin laoch Albanach William Wallace.

Rinneadh na radhairc aicsin i gContae na Mí agus i gContae Chill Dara – cúpla míle ó Ráth Chairn i gCaisleán Bhaile Átha Troim agus sa Churrach. Ghlac go leor de mhuintir na háite páirt mar aisteoirí breise sna radhairc aicsin seo. Ghlac na hÓglaigh Chúltaca páirt sna radhairc freisin.

Bronnadh cúig Oscar ar an scannán – ina measc, An Scannán is Fearr agus An Stiúrthóir is Fearr.

Ceisteanna

1. Cén **dá** thír ina ndearnadh an scannán *Braveheart*?
2. Cá ndearnadh na radhairc aicsin?
3. Cé a ghlac páirt mar aisteoirí breise sna radhairc aicsin?
4. Cé mhéad Oscar a bronnadh ar *Braveheart*?
5. Luaigh **dhá** Oscar a bronnadh ar an scannán.

Stór focal

Sí an Bhrú	Newgrange	aisteoirí breise	extras
sárobair	great work	na hÓglaigh Chúltaca	the Reserve Defence Forces
laoch Albanach	Scottish warrior	stiúrthóir	director
radhairc aicsin	action scenes		

⑤ Léirmheas ar scannán

Féach ar chárta tuairisce (*report card*) don scannán *Braveheart*.

Léirmheas ar scannán: *Braveheart*							
Is scannán é faoin laoch Albanach William Wallace.							
Catagóir	**Plota** (*plot*)	**Aisteoirí** (*actors*)	**Carachtair** (*characters*)	**Script** (*script*)	**Maisíocht** (*special effects*)	**Ceol** (*music*)	**Láthair** (*location*)
Réaltaí	★★★★	★★★★★	★★★★★	★★★★	★★★★	★★★★	★★★★★
Marc iomlán: ★★★★✔							

Anois, roghnaigh scannán a chonaic tú féin le déanaí. Déan cárta tuairisce.

1. Scríobh líne **amháin** faoin scannán.
2. Bronn idir réalta amháin agus cúig réalta ar gach ceann de na catagóirí.
3. Bronn marc iomlán ar an scannán.

Spórt

CAIBIDIL
6

✓ Faoi dheireadh na caibidle seo, beidh mé in ann:

- Labhairt faoi spórt i mo shaol.
- Próifíl ar phearsa spóirt a dhearadh.
- Dán Gaeilge a thuiscint.

Príomhscileanna

- A bheith liteartha
- Fanacht folláin
- Obair le daoine eile
- Cumarsáid

Punann

- Punann 6.1 – Ionad Spóirt agus Fóillíochta Nua
- Punann 6.2 – Próifíl Phearsa Mhór Spóirt
- Punann 6.3 – Cluiche Mór
- Punann 6.4 – Postáil Bhlag faoi Chluiche

Clár Ábhair

Cén Spórt is Fearr Leat?

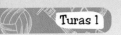 Meaitseáil

Meaitseáil na spóirt leis na pictiúir.

lúthchleasaíocht ☐	snámh ☐	gleacaíocht ☐	rugbaí ☐
cispheil ☐	peil Ghaelach ☐	badmantan ☐	iománaíocht ☐
haca ☐	leadóg ☐	seoltóireacht ☐	dornálaíocht ☐
rámhaíocht ☐	rothaíocht ☐	galf ☐	sacar ☐

Scríobh

Scríobh na spóirt i do chóipleabhar in ord tosaíochta. Déan comparáid leis na daoine in aice leat. Cad iad na difríochtaí?

Scríobh

Cén spórt a imríonn siad? Cén spórt a dhéanann siad? Líon na bearnaí.

Imríonn sé

_____.

Imríonn sí

_____.

Imríonn sé

_____.

Déanann sí

_____.

Déanann sé

_____.

Déanann sí

_____.

Is breá liom a bheith ag féachaint ar spórt ar an teilifís.

Is aoibhinn liom a bheith ag imirt spóirt.

Cuimhnigh!

'Is maith liom spórt.' ✔

'Is maith liom **a bheith** ag imirt spóirt.' ✔

'Is maith liom ag imirt spóirt.' ✘

 # Scríobh agus labhair

Freagair na ceisteanna seo i do chóipleabhar. Siúil thart ar an rang agus cuir na ceisteanna seo ar do chomhscoláirí.

Cad é an spórt is fearr leat?	Is aoibhinn liom _____.
	Taitníonn _____ go mór liom freisin.
	Céard fútsa?
An imríonn tú aon spórt? **Cén spórt?**	Imrím spórt.
	Imrím _____.
	Is maith liom a bheith ag imirt _____.
	Déanaim _____.
	Is breá liom a bheith ag déanamh _____.
An bhfuil aon spórt ann nach maith leat?	Is gráin liom _____.
	Ní thaitníonn _____ liom ach oiread.

 Táim in ann labhairt faoi spórt i mo shaol.

Spórt

Spórt i Mo Shaol

  Éist agus scríobh

Éist leis an alt seo agus freagair na ceisteanna a ghabhann leis.

Haigh. Is mise Paul. Is as Tiobraid Árann mé. Tá a lán caitheamh aimsire agam. Is breá liom a bheith ag éisteacht le ceol. Is breá liom a bheith ag féachaint ar scannáin freisin. **Thar aon rud eile**, is aoibhinn liom spórt. — over anything else

Imrím iománaíocht agus sacar go minic. Imrím iománaíocht le mo chlub CLG i dTiobraid Árann. Is **tosaí** mé. Táim tapa agus sciliúil. — a forward

Téim ag traenáil leis an bhfoireann trí huaire sa tseachtain. Imrím cluiche ag an deireadh seachtaine. Is é Séamus Callanan an t-imreoir is fearr liom. Is **sárimreoir** é. — great player
Ba bhreá liom cluiche a imirt i bPáirc an Chrócaigh **lá éigin**. — one day

1. Ainmnigh dhá chaitheamh aimsire atá ag Paul.
2. Cén áit ar an bpáirc a n-imríonn sé?
3. Cé chomh minic is a théann sé ag traenáil?
4. Cé hé an t-imreoir is fearr leis?

 Scríobh

Scríobh alt faoi spórt i do shaol.
Luaigh na rudaí seo:
- Na caithimh aimsire eile atá agat.
- Na spóirt a imríonn tú nó na spóirt a thaitníonn leat.
- An traenáil a dhéanann tú.
- An t-imreoir is fearr leat.

 Cur i láthair

Déan cur i láthair ar spórt i do shaol. Cruthaigh ceithre shleamhnán ar PowerPoint nó Prezi. Bain úsáid as an alt thuas.

Trealamh Spóirt

 Léigh agus scríobh

Léigh an fógra seo agus freagair na ceisteanna a ghabhann leis.

SLADMHARGADH SPÓIRT > i Spórt-Linn

Dé Sathairn, 21 Aibreán > 25 Sráid an Mhargaidh

Caithfimid gach píosa trealaimh a dhíol!

50% BAINTE
Raicéid leadóige

Camáin, sliotair agus clogaid

Maidí haca

Maidí gailf

Maidí rámha

Rothair

60% BAINTE
Liathróidí peile agus leadóige

Lámhainní dornálaíochta

Bróga peile agus bróga reatha

Scíonna

Cultacha snámha

Tuilleadh eolais ag www.sport-linn.ie

1. Cá mbeidh an sladmhargadh ar siúl?
2. Cathain a bheidh an sladmhargadh ar siúl?
3. Luaigh dhá phíosa trealaimh atá ar leathphraghas.
4. Luaigh dhá phíosa trealaimh a mbeidh laghdú 60 faoin gcéad orthu.
5. Cá bhfuil tuilleadh eolais ar fáil?

 Stór focal

caithfimid	we have to
laghdú	reduction
trealamh	equipment
rámhaithe	rowers
díol	sell

 Táim in ann cur síos a dhéanamh ar threalamh spóirt.

Spórt

Lucht Spóirt agus Tréithe Spóirt

Meaitseáil

Meaitseáil na focail leis na pictiúir.

gleacaithe ☐	galfairí ☐	dornálaithe ☐	imreoirí peil Ghaelach ☐
rámhaithe ☐	rothaithe ☐	reathaithe ☐	imreoirí cispheile ☐
iománaithe ☐	snámhóirí ☐	seoltóirí ☐	imreoirí leadóige ☐

Stór focal

captaen	captain	garda tarrthála	lifeguard
lucht leanúna	followers/fans	bainisteoir	manager
lucht tacaíochta	supporters	foireann/foirne	team/teams
lucht féachana	spectators	réiteoir cúnta	assistant referee
réiteoir	referee	moltóir	umpire (tennis)
maor cúil	umpire (GAA)	lúthchleasaithe	athletes

Scríobh

Déan cur síos ar na lúthchleasaithe seo i do chóipleabhar. Bain úsáid as an stór focal thíos.

Paddy Barnes

Is dornálaí é Paddy Barnes.

Caithfidh Paddy a bheith

1. _____

2. _____ agus

3. _____

Ellis O'Reilly

Is gleacaí í Ellis O'Reilly.

Caithfidh Ellis a bheith

1. _____

2. _____ agus

3. _____

Stór focal

caithfidh mé	I have to	caithfidh sé/sí	he/she has to
ard	tall	éadrom	light
láidir	strong	cróga	brave
tapa	fast	solúbtha	flexible
crua	tough	foighneach	patient
sciliúil	skilful	aclaí	fit

Bí ag caint!

I ngrúpa, pléigh na ráitis seo. Cuir ciorcal thart ar do rogha.
Déan comparáid le grúpaí eile.

1 = Ní aontaím ar chor ar bith.   **2** = Ní aontaím.   **3** = Tá mé idir dhá chomhairle.

4 = Aontaím.   **5** = Ní aontaím ar chor ar bith.

1	Caithfidh tú a bheith cróga chun galf a imirt.	1	2	3	4	5
2	Caithfidh tú a bheith sciliúil chun iománaíocht a imirt.	1	2	3	4	5
3	Caithfidh tú a bheith ard chun leadóg a imirt.	1	2	3	4	5
4	Caithfidh tú a bheith solúbtha chun gleacaíocht a dhéanamh.	1	2	3	4	5

 Táim in ann cur síos a dhéanamh ar lucht spóirt.

Spórt

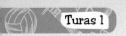
Áiteanna Spóirt agus Áiseanna Spóirt

 **Scríobh**

Líon na bearnaí. Bain úsáid as na pictiúir mar chabhair.

1	_____ haca oighir	4	_____ chispheile/leadóige
2	_____ snámha	5	_____ pheile/haca/rugbaí
3	_____ reatha	6	_____ dornálaíochta

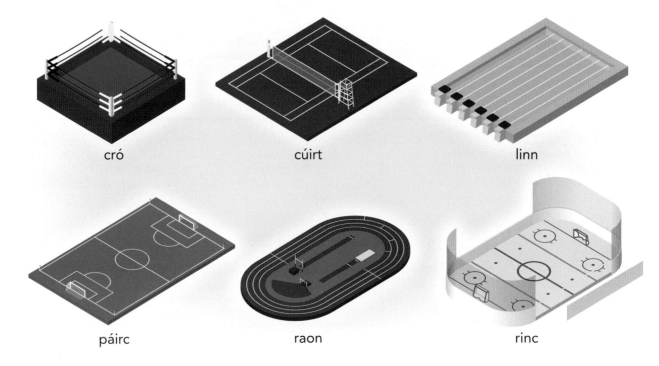

cró   cúirt   linn

páirc   raon   rinc

  Éist, scríobh agus labhair

Éist leis na cainteoirí seo ag freagairt trí cheist.

1. Cén spórt a imríonn tú?

2. Cá ndéanann tú an spórt sin?

3. Cén lá a théann tú ann?

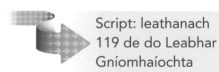 Script: leathanach 119 de do Leabhar Gníomhaíochta

 Líon an ghreille i do chóipleabhar. Ansin, cuir na ceisteanna thuas ar an duine atá in aice leat.

Ainm	Spórt	Áis spóirt	An lá a úsáideann sé/sí an áis
Ilona			
Ciarán			
Will			
Caróilín			

An tIonad Spóirt agus Fóillíochta

Léigh

Léigh an fógra seo.

Ionad Spóirt agus Fóillíochta Naomh Éanna

Ceathrú an Rátha, Sligeach

Fáilte roimh chách!

Áiseanna taobh istigh:
- Linn snámha 50m
- Ceithre chúirt leadóige
- Dhá chúirt chispheile
- Spórtlann
- Rinc scátála
- Stiúideo aclaíochta

Áiseanna taobh amuigh:
- Linn snámha 25m
- Páirc haca
- Dhá pháirc pheile
- Dhá pháirc astro
- Páirc rugbaí
- Raon reatha 400m

Lig do scíth inár siopa caife. Tá sólaistí sláintiúla ar díol ann.

Uaireanta oscailte
Luan–Domhnach: 07:00–22:30
Laethanta saoire bainc: 09:00–17:00

Ballraíocht: €29.99 sa mhí; €299.99 sa bhliain

Tuilleadh eolais: www.sport-sligeach.com

 Stór focal

fóillíocht	leisure	stiúideo aclaíochta	fitness studio
taobh istigh	indoor	taobh amuigh	outdoor
spórtlann	gymnasium	sólaistí sláintiúla	healthy refreshments
scátáil	skating	ballraíocht	membership

 Scríobh

Freagair na ceisteanna. Seiceáil na freagraí leis an duine atá in aice leat.

1. Cá bhfuil Ionad Spóirt agus Fóillíochta Naomh Éanna suite?
2. Cén áit ar féidir le daoine a scíth a ligean?
3. Cén t-am a osclaíonn an t-ionad ar laethanta saoire bainc?
4. Cé mhéad a chosnaíonn ballraíocht bliana?
5. Cá bhfuil tuilleadh eolais ar fáil?

 Punann 6.1

I ngrúpa, dear ionad spóirt agus fóillíochta nua do do bhaile féin. Lig le do shamhlaíocht!

Cuir an obair chríochnaithe i do phunann ar leathanach 38.

Táim in ann cur síos a dhéanamh ar áiseanna spóirt.

Spórt in Éirinn

✏️ Léigh agus scríobh

Léigh na trí agallamh seo agus freagair na ceisteanna a ghabhann leo.

Stiofán Ó Mórdha as Tír Eoghain

Cén spórt is fearr leat?

Is aoibhinn liom rugbaí. Is breá liom a bheith ag traenáil leis an bhfoireann agus ag dul go dtí an giom.

Cé chomh minic is a théann tú ag traenáil?

Téim ag traenáil gach lá. Téim go dtí an giom gach dara lá.

Cén réalta spóirt is mó a bhfuil meas agat air nó uirthi?

Tá meas mór agam ar Robbie Henshaw. Tá sé láidir agus tapa.

Ciara Gastún as Luimneach

Cén spórt is fearr leat?

Is aoibhinn liom a bheith ag rith. Is breá liom a bheith ag dul go dtí an raon reatha agus ag traenáil.

Cé chomh minic is a théann tú ag traenáil?

Téim ag rith gach lá. Téim go dtí an giom trí huaire sa tseachtain freisin.

Cén réalta spóirt is mó a bhfuil meas agat air nó uirthi?

Tá meas mór agam ar Katie Taylor. Tá sí an-diongbháilte (*determined*).

Dónall Ó Coinn as Aontroim

Cén spórt is fearr leat?

Imrím peil Ghaelach. Gort na Móna is ainm do mo chumann peile.

Cé chomh minic is a théann tú ag traenáil?

Téim ag traenáil sé huaire sa tseachtain. Is aoibhinn liom a bheith ag traenáil. Glacaim sos uair amháin sa tseachtain.

Cén réalta spóirt is mó a bhfuil meas agat air nó uirthi?

Tá meas mór agam ar Phól Ó Mainnín. Imríonn sé peil Ghaelach. Tá sé an-sciliúil.

1. Cén spórt is fearr le Stiofán, Ciara agus Dónall?

2. Cé chomh minic is a théann Stiofán, Ciara agus Dónall ag traenáil?

3. Cén réalta spóirt is mó a bhfuil meas ag Stiofán, Ciara agus Dónall air/uirthi?

 **Scríobh**

Comhlánaigh an ceistneoir seo leis an duine in aice leat.

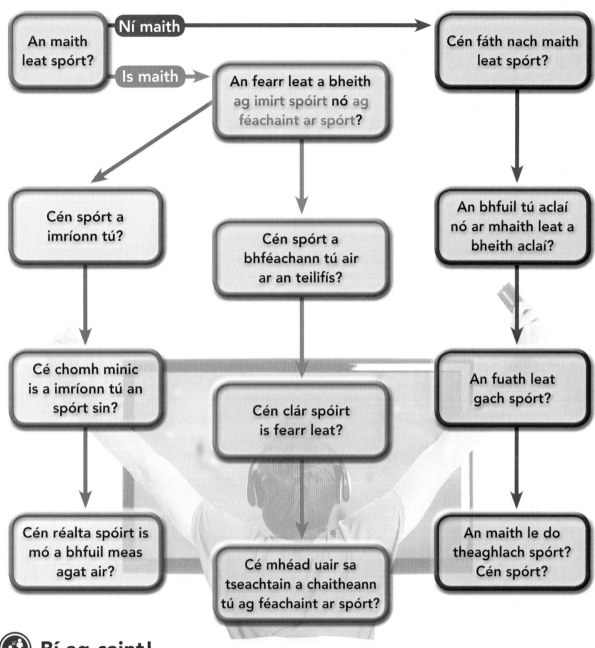

- An maith leat spórt?
  - Ní maith → Cén fáth nach maith leat spórt?
  - Is maith → An fearr leat a bheith ag imirt spóirt **nó** ag féachaint ar spórt?

- Cén spórt a imríonn tú?
- Cén spórt a bhféachann tú air ar an teilifís?
- An bhfuil tú aclaí nó ar mhaith leat a bheith aclaí?

- Cé chomh minic is a imríonn tú an spórt sin?
- Cén clár spóirt is fearr leat?
- An fuath leat gach spórt?

- Cén réalta spóirt is mó a bhfuil meas agat air?
- Cé mhéad uair sa tseachtain a chaitheann tú ag féachaint ar spórt?
- An maith le do theaghlach spórt? Cén spórt?

Spórt

Bí ag caint!

Cé mhéad uair? Cuir na ceisteanna thíos ar an duine in aice leat.

1. Cé mhéad **uair** sa **lá** a fhéachann tú ar Facebook? Féachaim…
2. Cé mhéad **uair** sa **mhí** a itheann tú i mbialann? Ithim…
3. Cé mhéad **uair** sa **bhliain** a théann tú ar saoire? Téim…

uair amháin	dhá uair	trí huaire	ceithre huaire
cúig huaire	sé huaire	seacht n-uaire	ocht n-uaire
naoi n-uaire	deich n-uaire	fiche uair	tríocha uair

 Táim in ann spórt i mo shaol a phlé.

Cleachtadh a Dhéanann Máistreacht

 Léigh agus scríobh

Léigh an t-alt seo faoi na Cluichí Oilimpeacha in Rio agus freagair na ceisteanna a gabhann leis.

Sna Cluichí Oilimpeacha in Rio de Janeiro in 2016, **bhuaigh** Annalise Murphy **bonn airgid** sa tseoltóireacht agus bhuaigh na deartháireacha Gary agus Paul O'Donovan bonn airgid sa rámhaíocht. **Bhí bród an domhain orainn astu** nuair a bhuaigh siad.

Is as Ráth Fearnáin i mBaile Átha Cliath í Annalise Murphy. Rugadh ar 1 Feabhra 1990 í. Tá sí 1.86m ar airde. Tá sí ina **ball** den **Chlub Luamhaireachta Náisiúnta** i nDún Laoghaire. Tá sí sciliúil, tapa, diongbháilte agus cróga. Traenálann sí **go dian** gach lá.

won
silver medal
we were really proud of them
member; National Yacht Club
hard

Is as an Sciobairín i gCorcaigh iad na 'Donnabhánaigh', Gary agus Paul O'Donovan. Rugadh Gary ar 30 Nollaig 1992 agus rugadh Paul ar 19 Aibreán 1994. Tá Gary 1.72m ar airde agus tá Paul 1.77m ar airde. Tá siad ina mbaill de Chlub Rámhaíochta sa Sciobairín. Tá siad réchúiseach, foighneach agus greannmhar ach tá siad crua, spreagtha agus láidir freisin. Téann siad ag traenáil gach lá.

1. Cá raibh na Cluichí Oilimpeacha ar siúl in 2016?

2. Conas a mhothaigh muintir na hÉireann nuair a bhuaigh siad a gcuid bonn?

3. Cén sórt duine í Annalise?

4. Cén sórt daoine iad na Donnabhánaigh?

5. An aontaíonn tú leis an teideal 'Cleachtadh a dhéanann máistreacht'? Cén fáth?

Aontaím leis an teideal mar...

Ní aontaím leis an teideal mar...

Scríobh

Líon isteach na sonraí (*details*) i do chóipleabhar.

Ainm	Annalise Murphy	Gary O'Donovan	Paul O'Donovan
Spórt			
Áit dúchais			
Dáta breithe			
Airde			
Club spóirt			
Tréithe			

Punann 6.2

Roghnaigh fear nó bean spóirt as Éirinn. Dear próifíl de/di. Bí cruthaitheach! Cuir an obair chríochnaithe i do phunann ar leathanach 40.

Taighde

Roghnaigh fear nó bean spóirt as tír eile. Déan taighde air/uirthi. Dear próifíl de/di.

Táim in ann próifíl duine mór spóirt a dhearadh.

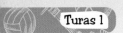
Céimeanna Comparáide na hAidiachta

Scríobh

Líon na bearnaí. Bain úsáid as an stór focal thíos.

1	Tá Annalise _____ ná Gary agus Paul.	5	Is é Paul an duine _____.	
2	Tá Paul agus Gary _____ óige _____ Annalise.	6	Ní hé Gary an duine _____.	
3	Tá Paul _____ ná Gary.	7	Is í Annalise an duine _____.	
4	Tá Gary _____ ná Paul.	8	Ní hí Annalise an duine _____.	

Stór focal

óg	young	níos óige ná	younger than	is óige	youngest
sean	old	níos sine ná	older than	is sine	oldest

Aidiachtaí rialta

Cad is brí leis na focail seo? Bain úsáid as d'fhoclóir.

ard	níos airde	is airde
láidir	níos láidre	is láidre
éadrom	níos éadroime	is éadroime
dearfach	níos dearfaí	is dearfaí
foighneach	níos foighní	is foighní
réchúiseach	níos réchúisí	is réchúisí
sciliúil	níos sciliúla	is sciliúla
cróga	níos cróga	is cróga
aclaí	níos aclaí	is aclaí
crua	níos crua	is crua

Aidiachtaí neamhrialta

maith	níos fearr	is fearr
olc	níos measa	is measa
mór	níos mó	is mó
beag	níos lú	is lú
tapa	níos tapúla	is tapúla

Bí ag caint!

I ngrúpa, pléigh na ráitis seo. Cuir ciorcal thart ar do rogha. Déan comparáid le grúpaí eile.

1 = Ní aontaím ar chor ar bith. **2** = Ní aontaím. **3** = Tá mé idir dhá chomhairle.
4 = Aontaím. **5** = Aontaím go hiomlán.

1	Bíonn imreoirí sacair níos crua ná dornálaithe.	1	2	3	4	5
2	Bíonn cruicéadaithe (*cricketers*) níos sciliúla ná imreoirí haca.	1	2	3	4	5
3	Bíonn galfairí níos foighní ná snámhóirí.	1	2	3	4	5
4	Bíonn jacaithe/marcaigh (*jockeys*) níos cróga ná iománaithe.	1	2	3	4	5

 Scríobh

Athscríobh na ráitis seo i do chóipleabhar. An aontaíonn tú leis na ráitis?

1. Tá an snámhaí níos [crua] _____ ná an t-imreoir sacair.

2. Tá an t-imreoir sacair níos [sciliúil] _____ ná an snámhaí.

3. Tá an surfálaí níos [cróga] _____ ná an reathaí.

4. Tá an reathaí níos [foighneach] _____ ná an surfálaí.

5. Is í an gleacaí an duine is [láidir] _____.

6. Is é an t-imreoir peil Ghaelach an duine is [aclaí] _____.

7. Is í an t-imreoir haca an duine is [tapa] _____.

8. Is é an t-iománaí an duine is [sciliúil] _____.

reathaí

imreoir haca

gleacaí

imreoir peil Ghaelach

iománaí

surfálaí

imreoir sacair

snámhaí

 Táim in ann céimeanna comparáide na haidiachta a úsáid.

Spórt

Póstaer: Cluiche Spóirt

Léigh agus scríobh

Féach ar an bpóstaer agus freagair na ceisteanna a ghabhann leis.

Cluiche Ceannais Chorn FAI
Staid Aviva

Dún Dealgan v Sligeach

5 Samhain

Ticéid €15

Ar fáil ó www.fai.ie

Geataí oscailte ag 18:15

NÁ CAILL É!

Tuilleadh eolais ag www.fai.ie

1. Cá mbeidh Cluiche Ceannais Chorn FAI ar siúl?
2. Cé a bheidh ag imirt?
3. Cén dáta a bheidh an cluiche ar siúl?
4. Cé mhéad atá ar na ticéid?
5. Cá bhfuil na ticéid ar fáil?
6. Cá bhfuil tuilleadh eolais ar fáil?

Stór focal

cúlaí	back	grianghrafadóir	photographer	ag tumadh	diving
tosaí	forward	réiteoir	referee	cuaillí	goalposts
lucht leanúna	fans	réiteoir cúnta	assistant referee	trasnán	crossbar
páirc imeartha	pitch	cúl báire	goalkeeper	líon/eangach	net
tuilsoilse	floodlights	ag scóráil cic pionóis	taking a penalty	seastán	stand

Punann 6.3

Beidh cluiche mór spóirt ar siúl i staidiam mór san Eoraip. Dear póstaer don chluiche. Bain úsáid as an teimpléad seo, más mian leat. Cuir an obair chríochnaithe i do phunann ar leathanach 41.

An Cineál Cluiche (Cluiche Ceannais na hÉireann sa Pheil /
Cluiche Ceannais na Spáinne sa Sacar /
Cluiche Leathcheannais Wimbledon)

Ainm an staidiam, seoladh, baile/contae/tír

Ainm na bhfoirne / na n-imreoirí

Lá, dáta, am

Ticéid ar fáil: áit agus praghas

Pictiúr

Críoch mhealltach, mar shampla 'Ná caill í!'

Tuilleadh eolais: suíomh gréasáin

Cur i láthair

Déan fógra teilifíse do chluiche spóirt. Úsáid PowerPoint nó Animoto (www.animoto.com). Bain úsáid as na frásaí thíos.

Beidh cluiche ceannais na hÉireann ar siúl i [áit].	The All-Ireland final will take place in [venue].
Beidh cluichí leathcheannais Wimbledon ar siúl i [áit].	The Wimbledon semifinals will take place in [venue].
Beidh [foireann 1] agus [foireann 2] ag imirt.	[Team 1] and [team 2] will be playing.
Beidh an cluiche ar siúl [lá, dáta, am].	The match will be on [day, date, time].
Tá ticéid ar fáil ó [suíomh idirlín / siopa].	Tickets available from [website/shop].
Tuilleadh eolais ar fáil ar [suíomh idirlín].	More information available on [website].
Ná caill í!	Don't miss it!
Bí ann!	Be there!
Scaip an scéal!	Spread the word!

 Táim in ann póstaer le haghaidh cluiche spóirt a dhearadh.

Spórt

Cén Spórt is Fearr Duitse?

  **Scríobh**

Comhlánaigh an ceistneoir seo leis an duine in aice leat.
An aontaíonn tú leis na torthaí? Cén spórt is fearr duitse?

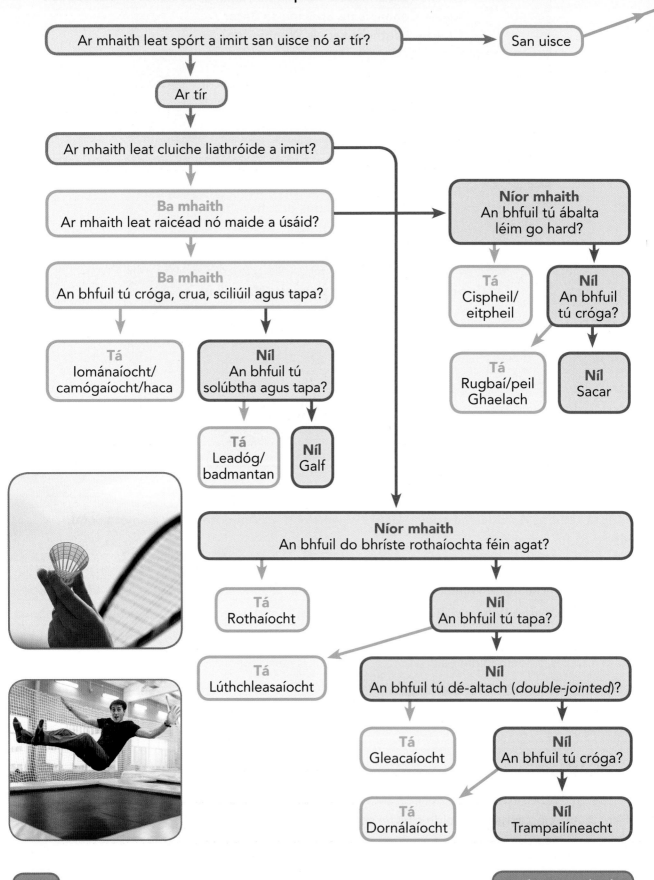

Ar mhaith leat spórt a imirt san uisce nó ar tír? → San uisce

Ar tír

Ar mhaith leat cluiche liathróide a imirt?

Ba mhaith
Ar mhaith leat raicéad nó maide a úsáid?

Ba mhaith
An bhfuil tú cróga, crua, sciliúil agus tapa?

Tá
Iománaíocht/camógaíocht/haca

Níl
An bhfuil tú solúbtha agus tapa?

Tá
Leadóg/badmantan

Níl
Galf

Níor mhaith
An bhfuil tú ábalta léim go hard?

Tá
Cispheil/eitpheil

Níl
An bhfuil tú cróga?

Tá
Rugbaí/peil Ghaelach

Níl
Sacar

Níor mhaith
An bhfuil do bhríste rothaíochta féin agat?

Tá
Rothaíocht

Níl
An bhfuil tú tapa?

Tá
Lúthchleasaíocht

Níl
An bhfuil tú dé-altach (*double-jointed*)?

Tá
Gleacaíocht

Níl
An bhfuil tú cróga?

Tá
Dornálaíocht

Níl
Trampailíneacht

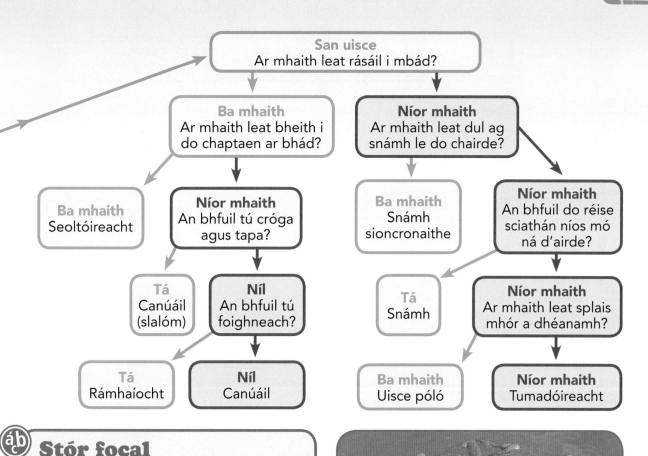

San uisce
Ar mhaith leat rásáil i mbád?

Ba mhaith
Ar mhaith leat bheith i do chaptaen ar bhád?

Níor mhaith
Ar mhaith leat dul ag snámh le do chairde?

Ba mhaith
Seoltóireacht

Níor mhaith
An bhfuil tú cróga agus tapa?

Ba mhaith
Snámh sioncronaithe

Níor mhaith
An bhfuil do réise sciathán níos mó ná d'airde?

Tá
Canúáil (slalóm)

Níl
An bhfuil tú foighneach?

Tá
Snámh

Níor mhaith
Ar mhaith leat splais mhór a dhéanamh?

Tá
Rámhaíocht

Níl
Canúáil

Ba mhaith
Uisce póló

Níor mhaith
Tumadóireacht

  Stór focal

snámh sioncronaithe	synchronised swimming
airde	height
ráib	sprint
réise sciathán	arm span
tumadóireacht	diving
eitpheil	volleyball

 Éist agus scríobh

A. Tá Marc agus Síle ag plé an cheistneora thuas.
Éist leis an gcomhrá agus freagair na ceisteanna.

1. Cén toradh a fhaigheann Síle?

2. Cén toradh a fhaigheann Marc?

B. Fíor nó bréagach?

        F   B

1. Ba mhaith le Síle spórt uisce a dhéanamh. ☐ ☐

2. Tá Síle ábalta rith go tapa. ☐ ☐

3. Ba mhaith le Marc rásaíocht bád a dhéanamh. ☐ ☐

4. Ba mhaith le Marc a bheith ina chaptaen ar bhád. ☐ ☐

5. Tá Marc sásta leis an toradh. ☐ ☐

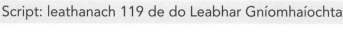

Script: leathanach 119 de do Leabhar Gníomhaíochta

Táim in ann spóirt éagsúla a phlé.

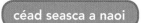

Postáil Bhlag faoi Chluiche Peile

Meaitseáil

Léigh an phostáil bhlag seo faoi Chluiche Ceannais na hÉireann san Iománaíocht. Meaitseáil na ceannlínte leis na hailt.

1 Tar éis an chluiche

2 Ticéid

3 Eolas faoin gcluiche

4 Roimh an gcluiche

5 Ag an gcluiche

---

http://www.iomanaiocht.ie

An Iománaíocht Abú

Blag Chathail

Fúm féin
Is mise Cathal Mac Amainn. Is as Cill Chainnigh mé. Táim ag freastal ar Choláiste Chill Chainnigh. Is aoibhinn liom spórt, go háirithe an iománaíocht.

☐ Chuaigh mé chuig Cluiche Ceannais na hÉireann Dé Domhnaigh seo caite. Bhí an cluiche ar siúl i bPáirc an Chrócaigh. Bhí Cill Chainnigh agus Tiobraid Árann ag imirt.

☐ Bhuaigh mé dhá thicéad i gcomórtas ar Raidió na Gaeltachta. De ghnáth, bíonn €40 ar thicéid do dhaoine óga faoi 16.

☐ Chuaigh mo dheirfiúr Siún in éineacht liom. Fuaireamar an traein ó Chill Chainnigh. Nuair a shroicheamar Baile Átha Cliath, shiúlamar go dtí Páirc an Chrócaigh.

☐ Thosaigh an cluiche ag a ceathair a chlog. Chuaigh an slua ar mire nuair a tháinig na himreoirí amach ar an bpáirc. Bhí atmaisféar dochreidte ann. Sa deireadh, bhuaigh na Cats le pointe amháin. Bhí an t-ádh dearg orainn.

☐ Nuair a chríochnaigh an cluiche, chuamar go bialann dheas agus ansin chuamar abhaile. Ní dhéanfaidh mé dearmad ar an gcluiche sin go deo na ndeor.

Scríobh agus labhair

Roghnaigh an freagra ceart. Ansin, samhlaigh gur tusa Cathal nó a dheirfiúr Siún. Freagair ceisteanna ón duine in aice leat.

Eolas faoin gcluiche

1	Cathain a chuaigh Cathal chuig Cluiche Ceannais na hÉireann?	A	Chuaigh sé chuig an gcluiche Dé Domhnaigh seo caite.
		B	Chuaigh sé chuig an gcluiche an samhradh seo caite.
2	Cá raibh an cluiche ar siúl?	A	Bhí an cluiche ar siúl i mBaile Átha Cliath.
		B	Bhí an cluiche ar siúl i gCill Chainnigh.
3	Cé a bhí ag imirt?	A	Bhí Cill Chainnigh agus Tiobraid Árann ag imirt.
		B	Bhí Maigh Eo agus Áth Cliath ag imirt.

Na ticéid

1	Cá bhfuair sé na ticéid?	A	Fuair sé an ticéad óna thuismitheoirí.
		B	Bhuaigh sé na ticéid i gcomórtas raidió.
2	Cé mhéad a bhíonn ar na ticéid de ghnáth?	A	De ghnáth, bíonn €80 ar na ticéid.
		B	De ghnáth, bíonn €40 ar na ticéid.

Roimh an gcluiche

1	Cé a chuaigh in éineacht leis?	A	Chuaigh a dheirfiúr in éineacht leis.
		B	Chuaigh a chairde in éineacht leis.
2	Conas a chuaigh siad chuig Baile Átha Cliath?	A	Thug a uncail síob dóibh.
		B	Chuaigh siad ar an traein.
3	Conas a rinne siad a slí go dtí Páirc an Chrócaigh?	A	Shiúil siad chuig Páirc an Chrócaigh.
		B	Fuair siad síob i ricseá.

Ag an gcluiche

1	Cén t-am a thosaigh an cluiche?	A	Thosaigh an cluiche ag meán lae.
		B	Thosaigh an cluiche ag 16:00.
2	Cad a rinne an slua nuair a tháinig na himreoirí amach ar an bpáirc?	A	Thosaigh an slua ag screadach nuair a tháinig na himreoirí amach ar an bpáirc.
		B	Chuaigh an slua ar mire nuair a tháinig na himreoirí amach ar an bpáirc.
3	Conas a bhí an t-atmaisféar?	A	Bhí atmaisféar dochreidte ann.
		B	Ní raibh an t-atmaisféar thar mholadh beirte.
4	Cé a bhuaigh an cluiche?	A	Bhuaigh Tiobraid Árann an cluiche.
		B	Bhuaigh Cill Chainnigh an cluiche.

Tar éis an chluiche

1	Cad a rinne siad nuair a chríochnaigh an cluiche?	A	Chuaigh siad díreach abhaile.
		B	Chuaigh siad chuig bialann dheas.
2	An ndéanfaidh siad dearmad ar an gcluiche sin go deo?	A	Déanfaidh siad dearmad ar an gcluiche sin.
		B	Ní dhéanfaidh siad dearmad ar an gcluiche sin go deo na ndeor.

 ## Punann 6.4

Scríobh postáil bhlag faoi chluiche a chonaic tú. Bain úsáid as (a) blag Chathail agus (b) na freagraí samplacha.
Cuir an obair chríochnaithe i do phunann ar leathanach 42.

Táim in ann postáil bhlag faoi chluiche a scríobh.

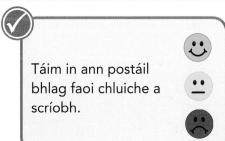

Spórt

Filíocht: Cluiche Ceannais i bPáirc an Chrócaigh

 Bí ag caint!

Cuir na ceisteanna seo ar an duine atá in aice leat.

1	Cén mhí a bhíonn Cluiche Ceannais na hÉireann sa Pheil ar siúl?	Bíonn Cluiche Ceannais na hÉireann sa Pheil ar siúl i mí _____.
2	Cé a bhuaigh i mbliana?	Bhuaigh _____ i mbliana.

  Léigh agus éist

Éist le véarsa a haon den dán seo. Léigh an véarsa don duine atá in aice leat. Déan an rud céanna do gach véarsa.

Cluiche Ceannais i bPáirc an Chrócaigh *le Máire Áine Nic Gearailt*

Seo ag teacht iad ó gach aird	from every direction
Thuaidh, theas, thoir is thiar	
Lán de mhórtas cine	pride in their people
Is de scéalta a théann siar	of stories that go back
Go cluichí breátha eile	fine
A imríodh fadó	
Anseo i bPáirc an Chrócaigh	
Nuair a bhí laochra eile beo!	other heroes alive
Siúd ag déanamh ar an bpáirc iad,	making their way onto the park
Óg is aosta, fir is mná	
An Cnoc ag cur thar maoil anois	the Hill overflowing
Ardán Uí Ógáin lán!	
Tá Buachaillí Ard Aidhin ann	Artane Boys
Ag seinnt ceol spreagúil, beo.	
Ní fada anois go mbeidh siad chugainn	it's not long now
Seo iad ag teacht 'nár dtreo!	coming towards us
Síos is suas a imríonn siad	
Le gach scór, cloistear liú –	a roar is heard
'Scaoil chuca í,' 'Sin é!' 'Maith fear!'	let them have it
'Há, Ciarraí abú!'	Kerry forever!
Séidtear an fheadóg sa deireadh	the whistle is blown
Tá 'n scór mar bheidh go brách!	the score is as it will be forever!
Sin cluiche ceannais eile thart	over
I bPáirc an Chrócaigh ar an lá.	

Buntuiscint

1. Cad as a bhfuil daoine ag taisteal go dtí Páirc an Chrócaigh? (V1)
2. Cén rud a bhfuil siad lán de? (V1)
3. Cén sórt scéalta atá acu? (V1)
4. Cathain a imríodh na cluichí breátha seo? (V1)
5. Cár imríodh na cluichí breátha seo? (V1)
6. Cén sórt daoine atá ag dul ann? (V2)
7. An bhfuil a lán daoine ar Chnoc 16? (V2)
8. Cé atá ag seinm ceoil? (V2)
9. Cad a chloistear le gach scór? (V3)
10. Cad a bhíonn á rá ag muintir Chiarraí? (V3)

 Léirthuiscint

Fíor nó bréagach?

	F	B
1. Tá áthas sa dán.	☐	☐
2. Tá cairdeas sa dán.	☐	☐
3. Tá díomá sa dán.	☐	☐
4. Tá brón sa dán.	☐	☐
5. Tá dóchas sa dán.	☐	☐
6. Tá éadóchas sa dán.	☐	☐
7. Tá íomhánna den fharraige sa dán.	☐	☐
8. Tá íomhánna den dúlra (*of nature*) sa dán.	☐	☐
9. Tá íomhánna de spórt sa dán.	☐	☐
10. Tá íomhánna de cheol sa dán.	☐	☐

 Táim in ann dán faoi spórt a thuiscint agus a léamh os ard.

Súil Siar

A. Cad iad na litreacha atá ar lár? Cad is brí leis na focail?

greann__ __ar	acl__ __	spreag__ __a	diong__ __áilte
scili__ __l	foi__ __nea__ __	t__p__	cr__ga

B. Ainmnigh an spórt.

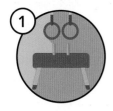    

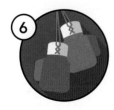  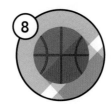 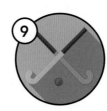 

1. _____
2. _____
3. _____
4. _____
5. _____

6. _____
7. _____
8. _____
9. _____
10. _____

C. Cad a úsáideann tú chun na spóirt seo a imirt?

<u>raicéad</u> leadóige _____ haca _____ peile _____ dornálaíochta

D. Cén spórt a imríonn tú sna háiteanna seo?

cúirt linn páirc rinc raon cró

E. Líon na bearnaí.

1. Caithfidh tú a bheith _____ chun galf a imirt.

2. Caithfidh tú a bheith _____ chun iománaíocht a imirt.

3. Caithfidh tú a bheith _____ chun _____ a imirt.

4. Caithfidh tú a bheith _____ chun _____ a dhéanamh.

F. Líon isteach an ghreille.

ard	níos _____	is _____	
dearfach	níos _____	is _____	
foighneach	níos _____	is _____	
sciliúil	níos _____	is _____	
cróga	níos _____	is _____	

G. Líon na bearnaí.

1. Tá Ronaldo níos [sciliúil] _____ ná Messi.

2. Tá Ellis O'Reilly níos [aclaí] _____ ná go leor gleacaithe eile.

3. Tá Fiona Doyle níos [diongbháilte] _____ ná go leor snámhóirí eile.

4. Tá Cian Healy níos [láidir] _____ná Rob Kearney.

5. Is é Usain Bolt an fear is [tapa] _____ ar domhan.

6. Is í Katie Taylor an bhean is [spreagtha] _____ in Éirinn.

7. Is é JJ Delaney an t-imreoir is [maith] _____ sa tír.

8. Is iad na Donnabhánaigh na pearsana spóirt is [réchúiseach] _____ in Éirinn.

  Cluastuiscint

CD 1
Traic 48–51

Cloisfidh tú dhá chomhrá sa chuid seo. Cloisfidh tú
gach comhrá faoi dhó. Scríobh na freagraí i do chóipleabhar.

Script: leathanach
120 de do Leabhar
Gníomhaíochta

Spórt

Comhrá a hAon

An Chéad Mhír (x 2)

1. Cén dá chontae a bhí ag imirt i gCluiche Ceannais na hÉireann
   sa Pheil?

2. Cad a dúirt Mícheál faoi na teaicticí a bhí ag Ros Comáin?

An Dara Mír (x 2)

1. Cá bhfuair Patrice na ticéid?

2. Conas a bhí an t-atmaisféar i bPáirc an Chrócaigh?

Comhrá a Dó

An Chéad Mhír (x 2)

1. Cén fáth nach maith le Liam spórt?

2. Cén spórt nach miste leis?

An Dara Mír (x 2)

1. An maith le teaghlach Liam spórt?

2. Ní stopann teaghlach Liam de bheith ag caint faoi spórt.
   Ainmnigh **dhá** spórt a luann sé.

Cultúr 6
Gaeltacht Chonnacht

Tá Gaeltacht Chonnacht – Gaillimh agus Maigh Eo –
suite in iarthar na hÉireann.

Téann go leor daltaí go Conamara agus go hAcaill chun
an Ghaeilge a fhoghlaim agus spóirt uisce a dhéanamh.

Tá stiúideonna TG4 suite i mBaile
na hAbhann. Craoltar rugbaí,
cispheil, leadóg agus rothaíocht
beo ar TG4. Tá an tsraith teilifíse
Ros na Rún suite i gConamara.

Ceathrú Thaidhg
Béal an Mhuirthead
Eachléim
Acaill
Co. Mhaigh Eo
Tuar Mhic Éadaigh
Co. na Gaillimhe
Ros Muc
Leitir Móir   Ros an Mhíl
An Cheathrú Rua   Baile na hAbhann   Gaillimh
Inis Mór
Inis Meáin
Oileáin Árann   Inis Oírr

ROCKY ROS MUC
SEÁN Ó MAINNÍN

ROS MUC

RÓNÁN MAC CON IOMAIRE

Tá an-tóir ar an spórt i
gConamara. Ba é Seán Ó
Mainnín, nó 'Rocky Ros Muc',
duine de na dornálaithe ab
fhearr a rugadh in Éirinn.

Bíonn Sraith Dhomhanda Aill-tumadóireachta Red Bull®
ar siúl ar Oileáin Árann gach cúpla bliain.

Tá clú agus cáil ar fud an domhain
ar chapaillíní Chonamara.

An churach

Is cineál báid í an churach. Is minice a fheictear curacha in iarthar na hÉireann. Tugtar 'naomhóga' orthu i gCiarraí, Corcaigh agus Port Láirge ach tugtar 'curacha' orthu i nGaillimh agus i Maigh Eo.

Bád adhmaid clúdaithe le canbhás is ea curach. Fadó, d'úsáidtí an churach san iascaireacht. Creid é nó ná creid, d'úsáidtí an churach chun ba agus caoirigh a aistriú ó áit go háit freisin!

Tá an-tóir ar rásaí curach na laethanta seo. Bíonn rásaí curach ar siúl in Inis Oírr gach Lúnasa.

Ceisteanna

1. Cad is curach ann?
2. Cad a thugtar ar churach i gCiarraí?
3. Cén **dá** ábhar a úsáidtear le curach a dhéanamh?
4. Cad chuige a n-úsáidtí an churach fadó?
5. Cá mbíonn rásaí curach ar siúl gach Lúnasa?

Stór focal

adhmad	wood
clúdaithe	covered
ba agus caoirigh a aistriú	to transport cows and sheep

TASC CULTÚIR 6 Measúnú ar phíosa taighde

Ainmnigh áit **amháin** ar chósta na hÉireann nó ar chósta thíre eile. Faigh amach cad is féidir le daoine óga a dhéanamh ann. Scríobh nótaí i do chóipleabhar.

Ansin, roinn an t-eolas leis an duine in aice leat. Le chéile, cuirigí feabhas ar an dá phíosa oibre.

Sláinte agus Bia

✓ Faoi dheireadh na caibidle seo, beidh mé in ann:

- Baill an choirp a ainmniú.
- Fadhbanna sláinte a thuiscint.
- Labhairt faoi chúrsaí bia.
- An Ghaeilge a úsáid i mbialann.
- Gearrscannán Gaeilge a thuiscint.

Príomhscileanna

- Fanacht folláin
- Mé féin a bhainistiú
- A bheith liteartha
- Obair le daoine eile

Punann

- Punann 7.1 – An Bia a Ithim
- Punann 7.2 – Suirbhé ar Nósanna Itheacháin an Ranga
- Punann 7.3 – Biachlár
- Punann 7.4 – Timpiste

Clár Ábhair

An Corp

 **Meaitseáil**

Meaitseáil na baill leis na huimhreacha. Bain úsáid as d'fhoclóir.

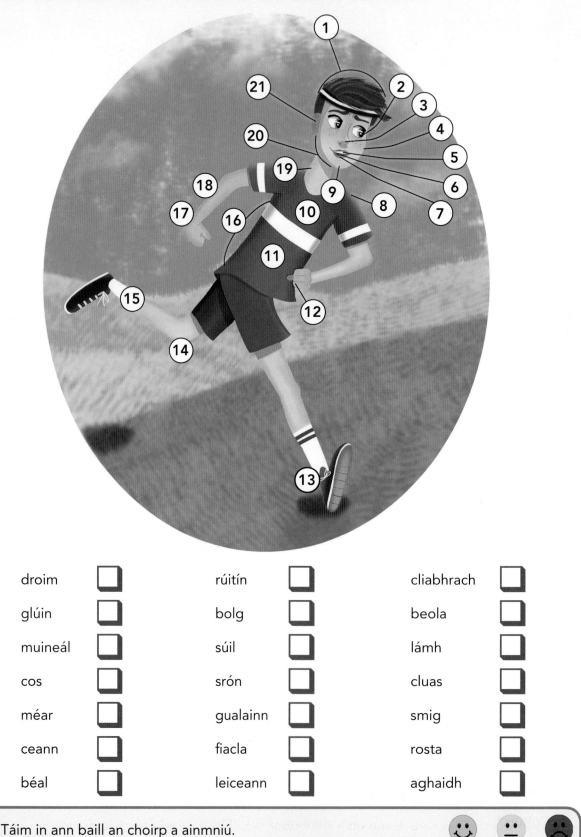

droim	☐	rúitín	☐	cliabhrach	☐
glúin	☐	bolg	☐	beola	☐
muineál	☐	súil	☐	lámh	☐
cos	☐	srón	☐	cluas	☐
méar	☐	gualainn	☐	smig	☐
ceann	☐	fiacla	☐	rosta	☐
béal	☐	leiceann	☐	aghaidh	☐

✓ Táim in ann baill an choirp a ainmniú. 😊 😐 ☹

Na Carachtair in Justice League

 Léigh agus scríobh

Léigh an t-alt seo agus freagair na ceisteanna a ghabhann leis.

Is scannán aicsin é *Justice League*. Tá aithne ag gach duine ar Superman agus Batman. San alt seo, féachfaimid ar na sárlaochra eile: Wonder Woman, The Flash, Aquaman agus Cyborg.	superheroes
Tá Wonder Woman tapa, cliste agus láidir. Nuair a chuireann sí a lámha trasna ar a chéile, is féidir léi ionsaithe a chosaint lena braisléid. Caitheann sí claíomh agus sciath ar a droim.	defend attacks bracelets; sword and shield
Tá The Flash ríthapa. Tá sé ábalta a cheann agus a chorp a bhogadh ar luas lasrach. Tá lámha agus cosa fíorláidre aige.	move
Tá neart fordhaonna ag Aquaman. Tá sé ábalta caint le créatúir mhara agus snámh ar luas 10,000 km san uair freisin!	superhuman strength sea creatures
Creid é nó ná creid, is cibearg é Cyborg. Tá súil leictreonach aige. Is léasar í a mhéar agus is gunna í a lámh. Tá sé an-chliste freisin.	laser

1. Cén sórt scannáin é *Justice League*?
2. Ainmnigh an seisear carachtar atá in Justice League.
3. Cén sórt duine í Wonder Woman?
4. Cad is féidir le Wonder Woman a dhéanamh lena braisléid?
5. Cad a chaitheann Wonder Woman ar a droim?
6. Cad iad na scileanna atá ag The Flash?
7. Luaigh **trí** scil atá ag Aquaman.
8. Déan cur síos ar Cyborg. Is leor **trí** phointe eolais.

Scríobh agus labhair

Ainmnigh beirt sárlaochra scannáin a thaitníonn leat. Scríobh trí abairt faoi gach sárlaoch. Inis don duine atá in aice leat fúthu.

Sláinte agus Bia

Cuairt ar an Dochtúir

Meaitseáil

Meaitseáil na tinnis leis na pictiúir.

1

2

3

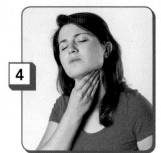
4

5

6

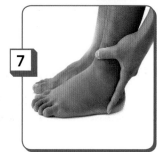
7

8

Tá tinneas fiacaile orm.	6	Tá casacht orm.	3
Tá pian i mo bholg.	1	Tá scornach thinn orm.	6
Tá mo rúitín ata.	7	Tá slaghdán/fliú orm.	5
Tá mo dhroim nimhneach.	2	Tá tinneas cinn orm.	4

Bí ag spraoi!

I ngrúpa, imir cluiche searáidí.

Tá pian i mo ghualainn.

Tá pian i mo ghlúin.

Tá pian i mo bholg.

Tá mo dhroim nimhneach.

Tá slaghdán orm.

Ta tinneas cinn orm.

Meaitseáil

Meaitseáil an tinneas leis an gcomhairle (*advice*).

	Tinneas		Comhairle
1	Tá mo dhroim nimhneach.	A	Cuir tuáille aghaidhe fuar ar do cheann! Ná hith seacláid!
2	Tá tinneas fiacaile orm.	B	Ól go leor uisce! Ná scaip do chuid frídíní!
3	Tá tinneas cinn orm.	C	Luigh síos agus ná tóg rud ar bith atá trom!
4	Tá slaghdán orm.	D	Cuir tuáille aghaidhe te ar do chluas! Ná héist le rac-cheol!
5	Tá pian i mo chluas.	E	Rinseáil do bhéal le huisce agus salann! Ná hól deochanna fuara ná teo!

1 = _____   2 = _____   3 = _____   4 = _____   5 = _____

 ## Stór focal

ná tóg	don't lift	frídíní a scaipeadh	to spread germs
tuáille aghaidhe	facecloth	deochanna	drinks
rinseáil	rinse	salann	salt

 ## Bí ag caint!

Scríobh comhrá gearr idir dochtúir agus othar. Léirigh os comhair an ranga é.

Tá pian i mo dhroim!

Cad atá cearr leat?

Bhuel, luigh síos agus ná tóg rud ar bith atá trom!

 Táim in ann cur síos a dhéanamh ar chuairt ar an dochtúir.

Sláinte agus Bia

Timpiste a Tharla Dom

✎ Léigh agus scríobh

Léigh an t-alt seo agus freagair na ceisteanna a ghabhann leis.

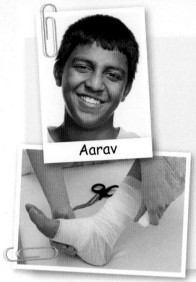

Aarav

Cuairt ar an dochtúir

Bail ó Dhia oraibh. Is mise Aarav. Ghortaigh mé mo chos Dé Sathairn seo caite. Bhí mé ag imirt cluiche peile le mo chlub. Bhí mé ag rith leis an liathróid nuair a ghreamaigh céile comhraic mé. Scríob a stodaí mé agus thosaigh mo chos ag cur fola.

Chuir an bainisteoir bindealán air agus ansin fuair mé síob go dtí an dochtúir. Ghlan an dochtúir mo chos go cúramach agus ansin chuir sí ocht ngreim ar an gcneá. Chuir sí bindealán nua air freisin!

Tá mé ag mothú níos fearr anois. Bainfidh an dochtúir na greamanna amach amárach. Tosóidh mé ag imirt peile arís an tseachtain seo chugainn, le cúnamh Dé.

1. Cad a tharla do Aarav Dé Sathairn seo caite?
2. Cén fáth ar thosaigh a chos ag cur fola?
3. Rinne an dochtúir trí rud – cad iad?
4. Conas atá Aarav ag mothú anois?

Stór focal

ghortaigh	injured/hurt		ghreamaigh	tackled
céile comhraic	opponent		scríob	scraped
stodaí	studs		ag cur fola	bleeding
bindealán	bandage		síob	a lift
greamanna	stitches		cneá	wound

👂 ✎ (CD 1 Traic 52) Éist agus scríobh

A. Éist le Marc ag caint faoi ghortú a bhain dó. Líon na bearnaí i do chóipleabhar.

1. _____ mé mo ghlúin inné.

2. Thosaigh mo ghlúin ag cur _____.

3. Ghlan an dochtúir an _____ go cúramach.

4. Chuir an dochtúir ocht _____ ar an gcneá.

5. Chuir an dochtúir _____ nua ar mo ghlúin.

6. Bainfidh an dochtúir na greamanna _____ amárach.

Script: leathanach 122 de do Leabhar Gníomhaíochta

B. Scríobh scéal faoi thimpiste a tharla do chara leat. Bain úsáid as na nótaí thuas.

 Táim in ann scéal a scríobh faoi thimpiste a tharla do chara liom.

Trí Oíche san Ospidéal

  Éist agus scríobh

Éist leis an alt seo agus freagair na ceisteanna a ghabhann leis.

Chloe

Haigh. Is mise Chloe. Chuaigh mé go dtí an dochtúir le déanaí mar bhí pian i mo scornach. Dúirt an dochtúir go mbeadh orm dul faoin scian chun mo chéislíní a bhaint amach!

An Luan ina dhiaidh sin, chuaigh mé go dtí an t-ospidéal. Ar an Máirt, cuireadh an obráid orm. Thug an dochtúir ainéistéiseach dom agus thit codladh trom orm. Dhúisigh mé ar an gCéadaoin agus bhí mo Mham agus mo Dhaid ina suí in aice liom. Ach mo léan, bhí pian fós i mo scornach!

D'ól mé a lán uisce agus thug na haltraí pianmhúcháin dom. Chuaigh mé abhaile ar an Déardaoin. De réir a chéile, thosaigh mé ag mothú níos fearr. Chaill mé dhá sheachtain ar scoil!

1. Cén fáth a ndeachaigh Chloe go dtí an dochtúir?
2. Cad a dúirt an dochtúir?
3. Cathain a chuaigh Chloe go dtí an t-ospidéal?
4. Cad a thug an dochtúir di?
5. Cad a thug na haltraí di nuair a dhúisigh sí?
6. Cé mhéad ama a chaill sí ón scoil?

 Stór focal

le déanaí	recently	go mbeadh orm	that I would have to
dul faoi scian	go under the knife	mo chéislíní	my tonsils
obráid	operation	ainéistéiseach	anaesthetic
mo léan!	alas!	pianmhúcháin	painkillers
de réir a chéile	slowly but surely	chaill mé	I missed

 Bí ag caint!

An raibh tú san ospidéal riamh? Ar thug tú cuairt ar aon duine san ospidéal riamh? Inis don duine atá in aice leat faoi. Bain úsáid as na nótaí thuas.

Táim in ann cur síos a dhéanamh ar an am a bhí mé san ospidéal.

Sláinte agus Bia

Ceistneoir Crógachta

 Meaitseáil

Meaitseáil na focail le chéile. Bain úsáid as d'fhoclóir.

1	le huafás	A	parachute jump	1 = ____
2	fána dhubh	B	with excitement	2 = ____
3	léim pharaisiúit	C	rollercoaster	3 = ____
4	le sceitimíní	D	with happiness	4 = ____
5	le gliondar	E	shaking with fear	5 = ____
6	ag crith le heagla	F	black slope	6 = ____
7	le háthas	G	with glee	7 = ____
8	rollchostóir	H	with horror	8 = ____

Scríobh

An bhfuil tú chomh cróga le leon? Déan an ceistneoir crógachta (*bravery*) seo leis an duine in aice leat.

1	Tá seans agat léim pharaisiúit a dhéanamh.		A	An lasfaidh do shúile le sceitimíní?
			B	An dtosóidh do chosa ag crith le heagla?
2	Téann tú i rollchóstóir.		A	An gcroithfidh (*wave*) tú do lámha san aer le háthas?
			B	An ndúnfaidh tú do shúile le heagla?
3	Tá tú ag sciáil agus feiceann tú fána dhubh.		A	An sleamhnóidh tú síos le gliondar?
			B	An éireoidh tú lag?
4	Tá tú i mbialann sa Fhrainc agus cuireann an freastalaí pláta de chosa froganna ar an mbord.		A	An líonfaidh tú do bhéal le gliondar?
			B	An bhféachfaidh tú orthu le huafás?
5	Feiceann tú damhán alla mór sa seomra folctha.		A	An gcaithfidh tú amach ar an bhfuinneog é?
			B	An mothóidh tú tinn?
6	Iarrann do mhúinteoir ort díospóireacht (*debate*) Ghaeilge a dhéanamh.		A	An dtosóidh do chroí (*heart*) ag preabadh le sceitimíní?
			B	An mbeidh do chroí i do bhéal le himní?

Torthaí

5 nó 6 A	Idir 2 agus 4 A	0 nó 1 A
Tá tú chomh cróga le leon. Gheobhaidh tú post mar mhúinteoir paraisiútála.	Tá tú beagáinín cróga ach níl tú chomh cróga le leon.	Tá tú chomh faiteach le coinín. Bain triail as spórt nó bia nua!

An Aimsir Fháistineach: Na Briathra Rialta

An chéad réimniú

Tá tuilleadh eolais faoi na réimnithe ar fáil ar leathanach 70. Tá tuilleadh cleachtaí ar fáil ar leathanach 240.

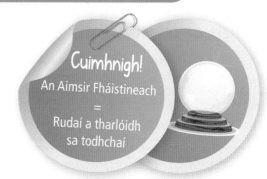

Cuimhnigh!
An Aimsir Fháistineach
=
Rudaí a tharlóidh sa todhchaí

An Aimsir Fháistineach	Féach (*look*)		Bris (*break*)	
	Uatha	Iolra	Uatha	Iolra
1	Féachfaidh mé	Féachfaimid	Brisfidh mé	Brisfimid
2	Féachfaidh tú	Féachfaidh sibh	Brisfidh tú	Brisfidh sibh
3	Féachfaidh sé/sí	Féachfaidh siad	Brisfidh sé/sí	Brisfidh siad
Diúltach	Ní fhéachfaidh		Ní bhrisfidh	
Ceisteach	An bhféachfaidh?		An mbrisfidh?	

An dara réimniú

An Aimsir Fháistineach	Mothaigh (*feel*)		Éirigh (*become/get up*)	
	Uatha	Iolra	Uatha	Iolra
1	Mothóidh mé	Mothóimid	Éireoidh mé	Éireoimid
2	Mothóidh tú	Mothóidh sibh	Éireoidh tú	Éireoidh sibh
3	Mothóidh sé/sí	Mothóidh siad	Éireoidh sé/sí	Éireoidh siad
Diúltach	Ní mhothóidh		Ní éireoidh	
Ceisteach	An mothóidh?		An éireoidh?	

 ### Scríobh

A. Cuir -fidh nó -faidh leis na briathra seo chun an Aimsir Fháistineach a dhéanamh. Athscríobh na foirmeacha i do chóipleabhar.

ól	ólfaidh	caill	caillfidh	scar		póg	
bain		béic		blais		múch	
líon		scaoil		mol		bris	

B. Scrios amach an -aigh nó -igh agus cuir -óidh nó -eoidh leis na briathra seo chun an Aimsir Fháistineach a dhéanamh. Athscríobh na foirmeacha i do chóipleabhar.

ardaigh	ardóidh	airigh	aireoidh	athraigh		breathnaigh	
aimsigh		aontaigh		aistrigh		ceistigh	
cruthaigh		éirigh		gortaigh		mínigh	

 Táim in ann na briathra rialta san Aimsir Fháistineach a úsáid.

Sláinte agus Bia

An Aimsir Fháistineach: Na Briathra Neamhrialta

Léigh agus scríobh

Léigh an t-alt seo agus freagair na ceisteanna a ghabhann leis.

Haigh, is mise Marc. Tá go leor pleananna agam don samhradh! I mí an Mheithimh, rachaidh mé go dtí an Spáinn. Déanfaidh mé go leor rudaí ann. Íosfaidh mé *tapas* agus *paella*. Rachaidh mé ag snámh gach lá. Cloisfidh mé daoine ag caint Spáinnise. Feicfidh mé na radhairc is fearr. Beidh an aimsir go hálainn – táim cinnte de! Gheobhaidh mé bronntanais dheasa do mo chairde agus tabharfaidh mé dóibh iad nuair a thiocfaidh mé abhaile.

I mí Iúil agus i mí Lúnasa, tabharfaidh mé lámh chúnta do mo Mham agus do mo Dhaid ina siopa. Feicfidh mé mo chairde gach lá. Rachaimid ag rothaíocht agus ag iascaireacht le chéile. Tá súil agam go mbéarfaimid ar go leor iasc. Déarfaidh mé seo leat, samhradh den scoth a bheidh ann!

1. Cathain a rachaidh Marc go dtí an Spáinn?
2. Cén sórt bia a íosfaidh Marc sa Spáinn?
3. Cad a gheobhaidh Marc sa Spáinn?
4. Cé dóibh a dtabharfaidh Marc lámh chúnta?
5. Cé leo a rachaidh Marc ag iascaireacht?

Cur i láthair

Cad a dhéanfaidh tú an mhí seo? Scríobh do phleananna i bhféilire (*calendar*).
Bain úsáid as Google Calendar, más mian leat. Léirigh na pleananna os comhair an ranga.

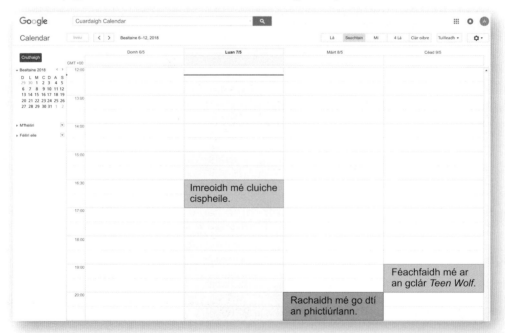

 Táim in ann mo chuid pleananna a scríobh i bhféilire.

Na Briathra Neamhrialta: Na Foirmeacha

Beir

1	Béarfaidh mé	Béarfaimid
2	Béarfaidh tú	Béarfaidh sibh
3	Béarfaidh mé sé/sí	Béarfaidh siad
Diúltach	Ní bhéarfaidh	
Ceisteach	An mbéarfaidh?	

Ith

1	Íosfaidh mé	Íosfaimid
2	Íosfaidh tú	Íosfaidh sibh
3	Íosfaidh sé/sí	Íosfaidh siad
Diúltach	Ní íosfaidh	
Ceisteach	An íosfaidh?	

Clois

1	Cloisfidh mé	Cloisfimid
2	Cloisfidh tú	Cloisfidh sibh
3	Cloisfidh sé/sí	Cloisfidh siad
Diúltach	Ní chloisfidh	
Ceisteach	An gcloisfidh?	

Tar

1	Tiocfaidh mé	Tiocfaimid
2	Tiocfaidh tú	Tiocfaidh sibh
3	Tiocfaidh sé/sí	Tiocfaidh siad
Diúltach	Ní thiocfaidh	
Ceisteach	An dtiocfaidh?	

Déan

1	Déanfaidh mé	Déanfaimid
2	Déanfaidh tú	Déanfaidh sibh
3	Déanfaidh sé/sí	Déanfaidh siad
Diúltach	Ní dhéanfaidh	
Ceisteach	An ndéanfaidh?	

Téigh

1	Rachaidh mé	Rachaimid
2	Rachaidh tú	Rachaidh sibh
3	Rachaidh sé/sí	Rachaidh siad
Diúltach	Ní rachaidh	
Ceisteach	An rachaidh?	

Deir

1	Déarfaidh mé	Déarfaimid
2	Déarfaidh tú	Déarfaidh sibh
3	Déarfaidh sé/sí	Déarfaidh siad
Diúltach	Ní déarfaidh	
Ceisteach	An ndéarfaidh?	

Tabhair

1	Tabharfaidh mé	Tabharfaimid
2	Tabharfaidh tú	Tabharfaidh sibh
3	Tabharfaidh sé/sí	Tabharfaidh siad
Diúltach	Ní thabharfaidh	
Ceisteach	An dtabharfaidh?	

Faigh

1	Gheobhaidh mé	Gheobhaimid
2	Gheobhaidh tú	Gheobhaidh sibh
3	Gheobhaidh sé/sí	Gheobhaidh siad
Diúltach	Ní bhfaighidh	
Ceisteach	An bhfaighidh?	

Feic

1	Feicfidh mé	Feicfimid
2	Feicfidh tú	Feicfidh sibh
3	Feicfidh sé/sí	Feicfidh siad
Diúltach	Ní fheicfidh	
Ceisteach	An bhfeicfidh?	

Tá

1	Beidh mé	Beimid
2	Beidh tú	Beidh sibh
3	Beidh sé/sí	Beidh siad
Diúltach	Ní bheidh	
Ceisteach	An mbeidh?	

Tá tuilleadh cleachtaí ar leathanach 241.

Táim in ann na briathra neamhrialta san Aimsir Fháistineach a úsáid.

Sláinte agus Bia

Bia agus Sláinte

 Scríobh agus labhair

Cad is brí leis na focail thíos?

Bain úsáid as d'fhoclóir.

Bí ag obair le grúpa.

> Is mise **Dearbhail**.
> Is traenálaí pearsanta mé.
> Seo an bia a ithim.

Bricfeasta

* Leite (le bainne agus mil)
* Uibheacha
* Friochadh Éireannach ó am go ham

Lón agus dinnéar

* Sailéad – leitís, trátaí, brocailí
* Feoil – sicín, mairteoil, turcaí
* Iasc – bradán, breac, trosc, ronnach, cadóg
* Glasraí – bratach na hÉireann:
  ■ Glas – brocailí, pónairí glasa, spionáiste
  □ Bán – prátaí, meacain bhána, beacáin
  ■ Oráiste – prátaí milse, meacain dhearga

Deochanna

* Bainne
* Tae
* Caoineoga – sútha talún, sútha craobh, sméara dubha, bananaí

Sneaiceanna

* Cnónna, síolta
* Bananaí, oráistí, úlla
* Arán donn

Milseoga

* Toirtín úll
* Íógart agus mil

 Bí ag caint!

I ngrúpa, pléigh na ráitis seo. Cuir ciorcal thart ar do rogha. Déan comparáid le grúpaí eile.

1 = Ní aontaím ar chor ar bith. **2** = Ní aontaím. **3** = Tá mé idir dhá chomhairle.

4 = Aontaím. **5** = Aontaím go hiomlán.

1	Tá an bia seo folláin.	1	2	3	4	5
2	Ba mhaith liom an bia seo a ithe.	1	2	3	4	5
3	Tá bia folláin i mo bhosca lóin anois.	1	2	3	4	5

Punann 7.1

Cad a itheann tusa? Déan póstaer den bhia folláin is fearr leat. Cuir an obair chríochnaithe i do phunann ar leathanach 45.

Suirbhé ar Bhia Folláin

 **Scríobh**

Comhlánaigh an ceistneoir seo. An aontaíonn tú leis na torthaí?
Déan comparáid leis an duine in aice leat.

1. **Éiríonn tú go déanach. Cad a íosfaidh tú?**

   A Ní íosfaidh mé aon rud. ☐

   B Ceannóidh mé ceapaire ar an mbealach ar scoil. ☐

   C Íosfaidh mé leite agus banana – ansin, imeoidh mé. ☐

2. **An íosfaidh tú torthaí agus glasraí inniu? Cé mhéad?**

   A Níos lú ná dhá phíosa. ☐

   B Idir trí agus cúig phíosa. ☐

   C Níos mó ná cúig phíosa. ☐

3. **Cad é an chéad deoch eile a cheannóidh tú i siopa?**

   A Ceannóidh mé deoch shúilíneach. ☐

   B Ceannóidh mé sú. ☐

   C Ceannóidh mé buidéal uisce nó caoineog. ☐

4. **Téann tú go dtí an siopa ag am lóin.
   Cad a gheobhaidh tú?**

   A Gheobhaidh mé rolla ispíní agus barra seacláide. ☐

   B Gheobhaidh mé slisín píotsa. ☐

   C Gheobhaidh mé sailéad. ☐

5. **Cé mhéad gloine uisce a ólfaidh tú inniu?**

   A Ólfaidh mé níos lú ná trí ghloine. ☐

   B Ólfaidh mé idir trí ghloine agus cúig ghloine. ☐

   C Ólfaidh mé níos mó ná cúig ghloine. ☐

Torthaí

A den chuid is mó

Caithfidh tú bia folláin a ithe. Ith níos mó glasraí agus torthaí agus ná hith bia gasta! Ól níos mó uisce agus ná hól deochanna súilíneacha gach lá.

B den chuid is mó

Itheann tú go maith ach itheann tú drochbhia freisin. Ith níos mó glasraí agus torthaí. Ná hith an iomarca aráin agus píotsa.

C den chuid is mó

Maith thú! Itheann tú bia folláin. Coinnigh ort!

Sláinte agus Bia

 Stór focal

déanach	late	caoineog	smoothie	coinnigh	keep/maintain
slisín	slice	ispíní	sausages	ceapaire	sandwich
súilíneach	fizzy	bia gasta	fast food	gloine	glass

 Punann 7.2

Cé chomh sláintiúil is atá do rang?
Déan suirbhé agus taifead na torthaí
i do phunann ar leathanach 46.

 Táim in ann cur
síos a dhéanamh ar
an mbia a ithim.

Bia i Leabhair

Léigh

Bácálann Kate Young cístí ó scéalta ficsin agus scríobhann sí faoi ar an mblag www.thelittlelibrarycafe.com. **Seo toirtín a bhácáil sí ó** *Harry Potter agus an Órchloch* *(Harry Potter and the Philosopher's Stone).* **Léigh an sliocht thíos.**

Harry Potter agus an Órchloch

Ní raibh nóiméad gur tháinig na milseoga. Bloic d'uachtar reoite de gach cineál, pióga úll, toirtíní triacla, éadromóga seacláide, taoschnónna suibhe, traidhfil, sútha talún, glóthach, maróg ríse…

Bhí Harry díreach ag cur chuige toirtín triacla nuair a rith an comhrá ar theaghlaigh daoine.

Scríobh

Aimsigh an Béarla do na milseoga seo sa téacs.

1. Strawberries.
2. Chocolate eclairs.
3. Ice cream.
4. Trifle.
5. Jelly.
6. Treacle tarts.
7. Rice pudding.
8. Apple pies.
9. Jam doughnuts.

Scríobh

Freagair na ceisteanna.

1. Cén cineál uachtar reoite a bhí ar fáil?
2. Ainmnigh trí chineál milseog a bhí ar fáil.
3. Cén mhilseog a roghnaigh Harry?

Stór focal

ábhair   ingredients

oideas   recipe

Meaitseáil

Cruthaigh Kate oideas le haghaidh an toirtín triacla. Seo cuid de na hábhair.
Meaitseáil na focail leis na pictiúir.

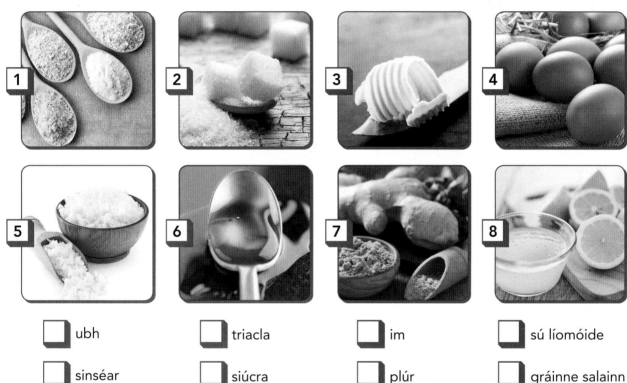

☐ ubh   ☐ triacla   ☐ im   ☐ sú líomóide

☐ sinséar   ☐ siúcra   ☐ plúr   ☐ gráinne salainn

Bí ag caint!

I ngrúpa, pléigh na ráitis seo. Cuir ciorcal thart ar do rogha. Déan comparáid le grúpaí eile.

1 = Ní aontaím ar chor ar bith. **2** = Ní aontaím. **3** = Tá mé idir dhá chomhairle.
4 = Aontaím. **5** = Aontaím go hiomlán.

1	Tá an císte seo folláin.	1	2	3	4	5
2	Tá an císte seo blasta.	1	2	3	4	5
3	Ba mhaith liom an císte seo a ithe.	1	2	3	4	5
4	Táim ábalta cístí a bhácáil.	1	2	3	4	5
5	Ba mhaith liom an císte seo a bhácáil.	1	2	3	4	5

Táim in ann oideas ó leabhar a thuiscint.   ☺   😐   ☹

Sláinte agus Bia

An Ghaeilge sa Bhialann

 Léigh agus scríobh

A. Féach ar an mbiachlár. Cad is brí leis na focail? Bain úsáid as d'fhoclóir.

BIALANN NA CATHRACH

Biachlár

An chéad chúrsa	An príomhchúrsa	Deochanna	Milseoga
Anraith glasraí	Stéig	Caife	Císte seacláide
Sailéad	Sicín rósta	Tae	Uachtar reoite
	Bradán Chonamara	Uisce	
	Curaí veigeatóirí	Sú oráiste / sú úill	

B. Freagair na ceisteanna.

1. Cad é rogha an chéad chúrsa?
2. Ainmnigh **dhá** chineál feola atá ar an mbiachlár.
3. Ainmnigh **trí** dheoch atá ar an mbiachlár.
4. Cén mhilseog is fearr leat?
5. An dtaitníonn an biachlár seo leat?

 Punann 7.3

I ngrúpa, dear biachlár do bhialann nua i do cheantar. Bí cruthaitheach!

Cuir an obair chríochnaithe i do phunann ar leathanach 48.

Ag dul go dtí an bhialann áitiúil

Ag ordú béile i mbialann	Ag freagairt
An féidir leat an biachlár a thabhairt dúinn, le do thoil?	Ar ndóigh. Seo daoibh é.
Ba mhaith liom an sailéad mar chéad chúrsa agus an stéig mar phríomhchúrsa, le do thoil.	Cinnte. Tá an stéig an-bhlasta.
An féidir linn an bille a fháil, le do thoil?	Go deimhin. Nóiméad amháin, le bhur dtoil.

Ag cur fadhb in iúl / Ag gearán	Ag freagairt
Gabh mo leithscéal, tá an t-anraith fuar. Gabh mo leithscéal, tá míoltóg i m'anraith! Agus damhán alla sa sailéad!	Tá an-bhrón orm faoi sin. Gheobhaidh mé ceann úr duit. Bhuel, tá na míoltóga an-bhlasta anseo.
Gabh mo leithscéal, tá fadhb leis an mbille.	Ó, tá an-bhrón orm faoi sin.

 ## Stór focal

ag ordú béile	ordering a meal
go deimhin	indeed
ag freagairt	answering
ag gearán	complaining
úr	fresh

 ## Scríobh

I ngrúpa, scríobh dráma beag idir freastalaí i mbialann agus beirt chustaiméirí. Léirigh os comhair an ranga é.

 Táim in ann béile a ordú i mbialann.

Sláinte agus Bia

Comhrá i mBialann

  Éist agus scríobh

Tá Eilís agus Harry i mBialann na Cathrach.

Éist leis an gcomhrá idir iad agus an freastalaí. Ansin freagair na ceisteanna.

 Script: leathanach 122 de do Leabhar Gníomhaíochta

Cuid 1

Cad a ordaíonn Harry agus Eilís? Athscríobh an ghreille i do chóipleabhar.

Duine	Bia	Deoch
Eilís		
Harry		

Cuid 2

Cén fhadhb atá ag Harry?

Cuid 3

Cad a iarrann Eilís ar an bhfreastalaí?

 Táim in ann comhrá i mbialann a thuiscint.

Timpiste Rothair

 ## Léigh agus scríobh

Léigh an scéal seo agus freagair na ceisteanna a ghabhann leis.

Lá breá brothallach a bhí ann. Bhí mise agus mo rang ag déanamh rothaíocht urraithe taobh leis an gCanáil Mhór in Uíbh Fhailí. Bhíomar go léir ag baint taitnimh as an lá.

Go tobann, áfach, bhí poll mór romham sa bhóthar agus amach liom thar na hanlaí. Bhuail mé mo cheann ar an mbóthar. Bhí mo lámha agus mo chosa ag cur fola freisin.

Chuir na múinteoirí glao ar na seirbhísí éigeandála láithreach. Tar éis deich nóiméad, chualamar bonnán an otharchairr. Léim na paraimhíochaineoirí amach agus scrúdaigh siad mé.

Gan a thuilleadh moille, thiomáin siad go dtí an t-ospidéal mé. Rinne na dochtúirí cúpla tástáil agus X-gha orm, ach buíochas le Dia ní raibh aon rud briste.

D'fhan mé san ospidéal thar oíche ach nuair a dhúisigh mé ar maidin, níor mhothaigh mé pian ar bith. Beidh mé níos cúramaí as seo amach. Ní dhéanfaidh mé dearmad ar an lá sin go deo.

fine hot day
sponsored cycle; Grand Canal
pothole
handlebars
bleeding
emergency services
ambulance siren
paramedics; examined
without further ado
test
overnight

Sláinte agus Bia

1. Cad a bhí an rang ag déanamh taobh leis an gCanáil Mhór?
2. Déan cur síos ar na gortuithe a bhain di.
3. Cad a rinne na múinteoirí nuair a tharla an timpiste?
4. Cad a rinne na paraimhíochaineoirí nuair a tháinig siad?
5. Cad a rinne na dochtúirí san ospidéal?

 ## Punann 7.4

Scríobh scéal bunaithe ar an tsraith pictiúr ar leathanach 50 de do phunann.

 Táim in ann scéal a scríobh faoi thimpiste a tharla dom.

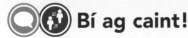

Gearrscannán: *Yu Ming Is Ainm Dom*

Bí ag caint!

Pléigh na ceisteanna seo leis an duine in aice leat.

1. Cé mhéad teanga a ndéanann tú staidéar orthu ar scoil? Cad iad?

2. Cad atá ar eolas agat faoin tSín? Scríobh síos trí rud.

Eolas faoin ngearrscannán

Is gearrscannán é *Yu Ming is Ainm Dom* faoi fhear óg as an tSín. Yu Ming is ainm dó. Tá sé bréan dá shaol sa tSín. Lá amháin, feiceann sé cruinneog i leabharlann. Casann sé an chruinneog agus dúnann sé a shúile. Cá stopann an chruinneog? Iontas na n-iontas – ar Éirinn! Seo scéal Yu Ming…

Téigh chuig **www.educateplus.ie/resources/turas** chun féachaint ar an ngearrscannán. Tá script an ghearrscannáin ar leathanach 123 de do Leabhar Gníomhaíochta.

Radhairc 1–5

Baineann radhairc 1–5 le saol Yu Ming sa tSín. Féach ar an gcuid seo den scannán agus déan na cleachtaí a ghabhann léi.

Stór focal

siopa grósaera	grocer's	daonra	population
scipéad	till	bainisteoir	manager
leabharlannaí	librarian	cruinneog	globe

Buntuiscint

1. Cén sórt siopa ina bhfuil Yu Ming ag obair?

2. Cad a fhoghlaimíonn sé faoi Éirinn ón atlas?

3. Cad is ainm don leabhar a fhaigheann sé ón leabharlann?

4. Cad í an dara habairt Ghaeilge a fhoghlaimíonn sé?

Fíor nó bréagach?

	F	B
1. Is duine feargach é bainisteoir an tsiopa.	☐	☐
2. Is duine dian (*strict*) í an leabharlannaí.	☐	☐
3. Tá Yu Ming sásta lena phost.	☐	☐
4. Is maith le Yu Ming a bheith ag foghlaim Gaeilge.	☐	☐

Radhairc 6–11

Baineann Radhairc 6–11 (ó 3:33 nóiméad) le saol Yu Ming in Éirinn.
Féach ar an gcuid seo den scannán agus déan na cleachtaí a ghabhann léi.

> **Téamaí an ghearrscannáin**
> * An Ghaeilge in Éirinn
> * Taisteal
> * Difríochtaí idir cultúir

 ## Stór focal

comharthaí	signs	teach tábhairne	pub
brú óige	youth hostel	dealbh	statue
fáilteoir	receptionist	binse	bench
scian agus forc	knife and fork	fear beáir	barman
cipíní itheacháin	chopsticks	custaiméir	customers

Buntuiscint

1. Scríobh síos **dhá** chomhartha Ghaeilge a fheicimid in Aerfort Bhaile Átha Cliath.
2. Cén fáth nach bhfuil Yu Ming in ann a dhinnéar a ithe?
3. Cé leis a labhraíonn Yu Ming nuair a shuíonn sé síos ar an mbinse?
4. Cén fáth a dtéann Yu Ming isteach sa teach tábhairne?

Fíor nó bréagach?

		F	B
1.	Is duine cairdiúil é an fáilteoir sa bhrú óige.	☐	☐
2.	Is duine cliste é an fear beáir.	☐	☐
3.	Tagann uaigneas ar Yu Ming i mBaile Átha Cliath.	☐	☐
4.	Tagann ionadh ar an bhfear beáir sa teach tábhairne.	☐	☐

 ## Bí ag caint!

I ngrúpa, pléigh na ráitis seo. Cuir ciorcal thart ar do rogha. Déan comparáid le grúpaí eile.

1 = Ní aontaím ar chor ar bith.   **2** = Ní aontaím.   **3** = Tá mé idir dhá chomhairle.
4 = Aontaím.   **5** = Aontaím go hiomlán.

1	Thaitin an gearrscannán seo liom.	1	2	3	4	5
2	Tá an gearrscannán seo greannmhar.	1	2	3	4	5
3	Is maith liom an carachtar Yu Ming.	1	2	3	4	5

 Táim in ann anailís a dhéanamh ar ghearrscannán.

Sláinte agus Bia

Súil Siar

A. Cad iad na litreacha atá ar lár? Cad is brí leis na focail?

a__ __ai__ __	guala__ __ __
clia__ __ ra __ __	fia__ __a
__ __úin	dr__ __m
le__c__ __nn	r__ __t__n

ui__ __ea__ __a	frio__ __a__ __
c__ó__ __a	s__ __l__ __d
b__adá__	m__ __rt__ __ __l
beac__ __n	c__ __ __n__ __ga

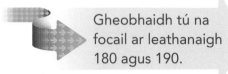
Gheobhaidh tú na focail ar leathanaigh 180 agus 190.

B. Cad a mholann an dochtúir?
Scríobh píosa amháin comhairle.

1. Tá mo dhroim nimhneach.
2. Tá tinneas cinn orm.
3. Tá slaghdán/fliú orm.
4. Tá tinneas fiacaile orm.
5. Tá pian i mo chluas.

C. Athscríobh na habairtí seo san Aimsir Fháistineach i do chóipleabhar.

1. Ní [aontaigh: sé] _____ leat.
2. An [ól: sibh] _____ cupán tae?
3. [Buail: mé] _____ leat amárach.
4. An [caith: tú] _____ do gheansaí?
5. [Cas: sí] _____ port (*tune*) amháin.
6. Ní [fág: sí] _____ a teach anocht.
7. An [fan: muid] _____ anseo?
8. [Cuir: muid] _____ fáilte romhat.
9. [Cruinnigh: muid] _____ na bileoga.
10. Ní [beannaigh: muid] _____ dóibh.
11. [Bain: tú] _____ an-taitneamh as.
12. [Inis: mé] _____ duit céard a tharla.
13. Ní [díol: muid] _____ an teach.
14. Ní [eisigh: siad] _____ an t-albam nua.
15. [Litrigh: mé] _____ i gceart é.

D. Cuir na dobhriathra ama seo in ord croineolaíoch. Tosaigh le 'i gceann tamaill'.

amárach; níos déanaí; i gceann tamaill; an bhliain seo chugainn; arú amárach;
an tseachtain seo chugainn; i gceann cúpla lá; an mhí seo chugainn; anocht

E. Athscríobh na habairtí seo san Aimsir Fháistineach i do chóipleabhar.

1. [Faigh: mé] _____ cupán tae duit.

2. Ní [bí: tú] _____ sásta.

3. An [abair: tú] _____ paidir?

4. [Tar: mé] _____ abhaile amárach.

5. [Beir: sí] _____ ar an liathróid.

6. An [feic: muid] _____ arís thú?

7. An [clois: mé] _____ arís uait?

8. [Tabhair: muid] _____ barróg mhór duit.

9. [Téigh: muid] _____ abhaile arú amárach.

10. An [ith: tú] _____ bricfeasta deas?

F. Aistrigh na habairtí seo go Gaeilge.

1. Can you bring us the menu?

2. I would like the salad for starters.

3. Can we get the bill, please?

4. Excuse me, the chicken is cold.

5. There is a problem with the bill.

6. I would like the steak, please.

  Cluastuiscint
Traic 57–58

CD 1

Cloisfidh tú fógra agus píosa nuachta faoi dhó.
Éist go cúramach leo agus freagair na
ceisteanna i do chóipleabhar.

 Script: leathanach 127 de
do Leabhar Gníomhaíochta

Fógra

1. Cad a osclófar i lár Cheatharlach amárach?

2. Cad a bheidh ar leathphraghas? Luaigh **dhá** rud.

3. Ainmnigh **dhá** shaghas bia a bheidh ar fáil.

Píosa Nuachta

1. Cé mhéad bialann a dúnadh an tseachtain seo?

2. Céard a bhí salach? Luaigh **dhá** rud.

3. Cad a bhí sna cistineacha? Luaigh **dhá** rud.

Sláinte agus Bia

Cultúr 7
An Ghaeilge sna Cathracha

Tá an Ghaeilge beo beathaíoch ar fud na hÉireann. Seo dhá shampla:

Co. Aontroma

Tuaisceart Éireann

Béal Feirste
An Chultúrlann

Éire

Baile Átha Cliath
Cluain Dolcáin

Béal Feirste

Tá Béal Feirste suite i dTuaisceart Éireann. Tá dhá Ghaeltacht sa chathair: An Cheathrú Ghaeltachta agus Bóthar Seoighe.

Tá An Chultúrlann suite ag 216 Bóthar na bhFál. Bíonn imeachtaí beoga sultmhara ar siúl ann gach lá. Féach www.culturlann.ie

Tá clú agus cáil ar na múrmhaisithe i mBéal Feirste.

Baile Átha Cliath

Tá Baile Átha Cliath suite in oirthear na tíre. Tá pobal láidir Gaeilge sa chontae.

Tá clú agus cáil ar go leor bannaí ceoil traidisiúnta as Baile Átha Cliath. Ina measc, tá Kíla, The Bonny Men agus Jiggy.

Tá 1300 cainteoir Gaeilge i gCluain Dolcáin! Bíonn ceolchoirmeacha agus ranganna ceoil ar siúl in Ionad Cultúrtha Áras Chrónáin.

Turas 1
202   dhá chéad a dó

Pobail Ghaeilge na gCathracha

I gcathracha ar fud na tíre, déanann pobail Ghaeilge an-obair chun an Ghaeilge agus cultúr na Gaeilge a chur chun cinn.

Cuireann imreoirí spóirt an Ghaeilge chun cinn ina gclubanna. Seinneann DJanna ceol Gaelach iontach ar na stáisiúin raidió Ghaeilge gach oíche. Freastalaíonn daoine ar ranganna Gaeilge, ceoil agus damhsa sna hionaid chultúrtha éagsúla. Téann daoine chuig féilte ceoil, litríochta agus drámaíochta freisin!

Ceisteanna

1. Cad a dhéanann pobail Ghaeilge i gcathracha ar fud na tíre?
2. Cá gcuireann imreoirí spóirt an Ghaeilge chun cinn?
3. Cén sórt ceoil a sheinneann DJanna gach oíche?

Stór focal

beoga sultmhara	lively and enjoyable	freastalaíonn	attend
múrmhaisithe	murals	eagrais	organisations
a chur chun cinn	promote		

Próifíl chlub

TASC CULTÚIR 7

I ngrúpa, roghnaigh ceann amháin de na clubanna/bannaí ceoil/ionaid chultúir/eagrais/féilte/stáisiúin raidió ón tábla thíos. Téigh ar líne agus faigh **trí** phointe eolais faoi.

Dear cur i láthair ar PowerPoint nó Prezi faoi. Léirigh os comhair an ranga é.

Clubanna spóirt	Bannaí ceoil	Ionaid chultúir
Na Gaeil Óga	Kíla	An Taibhdhearc
Laochra Loch Lao	IMLÉ	Áras Chrónáin
Cnocadóirí Bhaile Átha Cliath	Super Céilí	An Chultúrlann
Eagrais	**Féilte**	**Stáisiúin raidió**
Conradh na Gaeilge	Féile an Phobail	Raidió na Life
Gael Linn	Féile Luimnigh	Raidió Fáilte
Gael-Taca	TradFest	Raidió Rí-Rá

PAS BORDÁLA

✓ Faoi dheireadh na caibidle seo, beidh mé in ann:

- Cúigí agus contaetha na hÉireann a liostú.
- Seanfhocail a úsáid.
- Cur síos a dhéanamh ar na séasúir.
- Cur síos a dhéanamh ar an aimsir.
- Cur i láthair a dhéanamh ar an aimsir.
- Cur síos a dhéanamh ar na féilte is mó in Éirinn.
- Amhrán na bhFiann a chanadh.

Príomhscileanna

- A bheith liteartha
- A bheith cruthaitheach
- Cumarsáid
- Obair le daoine eile

Clár Ábhair

Cúigí na hÉireann

Meaitseáil

Tá ceithre chúige in Éirinn: Cúige Laighean, Cúige Chonnacht, Cúige Uladh agus Cúige Mumhan. Meaitseáil an tsiombail leis an gcúige.

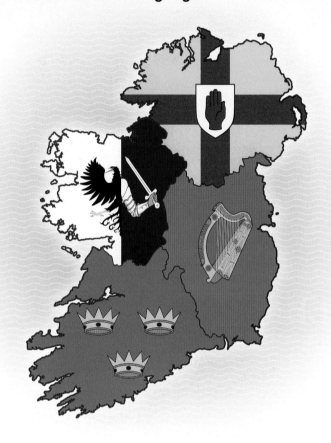

Cúige	Siombail
	trí choróin órga
	an chláirseach órga
	an lámh dhearg
	an t-iolar dubh; an lámh agus an claíomh

Bí ag caint!

Cuir na ceisteanna seo ar an duine atá in aice leat.

1. Cén cúige ina bhfuil cónaí ort?
2. Cén cúige arb as do thuismitheoirí?
3. Cén tsiombail is fearr leat?

Taighde

Fadó fadó, bhí cúig chúige in Éirinn.
Cén t-ainm a bhí ar an gcúigiú cúige?

Contaetha na hÉireann

 ## Le foghlaim

Foghlaim na contaetha seo de ghlanmheabhair. Tá siad an-tábhachtach do thrialacha cluastuisceana.

- An féidir leat iad a rá laistigh de 20 soicind?
- Cé hé an dalta is sciobtha sa rang?

Cúige Laighean	Cúige Uladh	Cúige Chonnacht	Cúige Mumhan
Baile Átha Cliath	Fear Manach	Gaillimh	Corcaigh
An Lú	Aontroim	Maigh Eo	Ciarraí
An Mhí	Tír Eoghain	Liatroim	An Clár
An Iarmhí	Doire	Sligeach	Luimneach
An Longfort	Ard Mhacha	Ros Comáin	Port Láirge
Uíbh Fhailí	An Dún		Tiobraid Árann
Laois	Dún na nGall		
Cill Chainnigh	Muineachán		
Ceatharlach	An Cabhán		
Loch Garman			
Cill Mhantáin			
Cill Dara			

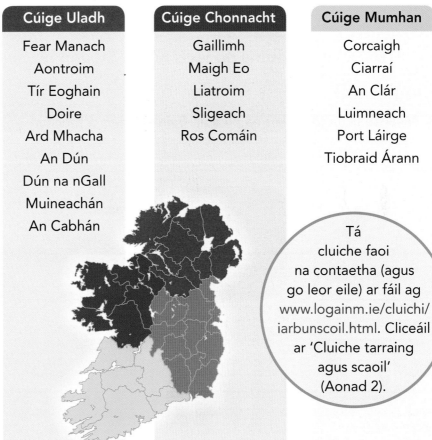

Tá cluiche faoi na contaetha (agus go leor eile) ar fáil ag www.logainm.ie/cluichi/iarbunscoil.html. Cliceáil ar 'Cluiche tarraing agus scaoil' (Aonad 2).

Éire

 ## Bí ag caint!

Cá bhfuil gach contae? Cuir ceisteanna ar an duine atá in aice leat.

Sampla:

Cá bhfuil Sligeach?

Tá Sligeach i gCúige Chonnacht.

Taighde

Céard is brí le do chontae féin? Téigh ar líne agus déan taighde.

 Táim in ann cúigí agus contaetha na hÉireann a liostú.

Seanfhocail na hÉireann

Bíonn gach duine go lách nó go dtéann bó ina gharraí.

Meaitseáil

A. Meaitseáil na focail leis na pictiúir. Bain úsáid as d'fhoclóir.

tost	tinteán	anlann	searbh	táinte	scéalaí	anam	ciaróg

_____ _____ _____ _____

_____ _____ _____ _____

B. Meaitseáil tús agus deireadh an tseanfhocail.

1	Bíonn an fhírinne...	A	...an t-ocras.
2	Is binn béal...	B	...searbh.
3	Is fearr an tsláinte...	C	...tír gan anam.
4	Is maith an t-anlann...	D	...ina thost.
5	Ní bhíonn saoi...	E	...an aimsir.
6	Tír gan teanga...	F	...ná na táinte.
7	Is maith an scéalaí...	G	...gan locht.
8	Aithníonn ciaróg...	H	...mar do thinteán féin.
9	Is minic a bhriseann béal duine...	I	...ciaróg eile.
10	Níl aon tinteán...	J	...a shrón.

I bponc (*in difficulty*)? Téigh chuig leathanach 254.

1 = ____ 2 = ____ 3 = ____ 4 = ____ 5 = ____ 6 = ____ 7 = ____ 8 = ____ 9 = ____ 10 = ____

Meaitseáil

Meaitseáil na seanfhocail leis na pictiúir seo.

1

2

3

4

Ní thagann ciall roimh aois. ☐

Cuir síoda ar ghabhar agus is gabhar i gcónaí é. ☐

Nuair a bhíonn an cat amuigh, bíonn na lucha ag damhsa. ☐

Cleachtadh a dhéanann máistreacht. ☐

Tarraing pictiúr

Roghnaigh seanfhocal eile. Tarraing pictiúr den seanfhocal sin.

 Scríobh

Críochnaigh an comhrá leis an seanfhocal ceart.

Faoi dheireadh, ar ais in Éirinn.

Níl aon _____ _____, mar a deir siad sa bhaile.

✓ Táim in ann seanfhocail a úsáid.

Na Séasúir

Meaitseáil

Meaitseáil na focail leis na pictiúir. Bain úsáid as d'fhoclóir.

an geimhreadh	an fómhar	an t-earrach	an samhradh

laonna	crainn	lusanna	iora rua	béar	uain	gráinneog	sútha

Meaitseáil agus scríobh

Meaitseáil na habairtí leis na séasúir. Scríobh dhá abairt faoi gach séasúr i do chóipleabhar.

1	Titeann duilleoga de na crainn.	
2	Fásann lusanna an chromchinn.	
3	Beirtear uain agus laonna.	
4	Bíonn na laethanta gearr agus na hoícheanta fada.	
5	Bíonn na laethanta fada agus na hoícheanta gearr.	
6	Déanann gráinneoga agus béir codladh sámh.	
7	Fásann sútha talún agus sútha craobh.	
8	Tagann dath donn, buí agus dearg ar na duilleoga.	

San earrach		
Sa samhradh		
San fhómhar		
Sa gheimhreadh		

Táim in ann cur síos a dhéanamh ar na séasúir.

An Aimsir in Éirinn

Cén sórt aimsire atá ann inniu?

Tá sé tirim ach níl sé te.

Meaitseáil

A. Meaitseáil na habairtí leis na pictiúir.

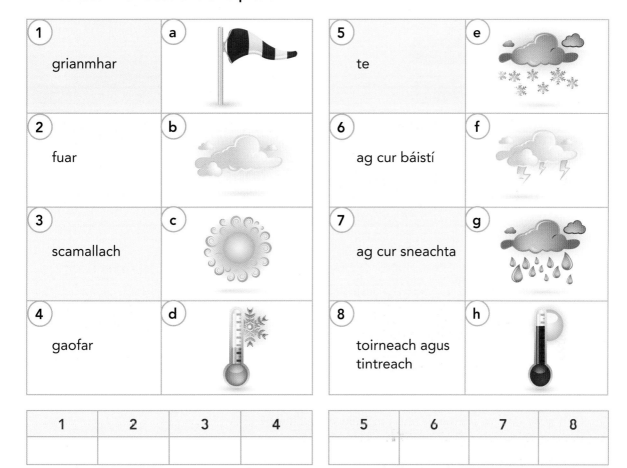

1 grianmhar	a
2 fuar	b
3 scamallach	c
4 gaofar	d

5 te	e
6 ag cur báistí	f
7 ag cur sneachta	g
8 toirneach agus tintreach	h

1	2	3	4

5	6	7	8

B. Meaitseáil na nathanna le chéile. Bain úsáid as d'fhoclóir.

1	Lá breá brothallach atá ann.	A	It is bucketing rain.
2	Lá ceomhar ceobhránach atá ann.	B	The sun is splitting the rocks.
3	Tá sé fuar fliuch feannaideach.	C	It is a fine and hot day.
4	Tá an ghrian ag scoilteadh na gcloch.	D	There is a tornado approaching.
5	Tá an bháisteach ag titim ina tulcaí.	E	It is a foggy and misty day.
6	Tá tornádó ag teacht.	F	It is cold, wet and bitter.

1 = ____   2 = ____   3 = ____   4 = ____   5 = ____   6 = ____

Éire

Scéal na hAimsire

Stór focal

réamhaisnéis	forecast	geallta	promised
an teocht is airde	the highest temperature	céim Celsius	degree Celsius

 Léigh agus scríobh

Léigh an dá réamhaisnéis seo.
Cén séasúr a mbaineann siad leis?

an t-earrach

an samhradh

Píosa a hAon Séasúr: _____

Fáilte romhaibh chuig scéal na haimsire. Beidh sé fuar ach tirim ar maidin. Beidh sé grianmhar i mBaile Átha Cliath ach beidh sé scamallach in áiteanna eile. Beidh an teocht is airde idir cúig chéim déag agus seacht gcéim déag Celsius.

Píosa a Dó Séasúr: _____

Fáilte romhaibh chuig réamhaisnéis na haimsire. Lá breá brothallach atá geallta inniu. Beidh an ghrian ag scoilteadh na gcloch ar fud na tíre. Beidh an teocht is airde idir fiche céim agus trí chéim is fiche Celsius.

Freagair na ceisteanna.

1. Cén sórt aimsire a bheidh ann ar maidin? (P1)
2. Cén sórt aimsire a bheidh ann i mBaile Átha Cliath? (P1)
3. Cén teocht a bheidh ann? (P1)
4. Cén sórt aimsire atá geallta? (P2)
5. Cén teocht a bheidh ann? (P2)

  Traic 59–60 **Éist agus scríobh**

Éist le dhá réamhaisnéis eile. Cén séasúr a mbaineann siad leis?
Freagair na ceisteanna thíos i do chóipleabhar.

	Píosa a hAon	Píosa a Dó
Cén sórt aimsire atá geallta? (**dhá** phointe eolais)	(i) (ii)	(i) (ii)
Cén teocht a bheidh ann?		

 Script: leathanach 128 de do Leabhar Gníomhaíochta

Bí ag caint!

Féach ar na pictiúir thíos. Cén sórt aimsire a bheidh ann níos déanaí inniu, amárach agus arú amárach?

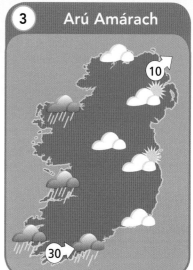

(Luas na gaoithe = km/h)

 Scríobh

Féach ar an mapa báistí thíos agus freagair na ceisteanna seo.
An bhfuil siad fíor nó bréagach?

F   B

1. Titeann níos mó báistí i mBaile Átha Cliath ná i nGaillimh. ☐ ☐
2. Titeann níos lú báistí i bPort Láirge ná i nDún na nGall. ☐ ☐
3. Titeann níos mó ná 1000mm báistí gach bliain i gCiarraí. ☐ ☐
4. Titeann níos lú ná 2000mm báistí gach bliain i gContae an Longfoirt. ☐ ☐
5. Titeann go leor báistí i gCill Mhantáin. ☐ ☐

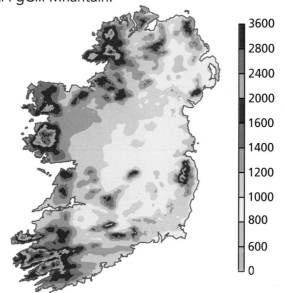

3600
2800
2400
2000
1600
1400
1200
1000
800
600
0

 Cur i láthair

Samhlaigh gur réamhaisnéiseoir aimsire (*weather forecaster*) thú. I ngrúpa, ullmhaigh scéal na haimsire.

 Táim in ann cur síos a dhéanamh ar an aimsir.

Éire

An Nollaig

Nollaig
25

Nollaig Shona Duit

Meaitseáil

Meaitseáil na focail leis na pictiúir. Bain úsáid as d'fhoclóir.

ᵇᵃᵍ ᵒᶠ ᵗᵒʸˢ mála bréagán	15	ᶜᵃⁿᵈˡᵉ coinneal	4	ᵖᵘᵗᵗⁱⁿᵍ maróg	12
ʰᵃᵐ liamhás	9	ᶜʳᵃᶜᵏᵉʳ pléascóg Nollag		ᵗᵘʳᵏᵉʸ turcaí	10
ⁿᵒʳᵗ ᵖᵒˡᵉ An Mol Thuaidh	1	ᵖʳᵉˢᵉⁿᵗ bronntanas	7	ᵉˡᶠ lucharachán	14
bachlóga Bruiséile	2	ʳᵉⁱᵈᵉʳ réinfhia	6	ᶜᵃᵏᵉ císte	13
ᵃⁿᵍᵉˡ aingeal	3	maisiúchán	8	ᶜʰⁱᵐⁿᵉʸ simléar	5

Tráth na gceist

Bain triail as tráth na gceist anseo.

		A	B
1	Cá bhfuil Daidí na Nollag ina chónaí?	An Mol Theas	An Mol Thuaidh
2	Cathain a thugann Daidí na Nollag bronntanais chuig páistí?	Oíche Nollag	Lá Fhéile Stiofáin
3	Cé a dhéanann na bréagáin sa Laplainn?	Lucharacháin	Réinfhianna
4	Cad a chuirtear ar an gcrann Nollag?	Bréagáin	Maisiúcháin
5	Cad a bhíonn sna pléascóga Nollag?	Jócanna amaideacha agus bronntanais beaga	Bachlóga Bruiséile

 Bí ag caint!

Cuir na ceisteanna seo ar an duine in aice leat.

- Cad a itheann tú le haghaidh dhinnéar na Nollag? Cén bia is fearr leat?

- An bhfuil crann Nollag sa bhaile? Cén seomra?

- An rachaidh tú ag siopadóireacht? Cá rachaidh tú?

- Cad a dhéanann tú maidin Lá Nollag?

Stór focal

téim	I go
cuirim suas	I put up
ithim	I eat
tarraingím	I pull
cabhraím le	I help
ceannaím	I buy
maisím	I decorate
osclaím	I open
lasaim	I light
déanaim	I do/make

Éire

 Scríobh

Tá tú féin agus do theaghlach ar laethanta saoire um Nollaig. Scríobh cárta poist chuig cara leat. Freagair na ceisteanna seo:

- Cá bhfuil tú ar saoire?
- Cén sórt aimsire atá ann?
- An bhfuair tú aon bhronntanas deas?

- An ndeachaigh tú ag siopadóireacht?
- Cad a d'ith tú le haghaidh dhinnéar na Nollag?
- Cathain a bheidh tú ar ais?

 Tá tuilleadh faoin gcárta poist ar fáil ar leathanach 104.

 Táim in ann cur síos a dhéanamh ar imeachtaí na Nollag.

Oíche Chinn Bhliana

Nollaig
31

Athbhliain faoi shéan is faoi mhaise duit!

 Léigh agus scríobh

Léigh an t-alt seo agus freagair na ceisteanna a ghabhann leis.

Is mise Dubhghlas. Is as Albain dom ach tá cónaí orm i mBaile Átha Cliath. Is breá liom Oíche Chinn Bhliana. Téimid isteach sa chathair agus éistimid le cloig Ard-Eaglais Chríost.

Christ Church bells

Is fearr liom Oíche Chinn Bhliana in Albain. Tugaimid 'Hogmanay' air. Tagann na mílte duine amach ar na sráideanna agus bíonn ceiliúradh ollmhór ann.

huge

Déanaim rúin Athbhliana gach bliain ach brisim i gcónaí iad.

New Year's resolutions

1. Cad as do Dhubhghlas?
2. Cad a dhéanann sé sa chathair?
3. Cad a thugtar ar Oíche Chinn Bhliana in Albain?
4. Cén sórt ceiliúrtha a bhíonn ann?
5. Cad a bhriseann sé gach bliain?

Lá Caille

Eanáir
1

 Léigh agus scríobh

Léigh an t-alt seo agus freagair na ceisteanna a ghabhann leis.

Haigh, is mise Laura. Is as Cathair na Mart mé. Lá Caille, is breá liom dul go dtí lár an bhaile mhóir. Buailim le mo chairde agus téimid ag siopadóireacht. Bíonn go leor margaí maithe ar fáil.

town centre

bargains

Tá mo thuismitheoirí an-phiseogach faoi Lá Caille. Deir siad má shéideann an ghaoth aniar go mbeidh bliain mhaith againn, ach má shéideann an ghaoth anoir go mbeidh bliain mhaith ag ár naimhde.

very superstitious
the wind blows from the west

from the east
enemies

1. Cad as do Laura?
2. Cad a dhéanann sí Lá Caille?
3. Cén sórt daoine iad a tuismitheoirí?
4. Cad a deir a tuismitheoirí faoin ngaoth?

Lá Fhéile Bríde

Feabhra
1

Léigh agus scríobh

Léigh an t-alt seo agus freagair na ceisteanna a ghabhann leis.

Rugadh Naomh Bríd i gContae Lú. Bhí Bríd an-chineálta le daoine **bochta** ach níor thaitin sin lena hathair, Dubhthach. Lá amháin **shocraigh** Dubhthach Bríd **a dhíol** le h**Ardrí** Laighean.

poor
decided
to sell; High King

Nuair a shroich siad an caisleán, d'fhág Dubhthach **a chlaíomh** ag an doras. Chuaigh sé isteach chun labhairt leis an Ardrí. Chonaic Bríd fear bocht agus thug sí claíomh a hathar dó. Nuair a tháinig a hathair amach, bhí fearg an domhain air. Thuig an tArdrí, **áfach**, gur chailín iontach í Bríd. Dúirt sé le Dubhthach í a **scaoileadh saor**.

his sword

however
set free

Chuaigh Bríd sna **mná rialta** ina dhiaidh sin. Chaith sí a saol ag tabhairt aire do dhaoine bochta. Rinne sí **crosóg** as **luachra** chun an creideamh a mhíniú do mhuintir na hÉireann. **Ceiliúrtar** Lá Fhéile Bríde ar 1 Feabhra.

nuns

cross; reeds
celebrated

Éire

A. Freagair na ceisteanna seo.

1. Cár rugadh Naomh Bríd?
2. Cad a thug Bríd don fhear bocht ag an gcaisleán?
3. Conas a mhothaigh a hathair nuair a tháinig sé amach?
4. Cad a cheap an tArdrí faoi Bhríd?
5. Cad a rinne Bríd ina dhiaidh sin?
6. Cad a d'úsáid sí chun an creideamh a mhíniú?

B. Tá na habairtí seo bréagach. Ceartaigh iad.

1. Rugadh Naomh Bríd i gContae na Mí.
2. Bhí Bríd an-suarach.
3. Thug Bríd sciath a hathar don fhear bocht.
4. Cheap an tArdrí gur dhroch-chailín í Bríd.
5. Ceiliúrtar Lá Fhéile Bríde ag tús an tsamhraidh.

Taighde

Conas a dhéanann tú crosóg Bhríde? Téigh ar líne nó cuir ceist ar do mhúinteoir.

Táim in ann cur síos a dhéanamh ar stair Lá Fhéile Bríde.

Lá Fhéile Vailintín

Feabhra 14

Meaitseáil

Meaitseáil na focail leis na pictiúir.

| bronntanas | Naomh Vailintín | fáinne | cárta | grá | seacláid | leannáin | rósanna |

Léigh agus scríobh

A. Léigh an t-alt seo agus freagair na ceisteanna a ghabhann leis.

Naomh Vailintín

Rugadh Naomh Vailintín san Iodáil sa bhliain 176 AD. **Thug sé daoine chun na Críostaíochta,** rud a chuir fearg ar an **Impire** Claudius. **Dhaor** Claudius **chun báis** é!

he converted people to Christianity
Emperor; condemned
to death

Ceiliúrtar Lá Fhéile Vailintín ar 14 Feabhra. Tá **scrín** speisialta do Naomh Vailintín i mBaile Átha Cliath.

celebrated; shrine

1. Cár rugadh Naomh Vailintín?
2. Cathain a rugadh Naomh Vailintín?
3. Cén fáth a raibh fearg ar Impire Claudius?
4. Cathain a cheiliúrtar Lá Fhéile Vailintín?

B. Déan cárta Vailintín! Scríobh an teachtaireacht i nGaeilge, mar shampla:

'Lá Fhéile Vailintín faoi mhaise duit!'

'Bíonn rósanna dearg, is gorm an spéir! Is tusa an ghrian is na réaltaí go léir!'

Táim in ann cárta Vailintín a dhearadh.

Seachtain na Gaeilge

Márta
1–17

Bí ag caint!

An raibh Seachtain na Gaeilge ar siúl i do scoil anuraidh? Cad a rinne sibh?

Léigh agus scríobh

Léigh an ríomhphost seo agus freagair na ceisteanna a ghabhann leis.

Ó: Daibhí Mac an tSaoi<saoiganlocht@gaeilgemail.com>

Chuig: Órla Ní Mhurchú<orlanimhurchu@gaeilgemail.com>

Ábhar: Seachtain na Gaeilge

Seolta: Máirt, 12 Márta 2018 20:46

Haigh, a Órla,

Conas atá cúrsaí? Tá súil agam go bhfuil tú go maith. Tá Seachtain na Gaeilge ar siúl faoi láthair. Tá go leor imeachtaí iontacha ar siúl.

Dé Luain, chuamar go Baile Átha Cliath agus thugamar cuairt ar mhúsaem Pháirc an Chrócaigh. Bhí sin ar dóigh.

Inniu, bhí Comórtas Poc Fada agus Cic Fada ar siúl. Bhain mé an tríú háit sa Chomórtas Poc Fada.

Amárach, beidh ceolchoirm speisialta ar siúl san amharclann áitiúil leis na bannaí ceoil The Bonny Men agus Super Céilí! Táim ag tnúth go mór leis.

Déardaoin, beidh Céilí Mór sa halla.

Cad a dhéanfaidh sibh an tseachtain seo? Scríobh ar ais go luath.

Slán!

Daibhí

---

1. Cad a bhí ar siúl Dé Luan?
2. Cad a bhí ar siúl Dé Máirt?
3. Conas a d'éirigh le Daibhí sa Chomórtas Poc Fada?
4. An bhfuil Daibhí ag tnúth leis an gceolchoirm speisialta?
5. Cén lá a bheidh an Céilí Mór ar siúl?

Dear fógra

Dear fógra do Sheachtain na Gaeilge i scoil Dhaibhí. Ansin, dear fógra do Sheachtain na Gaeilge i do scoil féin.

Táim in ann fógra do Sheachtain na Gaeilge a dhearadh.

Éire

Lá Fhéile Pádraig

Márta 17

Lá Fhéile Pádraig faoi mhaise duit!

Meaitseáil

Meaitseáil na focail leis na pictiúir.

| seamróg | aoire | Naomh Pádraig | Aifreann | paráid | gléasta suas |

Léigh agus scríobh

Léigh an t-alt seo agus freagair na ceisteanna a ghabhann leis.

Ceiliúrtar Naomh Pádraig, pátrún na hÉireann, gach bliain ar 17 Márta. Ba as an mBreatain Bheag é Pádraig. Nuair a bhí sé óg, tugadh go hÉirinn mar sclábhaí é. Chaith Pádraig sé bliana ag obair mar aoire agus ag foghlaim Gaeilge.

Lá amháin, d'éalaigh sé. Ach tháinig sé ar ais go hÉirinn i 432 AD agus thug sé an Chríostaíocht leis. D'úsáid sé seamróg chun Dia an tAthair, an Mac agus an Spiorad Naomh a mhíniú do mhuintir na hÉireann.

Gach bliain, bíonn Paráidí Lá Fhéile Pádraig ar siúl ar fud an domhain – in Éirinn, i Sasana, i Meiriceá, i Montsarat, fiú! Tagann go leor turasóirí go hÉirinn an tseachtain sin.

Ar maidin, téann a lán daoine ar Aifreann agus ansin go dtí an pharáid. Téann go leor daoine go dtí Páirc an Chrócaigh chun cluichí ceannais na gclubanna a fheiceáil.

1. Cathain a cheiliúrtar Naomh Pádraig?
2. Cad a rinne sé nuair a bhí sé in Éirinn den chéad uair?
3. Cad a mhínigh sé le seamróg?
4. Cá gceiliúrtar Lá Fhéile Pádraig gach bliain?
5. Cad a dhéanann daoine in Éirinn? (**trí** phointe eolais)

Bí ag caint!

Cad a dhéanann tú féin agus do chairde Lá Fhéile Pádraig? Cuir ceisteanna ar an duine atá in aice leat.

Táim in ann cur síos a dhéanamh ar Lá Fhéile Pádraig.

Amhrán na bhFiann

 ### Scríobh

Cathain a chanann daoine 'Amhrán na bhFiann'?

	Canann ✔	Ní chanann ✗
Gach maidin nuair a éiríonn siad		
Sa chéad rang ar scoil		
Roimh chluichí spóirt		
Ag na Cluichí Oilimpeacha		
Ar Lá 'le Pádraig		

  ### Éist agus can

Éist le hAmhrán na bhFiann. An féidir leat é a chanadh?

Sinne Fianna Fáil,

Atá faoi gheall ag Éirinn,

Buíon dár slua

Thar toinn do ráinig chugainn,

Faoi mhóid bheith saor

Seantír ár sinsear feasta,

Ní fhágfar faoin tíorán ná faoin tráill.

Anocht a théam sa bhearna bhaoil,

Le gean ar Ghaeil, chun báis nó saoil,

Le gunna scréach faoi lámhach na bpiléar,

Seo libh canaigh amhrán na bhfiann.

Éire

✓ Táim in ann 'Amhrán na bhFiann' a chanadh.

An Inid

Meaitseáil

Meaitseáil na comhábhair leis na pictiúir. Bain úsáid as d'fhoclóir.

síoróip mhailpe	meascthóir	salann	tiontaigh	im leáite
friochtán	torthaí	plúr	spúnóg bhoird	fuidreamh

Léigh agus scríobh

Léigh an t-oideas seo do phancóga. An gceapann tú go bhfuil sé blasta?

Oideas

Comhábhair

* 100g plúir
* Gráinne salainn
* Dhá ubh – buailte
* 300ml bainne
* Dhá spúnóg bhoird d'im leáite
* Banana amháin – brúite

Treoracha

1. Measc na comhábhair i meascthóir.
2. Doirt dhá spúnóg bhoird den fhuidreamh isteach i bhfriochtán.
3. Tar éis dhá nóiméad, tiontaigh an phancóg.
4. Cuir an phancóg ar phláta.
5. Cuir torthaí úra agus síoróip mhailpe leis.

	Aontaím	Ní aontaím
Tá an t-oideas seo blasta.		
Tá an t-oideas seo éasca.		
Tá an t-oideas seo sláintiúil.		

 Táim in ann pancóg a dhéanamh do Mháirt na hInide.

An Cháisc

Beannachtaí na Cásca ort!

 Meaitseáil

Meaitseáil an ceiliúradh (*celebration*) leis na pictiúir.

| Domhnach Cásca | Céadaoin an Luaithrigh | Aoine an Chéasta | Máirt na hInide |

_____ _____ _____ _____

 Léigh agus scríobh

Léigh an t-alt seo agus freagair na ceisteanna a ghabhann leis.

Is mise Iva. Is breá liom Domhnach Cásca. Críochnaíonn an Carghas an lá sin. Faighim go leor uibheacha Cásca Domhnach Cásca.	Lent; I get
Tosaíonn an Carghas ar Chéadaoin an Luaithrigh. Déanann daoine iarracht éirí as milseáin nó seacláid nó cístí. Caitheann daoine luaithreach ar a gclár éadain freisin.	give up cakes ash; forehead
Nuair a bhí mé níos óige, chuireadh m'athair agus mo mháthair na huibheacha Cásca i bhfolach. Is cuimhin liom a bheith ag dul ag tóraíocht na n-uibheacha – ar fud an tí agus ar fud an ghairdín!	hide; I remember hunting the eggs

1. Cén tréimhse a chríochnaíonn Domhnach Cásca?
2. Cad a fhaigheann Iva Domhnach Cásca?
3. Cad a dhéanann daoine Céadaoin an Luaithrigh?
4. Cad a dhéanadh a tuismitheoirí nuair a bhí sí óg?

  Bí ag caint!

Cuir na ceisteanna seo ar an duine in aice leat.

- An maith leat Domhnach Cásca?
- Cad a dhéanann tú Domhnach Cásca?

> Táim in ann cur síos a dhéanamh ar Fhéile na Cásca.

Aonach an Phoic

  Éist agus scríobh

Baineann an t amhrán 'An Poc ar Buile' le féile mhór darb ainm Aonach an Phoic.
Éist leis an amhrán agus líon na bearnaí.

fórsa	tráthnóna	chlipeadh	ceoidh	bhríste
pocán	treascairt	diabhal	comhrac	carraig

An Poc ar Buile

Ar mo ghabháil dom siar chun Droichead Uí Mhórdha,

Píce i m' dhóid is mé ag dul i meitheal,

Cé a chasfaí orm i gcumar _____

Ach _____ crón is é ar buile.

Ailliliú, puilliliú, ailliliú, tá an poc ar buile.

Ailliliú, puilliliú, ailliliú, tá an poc ar buile.

Do ritheamar trasna trí rilleogach,

Is do ghluais an _____ ar fud na moinge,

Is _____ dá bhfuair sé sna túrtóga,

Chuas ar neoin ar a dhroim le fuinneamh.

Ailliliú, puilliliú, ailliliú, tá an poc ar buile.

Ailliliú, puilliliú, ailliliú, tá an poc ar buile.

Níor fhág sé _____ go raibh scót ann,

Ná gur rith le _____ chun mé do mhilleadh,

Is ansan do chaith sé an léim ba mhó,

Le fána mhór na Faille Brice.

Ailliliú, puilliliú, ailliliú, tá an poc ar buile.

Ailliliú, puilliliú, ailliliú, tá an poc ar buile.

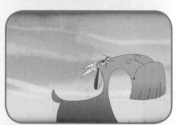

Bhí garda mór i mBaile an Róistigh,

Is do bhailigh fórsaí chun sinn a _____ ,

Do bhuail sé rop dá adhairc sa tóin air,

Is dá _____ nua do dhein sé giobail.

Ailliliú, puilliliú, ailliliú, tá an poc ar buile.

Ailliliú, puilliliú, ailliliú, tá an poc ar buile.

I nDaingean Uí Chúis le haghaidh an _____,

Bhí an sagart paróiste amach inár gcoinnibh,

'Sé dúirt gurbh é an _____
ba dhóigh leis,

A ghabh an treo ar phocán buile!

Ailliliú, puilliliú, ailliliú, tá an poc ar buile.

Ailliliú, puilliliú, ailliliú, tá an poc ar buile.

Téigh chuig
www.educateplus.ie/resources/turas
chun féachaint ar an bhfíseán. Tá liricí
an amhráin ar leathanach 128 de do
Leabhar Gníomhaíochta.

Stór focal

ar mo ghabháil dom	on my way	ar neoin	of course
píce i m' dhóid	pitchfork in my hand	scót	passage
meitheal	group of workers	mé do mhilleadh	to destroy me
cé a chasfaí orm	who did I meet	fána mhór	big slope
pocán crón	a tan puck goat	sinn a chlipeadh	to stop us
an poc ar buile	the mad puck goat	chuas	I went
rilleogach	boggy ground	rop dá adhairc	buck of his horns
comhrac	fight	dhein sé giobail	he made rags of
moing	swamp/bog	inár gcoinnibh	against us
treascairt dá bhfuair sé	he took a fall	a ghabh an treo	that travelled along
túrtóg	small hill/mound	Aonach an Phoic	Puck Fair

Léigh agus scríobh

Léigh an t-alt seo agus freagair na ceisteanna a ghabhann leis.

Bíonn Aonach an Phoic ar siúl i gCill Orglan, Ciarraí gach mí Lúnasa. Tagann go leor turasóirí chuig an aonach speisialta seo.

Is **gabhar** fiáin é an poc. Gach bliain, beireann **glacaire** speisialta ar ghabhar fiáin agus tugann sé an gabhar ar ais go Cill Orglan. Ansin, déanann **cailín óg ón gceantar** rí den phoc seo. — goat catcher — a local girl

Tar éis sin, cuirtear an poc ar **ardán** mór i lár Chill Orglan. Fanann sé ansin ar feadh trí lá. Ansin, filleann sé ar ais go dtí na **sléibhte**. — platform — mountains

1. Cá mbíonn Aonach an Phoic ar siúl gach bliain?
2. Cathain a bhíonn an t-aonach ar siúl?
3. Cad é an poc?
4. Cé a dhéanann rí den phoc?
5. Cá fhad a fhanann an poc ar an ardán mór?

Táim in ann amhrán faoi Aonach an Phoic a chanadh.

Éire

Treoir Ghramadaí

Fáilte chuig an treoir ghramadaí seo.

Bunaítear na míreanna gramadaí ar na ceachtanna gramadaí a dhéantar i ngach caibidil. Mínítear na rialacha go soiléir cruinn agus tugtar an-chuid samplaí chun na rialacha seo a léiriú. Ba chóir duit na cleachtaí a dhéanamh i do chóipleabhar.

Tá súil againn go mbainfidh tú leas agus tairbhe as an treoir ghramadaí seo.

Welcome to this grammar guide.

The grammar sections are based on the grammar lessons that are done in each chapter. The rules are explained clearly and concisely and many examples are provided to illustrate these rules. You should complete the exercises in your copybook.

We hope that you get great use out of this grammar guide.

Clár

Forainmneacha Réamhfhoclacha: 'le' agus 'do'

Cuimhnigh!

- We use prepositional pronouns (*forainmneacha réamhfhoclacha*) when a preposition (e.g. with, for) and a pronoun (e.g. me, you) come together.

- In English, two words are used, e.g. 'with me' or 'for them'. However, in Irish we combine the two words to form one word, e.g. **liom** (*le + mé*) or **dóibh** (*do + iad*).

- Sometimes **'liom, leat…'** have different meanings and uses, but often they just mean 'with me, with you…'.

- There are some other meanings to **'dom, duit…'** too, but most often they mean 'for me, for you…' or 'to me, to you…'.

- Like many other European languages, Irish uses the order I–you–he–she–we–you (plural)–they.

Foghlaim na liostaí seo de ghlanmheabhair.

Pronoun	Forainm	Réamhfhocal	
		le	do
I	mé	liom	dom
you	tú	leat	duit
he	sé	leis	dó
she	sí	léi	di
we	muid/sinn	linn	dúinn
you (plural)	sibh	libh	daoibh
they	siad	leo	dóibh
		le Marc	*do Mharc*

Cleachtadh A

Athraigh na focail idir lúibíní.

1. Seo bronntanas [do: tú] _____.
2. An maith [le: tú] _____ é?
3. Is breá [le: mé] _____ an múinteoir nua.
4. Ar bhuail tú [le: í] _____?
5. Ar bheannaigh tú [do: iad] _____?
6. Ar bheannaigh siad [do: sibh] _____?
7. Ar thug sé cuireadh [do: tú] _____ teacht chuig an bpictiúrlann?
8. An rachaidh tú [le: é] _____?
9. Taispeáin an leabhar sin [do: mé] _____.
10. An dtabharfaidh tú sos [do: muid] _____?

Cleachtadh B

Athraigh na focail idir lúibíní.

1. Ar bheannaigh siad [do: sibh] _____? Níor bheannaigh sé [do: muid] _____!
2. Ar thug sé cuireadh [do: tú] _____ teacht chuig an bpictiúrlann? Níor labhair sé [le: mé] _____!
3. Taispeáin an leabhar sin [do: Seán] _____. Ná taispeáin [do: Síle] _____ é!
4. Labhair [le: Siún] _____ ach ná labhair [le: Sadhbh] _____!
5. Ná tabhair obair bhaile [do: muid] _____! Is gráin [le: muid] _____ obair bhaile!

Cleachtadh C

Ceartaigh na botúin sna habairtí seo.

1. Seo mo dheirfiúr. Máire is ainm dó.
2. Táimid sa Spáinn. Is aoibhinn libh é.
3. Táim ar scoil ach ní maith leis é.
4. Seo Barra. Is aoibhinn léi Gaeilge agus Béarla.
5. Seo Órfhlaith. Is breá leis gach ábhar.

Forainmneacha Réamhfhoclacha: 'ar' agus 'ag'

 Cuimhnigh!

- We use prepositional pronouns (*forainmneacha réamhfhoclacha*) when a preposition (e.g. on, at) and a pronoun (e.g. me, you) come together.

- In English, two words are used, e.g. 'on them' or 'at me'. However, in Irish we combine the two words to form one word, e.g. **orthu** (*ar + iad*) or **agam** (*ag + mé*).

- There are some other meanings to '**orm, ort**…' too, but most often they mean 'on me, on you…'.

- We use '**orm, ort**…' to express feelings too, e.g. I am happy, I am sad. (There is a happiness or sadness on me.)

- Sometimes '**agam, agat**…' have different meanings and uses, but often they just mean 'I have, you have'.

- Like many other European languages, Irish uses the order I–you–he–she–we–you (plural)–they.

Foghlaim na liostaí seo de ghlanmheabhair.

Pronoun	Forainm	Réamhfhocal	
		ag	**ar**
I	mé	agam	orm
you	tú	agat	ort
he	sé	aige	air
she	sí	aici	uirthi
we	muid/sinn	againn	orainn
you (plural)	sibh	agaibh	oraibh
they	siad	acu	orthu
		ag Siún	*ar Shiún*

Cleachtadh A

Athraigh na focail idir lúibíní.

1. Tá gruaig dhubh [ar: é] _____.
2. Ceapaim go bhfuil súile donna [ag: é] _____.
3. Tá trí ábhar déag á ndéanamh [ag: iad] _____.
4. Tá beirt mhúinteoirí nua [ag: muid] _____.
5. Tá áthas an domhain [ar: í] _____!
6. Tá ocras an domhain [ar: muid] _____!
7. An bhfuil nóiméad [ag: sibh] _____?
8. An bhfuil an t-am [ag: tú] _____?
9. Tá tuirse an domhain [ar: mé] _____!
10. Tá gruaig rua [ar: í] _____ agus tá súile gorma [ag: í] _____.

Cleachtadh B

Athraigh na focail idir lúibíní.

1. Seo Séamus. Tá gruaig dhonn ghearr [ar: é] _____ agus tá súile glasa [ag: é] _____.
2. Seo Labhaoise. Tá gruaig fhada [ar: í] _____. Tá frainse [ag: í] _____ freisin.
3. Níl an t-am [ag: mé] _____. An bhfuil an t-am [ag: tú] _____ nó an bhfuil deifir [ar: tú] _____?
4. Tá gruaig rua [ar: Mícheál] _____ agus tá súile gorma [ag: é] _____.
5. Tá súile gorma [ag: Mícheál] _____ agus tá gruaig rua [ar: é] _____.

Cleachtadh C

Ceartaigh na botúin sna habairtí seo.

1. Seo Amy. Is múinteoir í. Is minic a bhíonn fearg air.
2. Féach orm! Tá gruaig bhándearg agus gorm uirthi.
3. Cá bhfuil mo leabhar? Tá sé caillte acu.
4. Cogar, a stóirín, téigh a chodladh. Tá tuirse an domhain oraibh.
5. Cogar, a Phádraig. An bhfuil peann agam? Go raibh maith agam!

Mar, Mar go, Toisc go

Treoir Ghramadaí

Cuimhnigh!

- There are a few different ways of saying 'because' in Irish. We can say **mar**, **mar go** and **toisc go**.
- When we use **go** after **mar** and **toisc**, the next word must change too.
- Look at the following lists to see some of the differences.

mar tá mé / táim	mar go bhfuil mé / go bhfuilim	toisc go bhfuil mé / go bhfuilim	because I am
mar tá tú	mar go bhfuil tú	toisc go bhfuil tú	because you are
mar tá sé	mar go bhfuil sé	toisc go bhfuil sé	because he/it is
mar tá sí	mar go bhfuil sí	toisc go bhfuil sí	because she/it is

The same happens in the negative.

mar níl mé / nílim	mar nach bhfuil mé / nach bhfuilim	toisc nach bhfuil mé / nach bhfuilim	because I'm not

Cleachtadh A

Meaitseáil colún 1 le colún 2.

1	Is breá liom an múinteoir nua…	A	…toisc go bhfuil tú déanach!
2	Beidh fearg ar an múinteoir…	B	…mar tá sí an-chineálta.
3	Cas air an solas…	C	…mar tá sé an-te.
4	Oscail an fhuinneog…	D	…mar nach bhfuil sé cabhrach!
5	Ní maith liom an múinteoir nua…	E	…mar go bhfuil sé dorcha.

1 = ____

2 = ____

3 = ____

4 = ____

5 = ____

Cleachtadh B

Líon na bearnaí.

> tá   go   bhfuil   tá   bhfuil

1. Is aoibhinn liom Mata mar go _____ sé dúshlánach.

2. Is breá liom Gaeilge mar _____ sí taitneamhach.

3. Is gráin liom Stair mar _____ bhfuil sé leadránach.

4. Ní maith leo Staidéar Gnó toisc go _____ sé casta.

5. Is é Creideamh an t-ábhar is fearr liom mar _____ sé an-suimiúil.

Cleachtadh C

Aistrigh go Gaeilge. Úsáid na focail idir lúibíní.

1. Open the door because it is warm. (*mar go*)
2. Close the window because it is cold. (*toisc go*)
3. I like Science because it is interesting. (*mar*)
4. I don't like French because it is not interesting. (*toisc nach*)
5. English is my favourite subject because it is exciting. (*mar go*)

An Aidiacht Shealbhach

Cuimhnigh!

- We use the possessive adjective when we want to show something belongs to somebody and to talk about relations and friends.
- There is one set of rules for the consonants and another for vowels. The letter F has the same rules as vowels when it is followed by a vowel (e.g. *m'fhón*), but it has the same rules as consonants when followed by a consonant (e.g. *mo fhreagra*).
- Words beginning with L, N and R never take a **séimhiú** or **urú** after 'mo', 'do', etc.: *mo leabhar; mo rothar; mo neart.*

An t-urú	
mb	bp
nd	dt
ng	gc
bhf	
n-guta	

Consain

mo	mo bhróga, mo chara, mo dheasc, mo gheansaí, mo mhála, mo pheann, mo sheomra, mo theanga
do	do bhróga, do chara, do dheasc, do gheansaí, do mhála, do pheann, do sheomra, do theanga
a	a bhróga, a chara, a dheasc, a gheansaí, a mhála, a pheann, a sheomra, a theanga
a	a bróga, a cara, a deasc, a geansaí, a mála, a peann, a seomra, a teanga
ár	ár mbróga, ár gcara, ár ndeasc, ár ngeansaí, ár mála, ár bpeann, ár seomra, ár dteanga
bhur	bhur mbróga, bhur gcara, bhur ndeasc, bhur ngeansaí, bhur mála, bhur bpeann, bhur seomra, bhur dteanga
a	a mbróga, a gcara, a ndeasc, a ngeansaí, a mála, a bpeann, a seomra, a dteanga

Gutaí + f

m'	m'éide scoile, m'oifig, m'fhón póca, m'fhillteán, mo fhreagra
d'	d'éide scoile, d'oifig, d'fhón póca, d'fhillteán, do fhreagra
a	a éide scoile, a oifig, a fhón póca, a fhillteán, a fhreagra
a	a héide scoile, a hoifig, a fón póca, a fillteán, a freagra
ár	ár n-éide scoile, ár n-oifig, ár bhfón póca, ár bhfillteán, ár bhfreagra
bhur	bhur n-éide scoile, bhur n-oifig, bhur bhfón póca, bhur bhfillteán, bhur bhfreagra
a	a n-éide scoile, a n-oifig, a bhfón póca, a bhfillteán, a bhfreagra

Cleachtadh A

Athraigh na focail idir lúibíní.

1. An bhfaca tú [mo: mála] _____ ?

2. Tá [do: fón póca] _____ nua an-deas.

3. Is breá le mo Mham [a: uaireadóir] _____ nua.

4. An maith leo [a: múinteoir] _____ nua?

5. Táimid ar [ár bealach] _____ abhaile.

6. Thug sé [a: geansaí] _____ d'fhear bocht.

7. Tá oifig nua ag [ár: príomhoide] _____.

8. Tá [ár: seomra] _____ an-fhuar.

9. Tá [ár: radaitheoirí] _____ briste.

10. Ní maith leo [a: éide scoile] _____ ar chor ar bith!

Cleachtadh B

Aistrigh go Gaeilge. Tá siad an-chosúil le ceisteanna 1–10 i gcleachtadh A.

1. Did you see your bag?

2. Your new bag is very nice.

3. My father really likes his new mobile phone.

4. Do they like their new school?

5. We are on our way to school.

6. He gave his pen to me.

7. Our teacher has a new office.

8. Our office is very cold.

9. Our windows are broken.

10. They don't like their new classroom.

Consain Leathana agus Consain Chaola

Cuimhnigh!

The rules of spelling in Irish can be very strict. Remember the following points and your spelling will improve!

- There are two groups of vowels: **leathan** (a, o and u) and **caol** (i and e).
- There is no problem with these vowels sitting side by side in a word, e.g. **beo**, **teach** or **fuinneog**.
- The rule comes into place when one or more consonants are placed between two vowels, e.g. **mise**, **seomra** or even **staighre**.
- The rule states that the vowel before the consonant or consonants must be from the same group as the vowel after the consonant or consonants. Look at the following examples:
  - **mise**: **i** and **e** are from the same group (*caol*).
  - **seomra**: **o** and **a** are from the same group (*leathan*).
  - **staighre**: **i** and **e** are from the same group (*caol*).
  - **Éireannach**: **i** and **e** are from the same group and **a** and **a** are from the same group.

Cleachtadh

An bhfuil na focail seo litrithe i gceart?

		Ceart/Mícheart	Cén fáth?
1	Consan	Ceart	Tá **o** agus **a** sa ghrúpa céanna (leathan).
2	Gaeilga	Mícheart	Níl **i** agus **a** sa ghrúpa céanna. 'Gaeilge' an leagan ceart.
3	Béirla		
4	Mata		
5	Máithair		
6	Athair		
7	Deartháir		
8	Deirfúir		
9	Eaistát		
10	Bungaló		

Treoir Ghramadaí

Briathra

Cuimhnigh!

- A **briathar** (verb) is a word that illustrates an action, such as **léim** (jump), **bris** (break), **ith** (eat), **ól** (drink).
- An **aimsir** (tense) tells us when the action took place. We focus on three tenses in this book:

An Aimsir Chaite	The past tense	Rudaí a tharla inné.
An Aimsir Láithreach	The present tense	Rudaí a tharlaíonn go rialta nó gnáthrudaí.
An Aimsir Fháistineach	The future tense	Rudaí a tharlóidh sa todhchaí.

Cleachtadh A

Cuir líne faoi na briathra sna habairtí seo.

1. Labhraím Gaeilge gach lá.
2. Scríobhfaidh mé na consain i mo chóipleabhar anois.
3. Léigh sé leabhar sa rang Béarla inné.
4. Foghlaimeoidh mé Mata anocht.
5. Níl ár mbungaló faoin tuath; tá sé sa bhaile mór.
6. Ní raibh d'athair anseo inné.
7. Téann a dheartháir ag traenáil gach oíche.
8. Siúlann a dheirfiúr ar scoil gach maidin.
9. Tá a dteach suite in eastát tithíochta.
10. An bhfaca tú mo mháthair?

Cleachtadh B

Meaitseáil an Ghaeilge leis an mBéarla.

1	inné	A	today
2	amárach	B	last night
3	arú inné	C	next year
4	anuraidh	D	in the future
5	gach lá	E	the day after tomorrow
6	inniu	F	yesterday
7	aréir	G	last year
8	arú amárach	H	every day
9	an bhliain seo chugainn	I	tomorrow
10	sa todhchaí	J	the day before yesterday

1 = ____   6 = ____

2 = ____   7 = ____

3 = ____   8 = ____

4 = ____   9 = ____

5 = ____   10 = ____

Cleachtadh C

Inniu an 25 Meitheamh 2050. Scríobh an dobhriathar ama ceart.

1. 26 Meitheamh 2050   _amárach_
2. 23 Meitheamh 2050   _arú inné_
3. 25 Meitheamh 2049   _____
4. 24 Meitheamh 2050   _____
5. 27 Meitheamh 2050   _____
6. 25 Meitheamh 2051   _____

Cleachtadh D

Inniu an 21 Lúnasa 2150. Scríobh an dáta.

1. Amárach   _22 Lúnasa 2150_
2. Aréir   _____
3. Anuraidh   _____
4. Arú inné   _____
5. Arú amárach   _____
6. Inné   _____

Réimnithe na mBriathra

Cuimhnigh!

Verbs in many languages are split into groups called **réimnithe** or conjugations. There are two **réimniú** in Irish and one group of **briathra neamhrialta**.

- **An chéad réimniú** consists mostly of verbs with one syllable.
- **An dara réimniú** consists mostly of verbs with two syllables.
- **Na briathra neamhrialta** consists of verbs that do not follow the normal rules. Thankfully, there are only 11 in Irish. French has over 80, German over 150 and English has nearly 300! Welsh, a sister language of Irish, also has 11.

Cleachtadh A

Líon isteach an ghreille.

Briathar	An chéad nó an dara réimniú?	Leathan nó caol?	Briathar	An chéad nó an dara réimniú?	Leathan nó caol?
can	An chéad	Leathan	éiligh	An dara	Caol
géill			mothaigh		
ceap			eagraigh		
craol			dún		
cruthaigh			fan		
gortaigh			díol		
múin			éirigh		
oir			litrigh		
scaoil			séid		
airigh			féach		

Cleachtadh B

Scríobh an leagan Gaeilge de na briathra neamhrialta seo.

make		be	
get		hear	
see		say	
eat		catch	
give		come	
go		do	

Treoir Ghramadaí

An Aimsir Láithreach

Na briathra rialta

Cuimhnigh!

- We use the Aimsir Láithreach for actions that happen regularly or are usual.
- The pronouns **mé** or **muid** are not commonly used in the Aimsir Láithreach. Regular **mé** forms end in **-m**:
  - **aim/im** (sa chéad réimniú)
  - **aimid/imid** (sa chéad réimniú)
  - **aím/ím** (sa dara réimniú)
  - **aímid/ímid** (sa dara réimniú)
- All **tú/sé/sí/muid/sibh/siad** forms end in **-nn**:
  - **ann/eann** (sa chéad réimniú)
  - **aíonn/íonn** (sa dara réimniú)
- All negative forms use **Ní** and take a **séimhiú** (h), where possible.
- All question forms use **An** and take an **urú**, where possible.
  - bris → ní bhriseann / an mbriseann?
  - ól → ní ólann / an ólann?

Cleachtadh A

Athraigh na focail idir lúibíní. Ansin, aistrigh na habairtí go Béarla.

1. [Ceap: mé] _____ go bhfuil Learpholl níos fearr.
2. [Creid: sé] _____ go bhfuil An Mhí níos crua.
3. An [caith: siad] _____ a lán airgid ar éadaí?
4. Ní [tóg: muid] _____ sos am lóin.
5. [Tuig: sí] _____ na ceisteanna anois.
6. [Bain: siad] _____ móin sa phortach.
7. [Sroich: mé] _____mo theach ar 17:00 gach lá.
8. Ní [íoc: muid] _____ as bia ar scoil.
9. Ceapaim go n-[éist: sí] _____ le rac-cheol.
10. Ceapaim go n-[úsáid: sé] _____ Facebook.

Cleachtadh B

Aistrigh go Gaeilge. Tá ceisteanna 1–10 anseo cosúil le ceisteanna 1–10 i gcleachtadh A.

1. I think that Chelsea are better. (*ceap*)
2. Do you believe that AC Milan are better? (*creid*)
3. Do they wear new clothes every Christmas? (*caith*)
4. We don't take a break at 11:00. (*tóg*)
5. Do you understand the questions now? (*tuig*)
6. They cut turf in the bog. (*bain*)
7. He reaches his school at 08:00 every morning. (*sroich*)
8. We pay for lunch every day. (*íoc*)
9. I think that he listens to traditional music. (*éist*)
10. I think that we use Snapchat too often. (*úsáid*)

Cleachtadh C

Athraigh na focail idir lúibíní. Ansin, aistrigh na habairtí go Béarla.

1. [Aistrigh: mé] _____ abairtí gach lá!
2. [Éirigh: muid] _____ ar 07:00 gach maidin.
3. [Críochnaigh: muid] _____ ar scoil ag 15:30.
4. An [dúisigh: tú] _____ go héasca?
5. Conas a [litrigh: tú] _____ 'críochnaithe'?
6. Ní [mothaigh: sé] _____ tinn go minic.
7. An [ceannaigh: sibh] _____ lón ar scoil gach lá?
8. Ní [breathnaigh: mé] _____ ar an teilifís go rialta.
9. Sílim go n-[aontaigh: siad] _____ leat.
10. Sílim go n-[airigh: sí] _____ uaithi a seanchairde.

Cleachtadh D

Aistrigh go Gaeilge. Tá ceisteanna 1–10 anseo cosúil le ceisteanna 1–10 i gcleachtadh C.

1. I don't translate sentences every day! (*aistrigh*)
2. They get up at 07:30 every morning. (*éirigh*)
3. Do you finish school at 13:00? (*críochnaigh*)
4. Do you wake up early every morning? (*dúisigh*)
5. How do you spell 'leas-phríomhfheidhmeannaigh'? (*litrigh*)
6. He feels sick often. (*mothaigh*)
7. We don't buy lunch at school on Wednesdays. (*ceannaigh*)
8. I watch a film every evening. (*breathnaigh*)
9. I think that I agree with you. (*aontaigh*)
10. I think I miss my old friends. (*airigh … uaim*)

Na briathra neamhrialta

Cuimhnigh!

- The irregular verbs are as follows:

abair	déan	tabhair
beir	faigh	tar
bí	feic	téigh
clois	ith	

- All **mé** forms end in **-im** or **-aim**, except **Bím**.
- All **muid** forms end in **-imid** or **-aimid**, except **Bímid**.
- All **tú/sé/sí/sibh/siad** forms end in **-ann** or **-eann**, except **Tá/Bíonn**.
- All negative forms use **Ní** and take a **séimhiú** (*h*), except **Ní deir** and **Ní itheann**.

ní deir	ní dhéanann	ní thugann
ní bheireann	ní fhaigheann	ní thagann
níl / ní bhíonn	ní fheiceann	ní théann
ní chloiseann	ní itheann	

- All question forms use **An** and take an **urú**, except **An itheann?**

an ndeir?	an ndéanann?	an dtugann?
an mbeireann?	an bhfaigheann?	an dtagann?
an bhfuil? / an mbíonn?	an bhfeiceann?	an dtéann?
an gcloiseann?	an itheann?	

Pléitear **Tá** agus **Bíonn** sa chéad mhír eile.

Cleachtadh E

Athscríobh na habairtí.

1. [Beir] _____ Stephen Cluxton ar an liathróid.
2. [Tabhair] _____ sé cic mór láidir di.
3. [Téigh] _____ an liathróid suas san aer.
4. [Bí] _____ Brian Fenton ag feitheamh léi.
5. [Tar] _____ an liathróid chuige.
6. [Deir] _____ sé 'Fenton!'.
7. [Clois] _____ sé Jim Gavin ag screadach.
8. [Feic] _____ sé bearna.
9. [Déan] _____ sé a shlí tríd.
10. [Faigh] _____ sé cúl iontach.
11. [Ith] _____ an fhoireann dinnéar tar éis an chluiche.

Cleachtadh F

Athraigh na focail idir lúibíní.
Ansin, aistrigh na habairtí go Béarla.

Cúl iontach i gcluiche haca!

1. An [beir] _____ Stella Davis ar an liathróid?
2. An [tabhair: sí] _____ buille mór di?
3. An [téigh] _____ an liathróid suas san aer?
4. An [bí] _____ Megan Frazer ag feitheamh léi?
5. [Tar] _____ an liathróid chuici.
6. [Deir: sí] _____ 'Frazer!'.
7. [Clois: sí] _____ an lucht leanúna ag screadach.
8. [Feic: sí] _____ bearna.
9. [Déan: sí] _____ a slí tríd.
10. [Faigh: sí] _____ cúl iontach.
11. Ní [ith] _____ an fhoireann dinnéar tar éis an chluiche.

Cleachtadh G

Athraigh na focail idir lúibíní.
Ansin, aistrigh na habairtí go Béarla.

1. [Déan: mé] _____ mo chuid obair bhaile gach oíche.
2. [Ith: siad] _____ bricfeasta ag 08:00 ar maidin.
3. Ní [tabhair: siad] _____ bia do na héin.
4. Ní [tar: muid] _____ abhaile go dtí a seacht.
5. Ní [deir: sé] _____ tada ar scoil.
6. An [deir: siad] _____ paidir gach maidin?
7. [Téigh: sí] _____ go dtí an Spáinn gach samhradh.
8. An [faigh: tú] _____ síob abhaile go minic?
9. [Feic: mé] _____ [go: bí] _____ Seán anseo.
10. [Feic: mé] _____ [nach: bí] _____ Erika anseo.

Cleachtadh H

Aistrigh go Gaeilge. Tá ceisteanna 1–10 anseo cosúil le ceisteanna 1–10 i gcleachtadh G.

1. I do my homework after school.
2. They eat dinner at 18:00 every evening.
3. We don't give scraps (*an fuílleach*) to the dogs.
4. We come home at 19:00 in the evening.
5. The boys don't say much in Irish class.
6. The teacher says the roll every morning.
7. She goes to France every Christmas.
8. I don't get a lift to school.
9. I see that Éamonn is here.
10. I see that Aoife isn't here.

Tá nó Bíonn?

Cuimhnigh!

Tá and **Bíonn** both mean 'to be'.

- They can also mean 'there is' or 'there are'.
- In Hiberno-English (the English spoken in Ireland), people sometimes say 'does be' and 'do be' to reflect the meaning of **Bíonn**.

tá mé / táim	táimid		bím	bímid
tá tú	tá sibh		bíonn tú	bíonn sibh
tá sé/sí	tá siad		bíonn sé/sí	bíonn siad
nílim			ní bhím	
an bhfuilim?	go bhfuilim		an mbím?	go mbím

Tá

- We use **Tá** if the action is taking place now; if something is a fact, or even if the speaker thinks it is a fact.
  - o Tá an rang Gaeilge ar siúl anois. / The Irish class is on now.
  - o Tá Nua-Eabhrac i Meiriceá. / New York is in America.
  - o Tá mé go hiontach. / I am great.

- **Tá** is often used with the following phrases:
  - o anois / now
  - o inniu / today
  - o faoi láthair / at the moment

Bíonn

- We use **Bíonn** if the action takes place regularly.
  - o Bíonn ranganna Gaeilge ar siúl gach lá. / Irish classes take place every day.
  - o Bíonn sé fuar i Nua-Eabhrac sa gheimhreadh. / It is cold in New York in winter.
  - o Bím/Bímse cúramach i gcónaí. / I am always careful.

- **Bíonn** is often used with the following time phrases:
  - o i gcónaí / always
  - o de ghnáth / usually
  - o go rialta / regularly
  - o go minic / often
  - o uaireanta / sometimes
  - o riamh / ever/never

- **Bíonn** is often used with time phrases that use **gach**:
  - o gach lá / every day
  - o gach bliain / every year
  - o gach céad bliain / every century

Cleachtadh A

Líon na bearnaí. Úsáid Tá nó Bíonn.

1. _____ corpoideachas ar siúl gach seachtain.
2. _____ siad sa halla spóirt anois.
3. _____ na buachaillí ag staidéar faoi láthair.
4. _____ na cailíní ag staidéar gach tráthnóna.
5. _____ sé grianmhar anseo go minic.
6. _____ sé an-fhuar in Éirinn anois.
7. _____ sé ag cur báistí sa bhaile faoi láthair.
8. Uaireanta, _____ cluiche againn tar éis scoile.
9. _____ na daltaí ar saoire faoi láthair.
10. _____ saoire acu gach bliain.

Cleachtadh B

Líon na bearnaí.

> tá   táimid   bíonn   táim   bím

1. _____ i gConamara go rialta.
2. _____ an aimsir i Loch Garman go hálainn gach samhradh.
3. _____ ar ár mbealach go Béal Feirste.
4. _____ Seán ina chónaí i gCorcaigh.
5. _____ ar mo bhealach go dtí Aerfort na Sionainne.

Cleachtadh C

Líon na bearnaí.

> nílim   an mbíonn   tá   go bhfuil   bíonn   an bhfuil   go mbíonn   níl

1. _____ mo theaghlach i gCiarraí faoi láthair. _____ siad ar saoire sa Spáinn.
2. '_____ na siopaí i bPort Laoise ar oscailt gach oíche um Nollaig?' '_____, gach Nollaig!'
3. '_____ Sylvie ar ais i nGaillimh?' '_____ cinnte.'
4. Ceapaim _____ na siopaí in Dubai níos fearr ná na siopaí i gCill Chainnigh.
5. Ceapaim _____ mí-ádh (*bad luck*) ar fhoireann Mhaigh Eo gach bliain.

Cleachtadh D

Aistrigh go Gaeilge. Tá ceisteanna 1–10 anseo cosúil le ceisteanna 1–10 i gcleachtadh A.

1. Maths takes place every day.
2. The teacher is in the sports hall now.
3. The girls are studying now.
4. The boys have extra classes every morning.
5. It is often wet here.
6. It is very sunny in Spain now.
7. It is snowing in America at the moment.
8. Sometimes we have classes after school.
9. The students are not on holiday at the moment.
10. They have exams every summer.

An Aimsir Chaite

Na briathra rialta

Cuimhnigh!

- We use the Aimsir Chaite for actions that have happened in the past.
- Verbs in the Aimsir Chaite take a **séimhiú** (h).
  - bris ➜ bhris
  - ceannaigh ➜ cheannaigh
- A **d'** is placed before verbs that begin with a **guta** (a, e, i, o, u).
  - ól ➜ d'ól
- A **d'** is placed before verbs that begin with **f**. These verbs also take a **séimhiú** (h).
  - féach ➜ d'fhéach
- Verbs beginning with **l, n, r** do not change:
  - lean ➜ lean
- All **muid** forms end in **-mar**:
  - amar/eamar (sa chéad réimniú)
  - aíomar/íomar (sa dara réimniú)
- All negative forms use **Níor** and take a **séimhiú** (h), where possible.
- All question forms use **Ar** and take a **séimhiú** (h), where possible.
  - bris ➜ níor bhris / ar bhris?
  - ceannaigh ➜ níor cheannaigh / ar cheannaigh?
  - ól ➜ níor ól / ar ól?
  - féach ➜ níor fhéach / ar fhéach?
  - lean ➜ níor lean / ar lean?

Cleachtadh A

Athraigh na focail idir lúibíní. Ansin, aistrigh na habairtí go Béarla.

1. [Can: sí] _____ trí amhrán aréir.
2. Ar [féach: tú] _____ ar an gcluiche peile inné?
3. Ar [caith: siad] _____ a lán ama sa siopa?
4. [Líon: muid] _____ ár bpócaí le húlla.
5. Ar [buail: sibh] _____ le cairde nua?
6. Ar [buail] _____ an rothar an balla?
7. [Sroich: mé] _____ mo theach ag 20:00 aréir.
8. Níor [ól: muid] _____ uisce roimh an rás.
9. Ceapaim gur [caill: sí] _____ a cuid airgid an tseachtain seo caite.
10. Ceapaim gur [seinn: siad] _____ ceolchoirm anseo anuraidh.

Cleachtadh B

Aistrigh go Gaeilge. Tá ceisteanna 1–10 anseo cosúil le ceisteanna 1–10 i gcleachtadh A.

1. She didn't sing her new song last night. (*can*)
2. I watched the tennis match yesterday. (*féach*)
3. He spent €50 in the shop. (*caith*)
4. We didn't fill our pockets with chocolate. (*líon*)
5. Did they meet Saoirse Ronan yesterday? (*buail le*)
6. Did the ball hit the crossbar (*trasnán*)? (*buail*)
7. He didn't reach his house until 21:00. (*sroich*)
8. I drank a bottle of water before the race. (*ól*)
9. I think that she lost her bag last month. (*caill*)
10. I think that we played music here last year. (*seinn*)

Cleachtadh C

Athraigh na focail idir lúibíní. Ansin, aistrigh na habairtí go Béarla.

1. [Tosaigh: muid] _____ ag imirt cruicéid anuraidh.
2. [Éirigh: mé] _____ ag 07:00 ar maidin.
3. [Mothaigh: muid] _____ tinn inné.
4. Ar [deisigh: tú] _____ do rothar?
5. Ar [aistrigh: tú] _____ na habairtí sin?
6. Níor [sínigh: sí] _____ a hainm ar an litir.
7. Ar [ceannaigh: siad] _____ aon rud deas?
8. Ar [smaoinigh: tú] _____ faoi mo phlean?
9. Sílim gur [réitigh: siad] _____ an fhadhb.
10. Sílim gur [cealaigh: sí] _____ an lá spóirt.

Cleachtadh D

Aistrigh go Gaeilge. Tá ceisteanna 1–10 anseo cosúil le ceisteanna 1–10 i gcleachtadh C.

1. We started playing football last year. (*tosaigh*)
2. We got up at 08:00 yesterday. (*éirigh*)
3. Did you feel sick today? (*mothaigh*)
4. Did he fix the car? (*deisigh*)
5. We translated three sentences. (*aistrigh*)
6. We didn't sign the letter. (*sínigh*)
7. They bought something nice for me. (*ceannaigh*)
8. We thought about your plan. (*smaoinigh*)
9. I think that they solved the puzzle (*puzal*). (*réitigh*)
10. I think that he cancelled the game. (*cealaigh*)

Na briathra neamhrialta

Cuimhnigh!

- The irregular verbs are as follows:

abair	déan	tabhair
beir	faigh	tar
bí	feic	téigh
clois	ith	

- All **muid** forms end in **-amar** or **-eamar**, except **Bhíomar**:
- All **mé/tú/sé/sí/sibh/siad** forms are as follows:

dúirt	rinne	thug
rug	fuair	tháinig
bhí	chonaic	chuaigh
chuala	d'ith	

- Six negative forms use **Ní** and five use **Níor**:

ní dúirt	ní dhearna	níor thug
níor rug	ní bhfuair	níor tháinig
ní raibh	ní fhaca	ní dheachaigh
níor chuala	níor ith	

- Six question forms use **An** and five use **Ar**:

an ndúirt?	an ndearna?	ar thug?
ar rug?	an bhfuair?	ar tháinig?
an raibh?	an bhfaca?	an ndeachaigh?
ar chuala?	ar ith?	

Cleachtadh E

Athscríobh na habairtí.

1. [Beir] _____ Conor Murray ar an liathróid.
2. [Tabhair] _____ sé cic mór láidir di.
3. [Téigh] _____ an liathróid suas san aer.
4. [Bí] _____ Simon Zebo ag feitheamh léi.
5. [Tar] _____ an liathróid chuige.
6. [Deir] _____ sé 'Zebo!'.
7. [Clois] _____ sé an lucht leanúna ag screadach.
8. [Feic] _____ sé bearna.
9. [Déan] _____ sé a shlí tríd.
10. [Faigh] _____ sé úd iontach.
11. [Ith] _____ an fhoireann dinnéar tar éis an chluiche.

Cleachtadh F

Athraigh na focail idir lúibíní. Ansin, aistrigh na habairtí go Béarla.

Cúl iontach i gcluiche iománaíochta!

1. Ar [beir] _____ Pádraic Maher ar an sliotar?
2. Ar [tabhair: sé] _____ poc mór di?
3. An [téigh] _____ an sliotar suas san aer?
4. An [bí] _____ Séamus Callanan ag feitheamh leis?
5. [Tar] _____ an sliotar chuige.
6. [Deir: sé] _____ 'Callanan!'.
7. [Clois: sé] _____ an bainisteoir ag screadach.
8. [Feic: sé] _____ bearna.
9. [Déan: sé] _____ a shlí tríd.
10. [Faigh: sé] _____ cúl iontach.
11. Níor [ith] _____ an fhoireann dinnéar tar éis an chluiche.

Cleachtadh G

Athraigh na focail idir lúibíní. Ansin, aistrigh na habairtí go Béarla.

1. [Déan: mé] _____ mo chuid obair bhaile inné.
2. [Ith: siad] _____ dinnéar ag 18:00 aréir.
3. Níor [tabhair: siad] _____ airgead do na páistí.
4. [Tar: mé] _____ abhaile ag 19:00.
5. Ní [deir: sé] _____ focal ar bith faoi.
6. An [deir: siad] _____ na hamhráin ag Oireachtas na Samhna?
7. [Téigh: sí] _____ go dtí an Spáinn an samhradh seo caite.
8. An [faigh: tú] _____ síob ar scoil ar maidin?
9. [Tabhair: mé] faoi deara _____ [nach: bí] _____ tú ann.
10. [Tabhair: mé] faoi deara _____ [go: bí] _____ Gobnait tinn.

Cleachtadh H

Aistrigh go Gaeilge. Tá ceisteanna 1–10 anseo cosúil le ceisteanna 1–10 i gcleachtadh G.

1. I didn't do my homework last night.
2. They didn't eat breakfast until 10:00 yesterday.
3. They gave money to the poor man.
4. We came home at 22:00 yesterday.
5. The teacher didn't say a word about homework.
6. We said hello.
7. We went to France last winter.
8. We got a lift to school.
9. I noticed that Seán wasn't there.
10. She noticed that her friend was ill.

An Aimsir Fháistineach

Na briathra rialta

Cuimhnigh!

- We use the Aimsir Fháistineach for actions that we think will happen or are sure will happen in the future.
- All **mé/tú/sé/sí/sibh/siad** forms in the Aimsir Fháistineach end in **-idh**.
- All **muid** forms end in **-imid**:
  - **faimid/fimid** (sa chéad réimniú)
  - **óimid/eoimid** (sa dara réimniú)
- All negative forms use **Ní** and take a **séimhiú** (h), where possible.
- All question forms use **An** and take an **urú**, where possible.
  - brisfidh → ní bhrisfidh / an mbrisfidh?
  - ceannaigh → ní cheannóidh / an gceannóidh?
  - ól → ní ólfaidh / an ólfaidh?
  - lean → ní leanfaidh / an leanfaidh?
  - éirigh → ní éireoidh / an éireoidh?

Cleachtadh A

Athraigh na focail idir lúibíní. Ansin, aistrigh na habairtí go Béarla.

1. [Rith: sí] _____ rás amárach.
2. An [alp: sé] _____ an císte ar fad?
3. An [bog: muid] _____ na deasca tar éis an ranga?
4. [Braith: mé] _____ uaim thú go deo.
5. An [cas: sibh] _____ cúpla port eile?
6. An [cnag: muid] _____ ar an doras?
7. Ní [sroich: muid] _____ an halla spóirt go dtí 20:00 anocht.
8. An [spreag: siad] _____ na foirne?
9. Ceapaim go [múin: mé] _____ rud nua níos déanaí.
10. Ní cheapaim go [roinn: siad] _____ na milseáin linn.

Cleachtadh B

Aistrigh go Gaeilge. Tá ceisteanna 1–10 anseo cosúil le ceisteanna 1–10 i gcleachtadh A.

1. She will run five miles tomorrow. (*rith*)
2. Will he devour the whole steak? (*alp*)
3. We will move the chairs after lunch. (*bog*)
4. I will miss them forever. (*braith*)
5. Will you play a tune on the piano? (*cas*)
6. We won't knock on the window. (*cnag*)
7. We will reach the school at 07:30 tomorrow. (*sroich*)
8. Will they cheer on the teams? (*spreag*)
9. I think that I will teach two new things later. (*múin*)
10. I don't think I will share my notes with you. (*roinn*)

Cleachtadh C

Athraigh na focail idir lúibíní. Ansin, aistrigh na habairtí go Béarla.

1. [Aimsigh: muid] _____ na madraí níos déanaí.
2. [Éirigh: mé] _____ ar 07:00 amárach.
3. [Ainmnigh: sí] _____ na foirne i gceann dhá lá.
4. [Deisigh: muid] _____ do charr i gceann seachtaine.
5. An [dírigh: tú] _____ ar an aiste anocht?
6. An [smaoinigh: sibh] _____ faoi mo phlean?
7. [Maisigh: muid] _____ an crann Nollag amárach.
8. Ní [maslaigh: siad] _____ an réiteoir a thuilleadh.
9. Sílim go [réitigh: siad] _____ an fhadhb.
10. Ní shílim go [mínigh: sé] _____ an focal sin.

Cleachtadh D

Aistrigh go Gaeilge. Tá ceisteanna 1–10 anseo cosúil le ceisteanna 1–10 i gcleachtadh C.

1. We will find you later. (*aimsigh*)
2. We will not get up tomorrow! (*éirigh*)
3. She will name the players in three days' time. (*ainmnigh*)
4. Will you fix the car in a week's time? (*deisigh*)
5. I won't focus on the questions tonight. (*dírigh*)
6. Will he think about her plan? (*smaoinigh*)
7. They will decorate the classroom tomorrow. (*maisigh*)
8. She won't insult them anymore. (*maslaigh*)
9. I think that we will resolve the problem. (*réitigh*)
10. I don't think that they will explain the question. (*mínigh*)

Na briathra neamhrialta

Cuimhnigh!

- The irregular verbs are as follows:

abair	déan	tabhair
beir	faigh	tar
bí	feic	téigh
clois	ith	

- All **mé/tú/sé/sí/sibh/siad** forms in the Aimsir Fháistineach end in **-idh**.
- All **muid** forms end in **-imid**.
- All positive **mé/tú/sé/sí/sibh/siad** forms are as follows:

déarfaidh	déanfaidh	tabharfaidh
béarfaidh	gheobhaidh	tiocfaidh
beidh	feicfidh	rachaidh
cloisfidh	íosfaidh	

- All negative **mé/tú/sé/sí/sibh/siad** forms are as follows:

ní déarfaidh	ní dhéanfaidh	ní thabharfaidh
ní bhéarfaidh	ní bhfaighidh	ní thiocfaidh
ní bheidh	ní fheicfidh	ní rachaidh
ní chloisfidh	ní íosfaidh	

- All question **mé/tú/sé/sí/sibh/siad** forms are as follows:

an ndéarfaidh?	an ndéanfaidh?	an dtabharfaidh?
an mbéarfaidh?	an bhfaighidh?	an dtiocfaidh?
an mbeidh?	an bhfeicfidh?	an rachaidh?
an gcloisfidh?	an íosfaidh?	

Cleachtadh E

Athscríobh na habairtí.

1. [Beir] _____ Bríd Stack ar an liathróid.
2. [Tabhair] _____ sí cic mór láidir di.
3. [Téigh] _____ an liathróid suas san aer.
4. [Bí] _____ Breege Corkery ag feitheamh léi.
5. [Tar] _____ an liathróid chuici.
6. [Deir] _____ sí 'Corkery!'.
7. [Clois] _____ sí an bainisteoir ag screadach.
8. [Feic] _____ sí bearna.
9. [Déan] _____ sí a slí tríd.
10. [Faigh] _____ sí cúl iontach.
11. [Ith] _____ an fhoireann dinnéar tar éis an chluiche.

Cleachtadh F

Athraigh na focail idir lúibíní. Ansin, aistrigh na habairtí go Béarla.

Cúl iontach i gcluiche sacair!

1. [Beir] _____ Emma Byrne ar an liathróid.
2. [Tabhair: sí] _____ cic mór di.
3. Ní [téigh] _____ an liathróid suas san aer.
4. Ní [bí] _____ Stephanie Roche ag feitheamh léi.
5. [Tar] _____ an liathróid chuig Fiona O'Sullivan.
6. Ní [deir: sí] _____ 'Roche!'.
7. Ní [clois: sí] _____ an lucht leanúna ag screadach.
8. [Feic: sí] _____ bearna.
9. [Déan: sí] _____ a slí tríd.
10. [Faigh: sí] _____ cúl iontach.
11. An [ith] _____ an fhoireann dinnéar tar éis an chluiche?

Cleachtadh G

Athraigh na focail idir lúibíní. Ansin, aistrigh na habairtí go Béarla.

1. [Déan: mé] _____ mo chuid oibre amárach.
2. [Ith: siad] _____ dinnéar ag 18:00.
3. [Tabhair: siad] _____ airgead do charthanais éagsúla.
4. Ní [tar: muid] _____ abhaile go dtí a seacht a chlog.
5. Ní [deir: sé] _____ focal ar bith faoi mo phlean.
6. An [deir: siad] _____ libh go m[beidh: muid] _____ ann?
7. Ní [téigh: sí] _____ go dtí an tSín an t-earrach seo chugainn.
8. An [faigh: tú] _____ leathlá roimh an gCáisc?
9. An dóigh leat [go: bí] _____ do thuismitheoirí ann?
10. An dóigh libh [go: bí] _____ aon duine eile ann?

Cleachtadh H

Aistrigh go Gaeilge. Tá ceisteanna 1–10 anseo cosúil le ceisteanna 1–10 i gcleachtadh G.

1. I won't do my homework tonight.
2. I won't eat your dinner again.
3. We will give money to various charities.
4. We won't come until 22:00.
5. I won't say anything about your plan.
6. Will they say to you that he will be there?
7. She won't go to China next summer.
8. Will we get a half-day before Christmas?
9. Do you reckon that your parents will be there?
10. Do you reckon that everyone else will be there?

Céimeanna Comparáide na hAidiachta

Breischéim na haidiachta: aidiachtaí rialta

Cuimhnigh!

- We use the words **níos** [adjective] **ná** to make a comparison between people or things.
  - Tá Sliabh Everest **níos airde ná** Corrán Tuathail. / Mount Everest is higher than Carrauntoohil.

Look at the following tables to see how the ending of adjectives changes after the word **níos**.

- **Riail 1:** If an adjective ends in a broad consonant (i.e. one whose last letter is a consonant and the closest vowel to it is **a**, **o** or **u**), make it slender, usually by adding an **i** after this vowel and add an **e** to the end:

ard	tall/high	níos a**irde**
daor	expensive	níos da**oire**
trom	heavy	níos tro**ime**
éadrom	light	níos éadro**ime**
sean	old	níos s**ine**
geal	bright	níos g**ile**

- **Riail 2:** If an adjective ends in a slender consonant (i.e. one whose last letter is a consonant and the closest vowel to it is **i**), just add **e** to the end:

tirim	dry	níos tirim**e**
ciúin	quiet	níos ciúin**e**
dílis	loyal	níos díls**e**

- **Riail 3:** If an adjective ends in **-each** or **-ach**, change the ending to **-í** or **-aí**:

| corraitheach | exciting | níos corraith**í** |
| leadránach | boring | níos leadrán**aí** |

- **Riail 4:** If an adjective ends in **-úil**, change the ending to **-úla**:

| tuirsiúil | tiresome/tiring | níos tuirsi**úla** |
| suimiúil | interesting | níos suimi**úla** |

- **Riail 5:** If an adjective ends in a vowel, do not make any change:

| cliste | clever | níos cliste |
| crua | tough | níos crua |

Cleachtadh A

Athraigh foirm na haidiachta. Ansin, aistrigh na habairtí go Béarla.

Riail 1

1	bog	soft	níos _____ ná
2	lag	weak	níos _____ ná
3	óg	young	níos _____ ná
4	glan	clean	níos _____ ná
5	úr	fresh	níos _____ ná
6	cúng	narrow	níos _____ ná
7	greannmhar	funny	níos _____ ná
8	grianmhar	sunny	níos _____ ná
9	tiubh	thick	níos _____ ná
10	fliuch	wet	níos _____ ná

Riail 2

1	glic	clever/sly	níos _____ ná
2	binn	sweet	níos _____ ná
3	fairsing	wide	níos _____ ná
4	soiléir	clear	níos _____ ná
5	milis	sweet	níos _____ ná

Riail 3

1	amaideach	foolish	níos _____ ná
2	neirbhíseach	nervous	níos _____ ná
3	úsáideach	useful	níos _____ ná
4	déistineach	disgusting	níos _____ ná
5	práinneach	urgent	níos _____ ná
6	contúirteach	dangerous	níos _____ ná
7	baolach	dangerous	níos _____ ná
8	dainséarach	dangerous	níos _____ ná
9	scamallach	cloudy	níos _____ ná
10	compordach	comfortable	níos _____ ná

Riail 4

1	dathúil	handsome/pretty	níos _____ ná
2	éirimiúil	intelligent	níos _____ ná
3	páistiúil	childish	níos _____ ná
4	misniúil	courageous	níos _____ ná
5	leisciúil	lazy	níos _____ ná

Riail 5

1	casta	complicated	níos _____ ná
2	cróga	brave	níos _____ ná
3	lofa	rotten	níos _____ ná
4	tanaí	thin	níos _____ ná
5	aibí	mature	níos _____ ná

Cleachtadh B

Athraigh na focail idir lúibíní. Ansin, aistrigh na habairtí go Béarla.

1. Níl an Labradór níos [fíochmhar] _____ ná an tAlsáiseach.

2. Tagann Maitiú abhaile ó Shasana níos [minic] _____ na laethanta seo.

3. An mbíonn sé níos [gaofar] _____ i gCiarraí ná i Maigh Eo?

4. Bímse níos [neirbhíseach] _____ ná sibhse roimh scrúduithe.

5. An bhfuil Conor McGregor níos [láidir] _____ ná mise?

6. Tá na cailíní níos [ceanndána] _____ ná na buachaillí.

7. Bíonn daoine fásta níos [príobháideach] _____ ná daoine óga.

8. Tá an Ghaeilge níos [spéisiúil] _____ ná an Béarla.

9. Bíonn ranganna Mata níos [dúshlánach] _____ ná ranganna Ealaíne.

10. De ghnáth, bíonn lúthchleasaithe níos [lúfar] _____ ná galfairí.

Aidiachtaí neamhrialta

Cuimhnigh!

- The irregular adjectives are as follows:

álainn	beautiful	níos áille
beag	small	níos lú
breá	fine	níos breátha
deacair	difficult/hard	níos deacra
fada	long	níos faide
furasta	easy	níos fusa
gearr	short	níos giorra
maith	good	níos fearr
mór	big	níos mó
nua	new	níos nuaí
olc	bad	níos measa
te	hot	níos teo
tréan	strong	níos tréine/treise

Cleachtadh C

Athraigh na focail idir lúibíní.

1. Tá Ceanada níos [beag] _____ ná an Rúis.

2. Tá imeallbhord (*coastline*) Cheanada níos [fada] _____ ná imeallbhord na Rúise.

3. An bhfuil an Úcráin níos [mór] _____ ná an Fhrainc?

4. An bhfuil foireann sacair na hÉireann níos [maith] _____ ná foireann Shasana?

5. Ní bhíonn an aimsir san Íoslainn níos [breá] _____ ná an aimsir san Astráil.

6. Tá an Sahára níos [te] _____ ná Cill Mhantáin.

7. An bhfuil aillte (*cliffs*) na Scigirí (*Faroes*) níos [álainn] _____ ná aillte na Danmhairge?

8. Sa samhradh, bíonn na hoícheanta san Iorua níos [gearr] _____ ná na laethanta san Éigipt.

9. Deirtear go mbíonn sé níos [deacair] _____ an tSeicis a fhoghlaim ná an Ghaeilge.

10. Tá sé níos [furasta] _____ taisteal go hOileán Baoi ná go Toraigh.

Sárchéim na haidiachta

Cuimhnigh!

- **Sárchéim** forms are used to express the biggest, the smallest, the most beautiful, etc.
- The **Sárchéim** forms are the same as the **Breischéim** forms.
- The only difference is that we replace **níos** with **is**.
  - Is é Loch Baikal an loch is doimhne ar domhan. / Lake Baikal is the deepest lake in the world.
  - Is é Contae Lú* an contae is lú in Éirinn. / Louth is the smallest county in Ireland.

*The name of Lú is linked to the ancient Irish god, Lugh, the father of Cú Chulainn.

Cleachtadh D

Athraigh na focail idir lúibíní.

1. Is í an Rúis an tír is [mór] _____ ar domhan.
2. Is é Rhode Island an stát is [beag] _____ i Meiriceá.
3. Is í an Níl an abhainn is [fada] _____ ar domhan.
4. Is é Sliabh Everest an sliabh is [ard] _____ ar domhan.
5. An é Kīlauea nó Stromboli an bolcán is [beo] _____ ar domhan?
6. An é Hong Cong nó Luanda an chathair is [costasach] _____ ar domhan?
7. An é Death Valley an áit is [te] _____ ar domhan?
8. An é Tristan de Cunha an t-oileán is [iargúlta] _____ ar domhan?
9. An é Rotterdam an calafort is [gnóthach] _____ san Eoraip?
10. Cad é an áit is [suimiúil] _____ agus is [álainn] _____ ar domhan?

Cleachtadh E

Athraigh na focail idir lúibíní. Ansin, aistrigh na habairtí go Béarla.

1. Tá Eolaíocht níos [deacair] _____ ná Spáinnis, ach is é Béarla an t-ábhar is [dúshlánach] _____.
2. Tá an pheil níos [corraitheach] _____ ná an galf, ach is é an snámh an spórt is [crua] _____.
3. Tá Mercedes níos [deas] _____ ná BMW, ach is é Daewoo an carr is [álainn] _____, i mo thuairim.
4. Tá scannáin aicsin níos [beomhar] _____ ná scannáin ghrá, ach is iad scannáin ghrinn na cinn is [maith] _____.
5. Tá cláir nuachta níos [tábhachtach] _____ ná cláir thaistil, ach is iad cláir fhaisnéise na cinn is [suimiúil] _____.

Cleachtadh F

Aistrigh go Gaeilge. Tá ceisteanna 1–5 anseo cosúil le ceisteanna 1–5 i gcleachtadh E.

1. Maths is more difficult than Irish but Geography is the most challenging subject.
2. Soccer is more exciting than football but hurling is the toughest sport.
3. Giant is nicer than Trek but Colnago is the most beautiful bicycle, in my opinion.
4. Comedy films are funnier than romantic films but action films are the best, in my opinion.
5. Travel programmes are **not** more interesting than documentaries. News programmes are the most important.

Caibidil 1: Mo Scoil Nua

An seomra ranga /
The classroom

balla *wall*
bosca bruscair *rubbish bin*
cathaoir *chair*
clár bán idirghníomhach *interactive whiteboard*
cóipleabhar *copybook*
deasc *desk*
fuinneog *window*
leabhragán *bookcase*
múinteoir *teacher*
obair bhaile *homework*
póstaer *poster*
príomhoide *principal*
radaitheoir *radiator*
ríomhaire *computer*
scuab urláir *sweeping brush*

Ábhair scoile / *School subjects*

Adhmadóireacht *Woodwork*
Béarla *English*
Ceol *Music*
Corpoideachas *PE*
Creideamh *Religion*
Eacnamaíocht Bhaile *Home Economics*
Ealaín *Art*
Eolaíocht *Science*
Fraincis *French*

Gaeilge *Irish*
Gearmáinis *German*
Grafaic Theicniúil *Technical Graphics*
Mata *Maths*
OSPS *SPHE*
OSSP *CSPE*
Spáinnis *Spanish*
Staidéar Gnó *Business Studies*
Stair *History*
Tíos *Home Economics*
Tíreolaíocht *Geography*

Ag cur síos ar chúrsaí scoile: Aidiachtaí / *Describing school matters: Adjectives*

amaideach *foolish*
casta *complicated*
cineálta *kind*
compordach *comfortable*
corraitheach *exciting*
deacair *difficult*
déistineach *disgusting*
foighneach *patient*
go hálainn *beautiful*
gránna *ugly*
greannmhar *funny*
leadránach *boring*
míchompordach *uncomfortable*
mífhoighneach *impatient*
spéisiúil *interesting*
suimiúil *interesting*
taitneamhach *enjoyable*
uafásach *awful*

An clog / *The clock*

a chlog *o'clock*
cúig tar éis *five past*
deich tar éis *ten past*
ceathrú tar éis *quarter past*
fiche tar éis *twenty past*
fiche cúig tar éis *twenty-five past*
leathuair tar éis *half past*
fiche cúig chun *twenty-five to*
fiche chun *twenty to*
ceathrú chun *quarter to*
deich chun *ten to*
cúig chun *five to*

Foirgneamh na scoile / *The school building*

ceaintín *canteen*
clós *yard*
fáiltiú *reception*
leabharlann *library*
oifig an phríomhoide *principal's office*
oifig an rúnaí *secretary's office*
saotharlann *laboratory*
seomra ceoil *music room*
seomra foirne *staff room*
seomra ríomhaireachta *computer room*
seomra urnaí *prayer room*

Cineálacha scoileanna / *Types of schools*

clochar *convent*
gaelcholáiste *gaelcholáiste*
meánscoil *secondary school*
pobalscoil *community school*
scoil chónaithe *boarding school*
scoil idirchreidmheach *multidenominational school*

Éide scoile / Culaith scoile / *School uniform*

bléasar *blazer*
blús *blouse*
bríste *trousers*
bróg/bróga *shoe/shoes*
carbhat *tie*
geansaí *jumper*
sciorta *skirt*
seaicéad *jacket*
stoca/stocaí *sock/socks*

Caibidil 2: Mé Féin, Mo Theaghlach agus Mo Chairde

Dathanna / *Colours*

bán *white*
bándearg *pink*
buí *yellow*
corcra *purple*
dearg *red*
donn *brown*
dubh *black*
glas *green*
gorm *blue*
liath *grey*
oráiste *orange*
rua *red*

Ag cur síos ar dhaoine: Aidiachtaí / *Describing people: Adjectives*

bródúil *proud*
cabhrach *helpful*
cairdiúil *friendly*
cliste *clever*
cineálta *kind*
cneasta *kind*
cruthaitheach *creative*
dílis *loyal*
éirimiúil *intelligent*
faiseanta *fashionable*
féinmhuiníneach *self-confident*
fial *generous*
foighneach *patient*
fuinniúil *energetic*
grámhar *loving*
greannmhar *funny*
réchúiseach *easy-going*
séimh *gentle*
spórtúil *sporty*
spreagtha *motivated*
stuama *sensible*

Súile agus gruaig / *Eyes and hair*

álainn *beautiful*
beag *small*
catach *curly*
croiméal *moustache*
díreach *straight*
fada *long*
féasóg *beard*
fionn *fair/blond*
galánta *gorgeous*
geal *bright*
gearr *short*
gliobach *messy*
maol *bald*
meigeall *goatee*
mór *big*
néata *neat*

Teaghlach agus gaolta / *Family and relatives*

aintín *aunt*
athair *father*
bean chéile *wife*
colscartha *divorced*
deartháir *brother*
deirfiúr *sister*
fear céile *husband*
gariníon *granddaughter*
garmhac *grandson*
iníon *daughter*
leasathair *stepfather*
leasmháthair *stepmother*
mac *son*
máthair *mother*
neacht *niece*
nia *nephew*
pósta *married*
scartha *separated*
seanathair *grandfather*
seanmháthair *grandmother*
tuismitheoirí *parents*
uncail *uncle*

Míonna na bliana / *Months of the year*

Mí Eanáir *January*
Mí Feabhra *February*
Mí an Mhárta *March*
Mí Aibreáin *April*
Mí na Bealtaine *May*
Mí an Mheithimh *June*
Mí Iúil *July*
Mí Lúnasa *August*
Mí Mheán Fómhair *September*
Mí Dheireadh Fómhair *October*
Mí na Samhna *November*
Mí na Nollag *December*

Ag comhaireamh daoine / *Counting people*

duine (amháin) *one person*
beirt *two people*
triúr *three people*
ceathrar *four people*
cúigear *five people*
seisear *six people*
seachtar *seven people*
ochtar *eight people*
naonúr *nine people*
deichniúr *ten people*

 Caibidil 3: M'Áit Chónaithe

M'Áit chónaithe / *Where I live*

árasán *apartment*
árasán dhá urlár *duplex apartment*
bungaló *bungalow*
dhá urlár *two storeys*
pálás *palace*
teach cúinne *corner house*
teach feirme *farmhouse*
teach leathscoite *semi-detached house*
teach mór millteach *mansion*
teach scoite *detached house*
teach sraithe *terraced house*
teach trí stór *three-storey house*
teach tuaithe *country house*

An teach agus an bloc árasán / *The house and the apartment block*

áiléar *attic*
an chéad urlár *the first floor*
an dara hurlár *the second floor*
balcóin *balcony*
bloc árasán *apartment block*
bosca litreach *letterbox*
cistin *kitchen*
cloigín dorais *doorbell*
comharsana *neighbours*
díon *roof*
doras tosaigh *front door*
fuinneog *window*
halla *hall*
leithreas *toilet*
oifig *office*
príomhdhoras *main door*
seomra bia *dining room*
seomra folctha *bathroom*
seomra leapa *bedroom*
seomra codlata *bedroom*
seomra spraoi *playroom*
seomra suí *sitting room*
simléar *chimney*
teach sraithe *terraced house*
teachín crainn *tree house*
thíos staighre *downstairs*
thuas staighre *upstairs*

Ag cur síos ar an gceantar: Aidiachtaí / *Describing the area: Adjectives*

beomhar *lively*
callánach *noisy*
ciúin *quiet*
costasach *expensive*
glórach *noisy*
go hálainn *beautiful*
leadránach *boring*
saor *inexpensive*
torannach *noisy*
uaigneach *lonely*

Dobhriathra ama / *Adverbs of time*

amárach *tomorrow*
an bhliain seo chugainn *next year*
anuraidh *last year*
aréir *last night*
arú amárach *day after tomorrow*
arú inné *day before yesterday*
fadó *long ago*
gach bliain *every year*
gach iarnóin *every afternoon*
gach tráthnóna *every afternoon*
gach lá *every day*
gach maidin *every morning*
gach mí *every month*
gach oíche *every night*
gach seachtain *every week*
gach tráthnóna *every evening*
inné *yesterday*
inniu *today*
sa todhchaí *in the future*

An seomra suí / *The sitting room*

bord caife *coffee table*
cathaoir uilleach *armchair*
lampa *lamp*
leabhragán *bookcase*
matal *mantelpiece*
raidió *radio*
ródaire *router*
ruga *rug*
scáthán *mirror*
seilfeanna *shelves*
teilifíseán *television*
tine *fire*
tinteán *fireplace*
tolg *couch/sofa*

An seomra leapa / *The bedroom*

cathaoir sclóine *swivel chair*
deasc *desk*
leaba dhúbailte *double bed*
ríomhaire *computer*
seilfeanna *shelves*
taisceadán *locker*
vardrús *wardrobe*

An seomra folctha / *The bathroom*

cithfholcadán *shower*
doirteal *sink*
folcadán *bath*
leithreas *toilet*

An chistin / *The kitchen*

babhla *bowl*
bord/tábla *table*
bosca bruscair *bin*
citeal *kettle*
cócaireán *cooker*
crúiscín *jug*
cuisneoir *fridge*
cuntar *counter*
cupán *cup*
doirteal *sink*
fochupán/sásar *saucer*
forc *fork*
gloine *glass*
meaisín níocháin *washing machine*
miasniteoir *dishwasher*
micreathonnán *microwave*
oigheann *oven*
pláta *plate*
reoiteoir *freezer*
sáspan *saucepan*
scian *knife*
sconnaí *taps*
sorn *stove*
spúnóg *spoon*
taephota *teapot*
tóstaer *toaster*

Bricfeasta / *Breakfast*

bainne *milk*
bollóg aráin *loaf of bread*
im *butter*
ispíní *sausages*
leite *porridge*
pónairí *beans*
pota tae *pot of tea*
siúcra *sugar*
slisín tósta *slice of toast*
slisíní *rashers*
subh *jam*
torthaí *fruit*
ubh *egg*
uibheacha *eggs*

Caibidil 4: Mo Cheantar

Áiseanna / *Facilities*

airéine lúthchleasaíochta *athletics arena*
amharclann *theatre*
banc *bank*
bialann *restaurant*
club óige *youth club*
ionad eachtraíochta *adventure centre*
ionad fóillíochta *leisure centre*
ionad siopadóireachta *shopping centre*
ionad spóirt *sports centre*
margadh feirmeoirí *farmers' market*
oifig an phoist *post office*
ospidéal *hospital*
óstán *hotel*
páirceanna imeartha *playing fields*
pictiúrlann *cinema*
rásraon con *greyhound track*
séipéal *church*
siopa caife *café*
stáisiún dóiteáin *fire station*
stáisiún na nGardaí *Garda station*
teach tábhairne *pub*

Siopaí / *Shops*

bácús *bakery*
ollmhargadh *supermarket*
siopa búistéara *butchers'*
siopa caife *coffee shop*
siopa éadaí *clothes shop*
siopa grósaera *grocery store*
siopa guthán *phone shop*
siopa nuachta *newsagent*
siopa poitigéara *pharmacy*
siopa spóirt *sports shop*

Treoracha / *Directions*

ar chlé *on the left*
ar dheis *on the right*
bóthar *road*
casadh *turn*
coirnéal *corner*
crosbhóthar *crossroads*
droichead *bridge*
foirgneamh *building*
sráid *street*
timpeallán *roundabout*

Caibidil 5:
Caithimh Aimsire

Caithimh Aimsire /
Hobbies/Pastimes

ag blagáil *blogging*
ag bualadh le mo chairde *meeting with my friends*
ag canadh *singing*
ag damhsa *dancing*
ag dul ar líne *going online*
ag dul go dtí an phictiúrlann *going to the cinema*
ag éisteacht le ceol *listening to music*
ag féachaint ar an teilifís *watching television*
ag glacadh grianghraf *taking photos*
ag iascaireacht *fishing*
ag imirt cluichí ríomhaire *playing computer games*
ag imirt spóirt *playing sport*
ag léamh *reading*
ag péinteáil *painting*
ag rith *running*
ag seinm ceoil *playing music*
ag siopadóireacht *shopping*
ag tarraingt *drawing*

Ag cur síos ar chaithimh aimsire: Aidiachtaí / *Describing hobbies: Adjectives*

beoga *lively*
corraitheach *exciting*
crua *tough*
dainséarach *dangerous*
dúshlánach *challenging*
fuinniúil *energetic*
leadránach *boring*
síochánta *peaceful*
suaimhneach *peaceful*
taitneamhach *enjoyable*

Ceol / *Music*

ceol tíre *country music*
miotal trom *heavy metal*
popcheol *pop music*
rac-cheol *rock music*
rapcheol *rap music*
snagcheol *jazz*

Uirlisí ceoil /
Musical instruments

bainseó *banjo*
bodhrán *bodhrán*
bosca ceoil *button accordion*
cláirseach *harp*
consairtín *concertina*
dordghiotár *bass guitar*
drumaí *drums*
feadóg mhór / fliúit *flute*
feadóg stáin *tin whistle*
fidil *fiddle*
giotár *guitar*
méarchlár *keyboard*
píb uilleann *uilleann pipes*
sacsafón *saxophone*
trumpa *trumpet*
veidhlín *violin*

Scannáin / *Films/Movies*

scannáin aicsin *action films*
scannáin chogaidh *war films*
scannáin fantaisíochta *fantasy films*
scannáin ficsean eolaíochta *science fiction films*
scannáin ghrá *romantic films*
scannáin ghrinn *comedy films*
scannáin uafáis *horror films*
scéinséirí *thrillers*

Teilifís / *Television*

cartún *cartoon*
clár cainte *talk show*
clár ceoil *music programme*
clár faisin *fashion programme*
clár faisnéise *documentary*
clár grinn *comedy*
clár nuachta *news programme*
clár spóirt *sports programme*
clár thráth na gceist *quiz show*
sobaldráma *soap opera*

Ríomhaireacht / *Computing*

aip *app*
cábla *cable*
fón cliste *smartphone*
luch *mouse*
méarchlár *keyboard*
méaróg USB *USB key*
printéir *printer*
ríomhaire glúine *laptop*
scáileán *screen*

Caibidil 6: Spórt

Spóirt / Sports

badmantan *badminton*
camógaíocht *camogie*
cispheil *basketball*
cruicéad *cricket*
dornálaíocht *boxing*
eitpheil *volleyball*
galf *golf*
gleacaíocht *gymnastics*
haca *hockey*
iománaíocht *hurling*
leadóg *tennis*
lúthchleasaíocht *athletics*
peil Ghaelach *Gaelic football*
rámhaíocht *rowing*
rothaíocht *cycling*
rugbaí *rugby*
sacar *soccer*
seoltóireacht *sailing*
snámh *swimming*
snámh sioncranaithe *synchronised swimming*
trampailíneacht *trampolining*
tumadóireacht *diving*
uisce póló *water polo*

Trealamh spóirt / Sports equipment

bríste rothaíochta *cycling shorts*
bróga peile *football boots*
bróga reatha *running shoes*
camán *hurl*
clogad *helmet*
culaith snámha *swimsuit*
lámhainní dornálaíochta *boxing gloves*
liathróid *ball*
liathróid leadóige *tennis ball*
maide gailf *golf club*
maide haca *hockey stick*
maide rámha *oar*
raicéad leadóige *tennis racket*
rothar *bicycle*
scíonna *skis*
sliotar *sliotar*

Lucht spóirt / Sportspeople

bainisteoir *manager*
captaen *captain*
dornálaí *boxer*
foireann/foirne *team/teams*
galfaire *golfer*
garda tarrthála *lifeguard*
gleacaí *gymnast*
imreoir cispheile *basketballer*
imreoir leadóige *tennis player*
imreoir peil Ghaelach *Gaelic footballer*
imreoir sacair *soccer player*
iománaí *hurler*
lucht féachana *spectators*
lucht leanúna *fans/followers*
lucht tacaíochta *supporters*
maor cúil *umpire (GAA)*
moltóir *umpire (tennis)*
rámhaí *rower*
reathaí *runner*
réiteoir *referee*
réiteoir cúnta *assistant referee*
rothaí *cyclist*
seoltóir *sailor*
snámhaí *swimmer*
snámhóir *swimmer*
surfálaí *surfer*

Ag cur síos ar phearsaí spóirt: Aidiachtaí / Describing sportspeople: Adjectives

aclaí *fit*
ard *tall*
cróga *brave*
crua *tough*
diongbháilte *determined*
éadrom *light*
foighneach *patient*
láidir *strong*
sciliúil *skilful*
solúbtha *flexible*
spreagtha *motivated*
tapa *quick/fast*

Áiteanna spóirt / Places of sport

cró dornálaíochta *boxing ring*
cúirt chispheile *basketball court*

cúirt leadóige *tennis court*
ionad fóillíochta *leisure centre*
linn snámha *swimming pool*
páirc Astro *Astro pitch*
páirc haca *hockey pitch*
páirc pheile *football pitch*
páirc rugbaí *rugby pitch*
raon reatha *running track*
rinc haca oighir *ice hockey rink*
rinc scátála *skating rink*
spórtlann/giom *gym*
stiúideó aclaíochta *fitness studio*

Caibidil 7:
Sláinte agus Bia

Baill an choirp /
Parts of the body

aghaidh *face*
béal *mouth*
beola *lips*
bolg *stomach*
ceann *head*
céislíní *tonsils*
cliabhrach *chest*
cloigeann *head*
cluas *ear*
cos *leg/foot*
croí *heart*
droim *back*
fiacla *teeth*
glúin *knee*
gualainn *shoulder*
lámh *hand/arm*
leiceann *cheek*
méar *finger*
muineál *neck*
rosta *wrist*
rúitín *ankle*
scamhóga *lungs*
scornach *throat*
smig *chin*
srón *nose*
súil *eye*

Tinnis agus gortuithe / *Illnesses and injuries*

ag cur fola *bleeding*
ainéistéiseach *anaesthetic*
ata *swollen*
casacht *cough*
cealg foiche *a wasp sting*
cneá *a wound*
dó gréine *sunburn*
droim nimhneach *sore back*
fliú *flu*
gortaithe *injured*
greamanna *stitches*
obráid *operation*
pian *pain*
pianmhúchán *painkiller*
scornach thinn *sore throat*
scríob *scrape*
slaghdán *cold*
tinneas cinn *headache*
tinneas fiacaile *toothache*

Bia / *Food*

Bricfeasta / *Breakfast*

arán *bread*
cnó/cnónna *nut/nuts*
friochadh *a fry-up*
leite *porridge*
síol/síolta *seed/seeds*
ubh/uibheacha *egg/eggs*

Deochanna / *Drinks*

bainne *milk*
caife *coffee*
caoineog *smoothie*
deoch súilíneach *fizzy drink*
tae *tea*

Glasraí agus sailéad /
Vegetables and salad

beacán/muisiriún *mushroom*
brocailí *broccoli*
leitís *lettuce*
meacan bán *parsnip*
meacan dearg / cairéad *carrot*
pónairí glasa *green beans*
prátaí *potatoes*
práta milis *sweet potato*
sailéad *salad*
spionáiste *spinach*
tráta *tomato*

Feoil / Meat

burgar *burger*
mairteoil *beef*
sicín *chicken*
stéig *steak*
turcaí *turkey*

Iasc / Fish

bradán *salmon*
breac *trout*
cadóg *haddock*
maicréal *mackerel*
ronnach *mackerel*
trosc *cod*

Torthaí / Fruit

banana *banana*
oráiste *orange*
sméar dubh *blackberry*

sú craobh *raspberry*
sú talún *strawberry*
tráta *tomato*
úll *apple*

Rudaí milse / Sweet things

císte *cake*
éadromóg seacláide *chocolate éclair*
glóthach *jelly*
iógart *yogurt*
maróg ríse *rice pudding*
mil *honey*
milseog *dessert*
Píóg úll *apple pie*
taoschnó suibhe *jam doughnut*
toirtín triacla *treacle tart*
toirtín úll *apple tart*
traidhfil *trifle*
uachtar reoite *ice cream*

Caibidil 8: Éire

Seanfhocail / Proverbs

Bíonn an fhírinne searbh.	*The truth hurts.* (Literal translation: The truth is bitter.)
Is binn béal ina thost.	*Silence is golden.* (Literal translation: The quiet mouth is sweetest.)
Is fearr an tsláinte ná na táinte.	*Health is better than wealth.*
Is maith an t-anlann an t-ocras.	*Hunger is a good sauce.*
Ní bhíonn saoi gan locht.	*Nobody is perfect.* (Literal translation: There is no wise man without fault.)
Tír gan teanga tír gan anam.	*A land without a language is a land without a soul.*
Is maith an scéalaí an aimsir.	*Time will tell.* (Literal translation: Time is a good storyteller.)
Aithníonn ciaróg ciaróg eile.	*It takes one to know one.* (Literal translation: One beetle recognises another beetle.)
Is minic a bhriseann beál duine a shrón.	*Often a person's mouth breaks his nose.*
Níl aon tinteán mar do thinteán féin.	*There is no place like home.* (Literal translation: There is no fireplace like your own fireplace.)
Ní thagann ciall roimh aois.	*Sense does not come before age.*
Cuir síoda ar ghabhar agus is gabhar i gcónaí é.	*You can't make a silk purse out of a sow's ear.* (Literal translation: Put silk on a goat and it's still a goat.)
Nuair a bhíonn an cat amuigh bíonn na lucha ag damhsa.	*When the cat's away the mice will play.* (Literal translation: When the cat's away the mice will dance.)
Cleachtadh a dhéanann máistreacht.	*Practice makes perfect.* (Literal translation: Practice makes mastery.)